東洋文庫 857

バーブル・ナーマ 3

ムガル帝国創設者の回想録

バーブル

間野英二 訳注

平凡社

装幀　原　弘

書物を手に庭園に坐すバーブル。第1巻、第2巻冒頭の肖像と同様に、ここでも書物を手に描かれている。右下の人物は右筆か。

ティムールからティムール朝の王冠を手渡されるバーブル（左）とその長男フマーユーン（右）。ムガル朝がインドのティムール朝であることを示す。

凡例

一　本書は、十五世紀の後半、「シルクロード」の中心地である中央アジアにティムール朝の王子として生まれ、アフガニスタンを経て、十六世紀前半のインドにムガル朝を創設したバーブル（ザヒールッ・ディーン・ムハンマド・バーブル）が、母語のチャガタイ・テュルク語で著した回想録『バーブル・ナーマ』の日本語訳であり、絶版となっている間野英二『バーブル・ナーマの研究Ⅲ　訳注』（松香堂、一九九八年、以下、『訳注』）の改訂新版である。

二　この新版には、右の『訳注』の本文および付録はすべて収録した。ただし二〇〇六年に刊行した間野英二『バーブル・ナーマの研究Ⅰ　校訂本　第二版』（松香堂）で補訂したチャガタイ・テュルク語の本文がある場合、本書ではその補訂に基づいて改訳し、また『訳注』に見える訳の誤りや誤植などは、菅原睦氏から頂戴した多数の適切なご意見をも参照して、適宜訂正した。

三　付録に訳出した文章の性格については、付録に付した凡例を参照いただきたい。

四　本文中の、章、見出し、小見出しは、チャガタイ・テュルク語の本文には見えない場合もあるが、読みやすさを考慮して、適宜、追加した。この場合に限り、追加を示す〔　〕は省略した。

五　右の『訳注』につけられた三三〇〇件以上にのぼる脚注は、この新版では次のように扱った。

㈠　脚注は可能な限り本文中の〔　〕内に取り込んだ。

㈡　チャガタイ・テュルク語本文の写本間に見られる異同や、個々の研究者による本文解釈の異同など、一般の読者には煩雑と思われる学術的な注は割愛した。

(三)　脚注に見られた誤りや誤植などは訂正した。
六　本書の「解題」は、『訳注』につけられた「解説」を簡略化したものである。なお、本書の「解題」の記述は、間野英二『バーブル――ムガル帝国の創設者』（山川出版社、二〇一三年）の記述と重複する部分もあることを、あらかじめお断りしておく。
七　『訳注』につけられた、三六ページにわたる「バーブルおよび『バーブル・ナーマ』関係文献目録」はあまりにも詳細なため、本書では割愛した。詳しい参考文献については同書を参照いただきたい。ただし、最も基本的な文献は、本書の「解題」の注に記載してある。また、本書本文の注の中で触れた文献は、その略称も含めて、「略称、訳注引用文献一覧」に一括してあるので参照願いたい。
八　『訳注』に見える「地図」「図版」は本書にも収録し、「図版」は、かなりの数、追加した。なお、本書に掲載の「図版」の多くは、バーブルの孫で、ムガル朝第三代皇帝アクバルの命で作成された『バーブル・ナーマ』ペルシア語訳の写本に、ムガル朝宮廷工房の画家たちがつけた細密画である。これらの細密画については、本書の「解題」中の〈五　研究史〉の部分を参照していただきたい。「系図」は『訳注』とは別のものを掲載した。
九　約物類は次のように使用した。
〔　〕　原文には見えないものの、文意や年代などを理解しやすくするための追加。
（　）　語句や年代などの説明。
／　「または」の意味。
一〇　チャガタイ・テュルク語でともに khān と表記されているモグール、ウズベクの君主の称号はハンと転写し、インドの王族・貴顕の称号はハーンと転写した。できる限り実際の発音に近づけたいと考えたためである。

一一　称号、度量衡など、本書中にしばしば見えるものの、読者によく知られていないと思われる術語については「術語解説」にまとめてあるので、適宜、参照いただきたい。

一二　バーブルと『バーブル・ナーマ』に関係する「バーブル略年譜」を付したので、適宜、参照いただきたい。

目次

凡例 5

第三部 ヒンドゥスターン（インド） 13

九三二年（一五二五―二六年）の出来事 16

九三三年（一五二六―二七年）の出来事 136

九三四年（一五二七―二八年）の出来事 202

九三五年（一五二八―二九年）の出来事 221

九三六年（一五二九―三〇年）の出来事 322

訳注　323
付録　355
Ⅰ　カーヌワーハの戦い　Ⅱ　九三四年関係　Ⅲ　九三五年関係　Ⅳ　バダフシャーンの情勢、フマーユーンの病とバーブルの献身　Ⅴ　バーブルの死
術語解説　377
バーブル略年譜　382
あとがきにかえて――『バーブル・ナーマ』研究の回顧　386
人名索引　433

第1巻目次

第一部　フェルガーナ（中央アジア）
八九九年の出来事
九〇〇年の出来事
九〇一年の出来事
九〇二年の出来事
九〇三年の出来事
九〇四年の出来事
九〇五年の出来事
九〇六年の出来事
九〇七年の出来事
九〇八年の出来事

略称、訳注引用文献一覧
解題
系図
術語解説
バーブル略年譜

第2巻目次

第二部　カーブル（アフガニスタン）
九一〇年の出来事
九一一年の出来事
九一二年の出来事
九一三年の出来事
九一四年の出来事
九二五年の出来事
九二六年の出来事

バーブル・ナーマ3

ムガル帝国創設者の回想録

ザヒールッ・ディーン・ムハンマド・バーブル
間《ま》野《の》英《えい》二《じ》訳注

第三部　ヒンドゥスターン（インド）

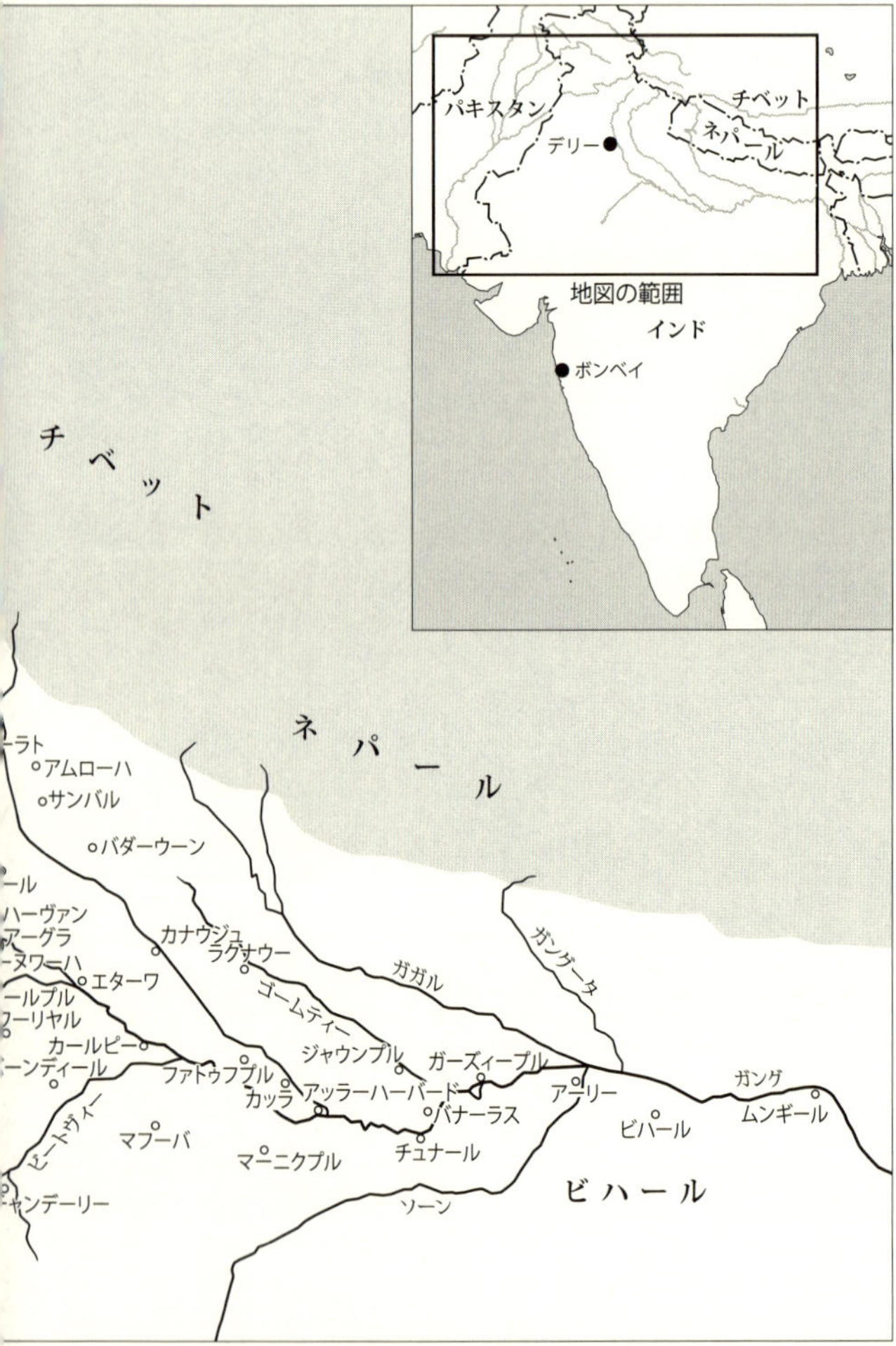

パキスタン
チベット
ネパール
デリー
地図の範囲
インド
ボンベイ
チベット
ネパール
アムローハ
サンバル
バダーウーン
カナウジュ
ラクナウー
エターワ
カールピー
ファトゥフプル
カッラ
アッラーハーバード
ジャウンプル
ガーズィープル
バナーラス
チュナール
アーリー
ビハール
ムンギール
マプーバ
マーニクプル
ビハール
ガガル
ゴームティー
ガンダーク
ガング
ソーン
ヤムナー
アーグラ
ハーヴァン

カーブル
プルシャーワル
ガズニー
コパト
バンヌー
ベーラ
スィヤールコート
パルスルール
チャーナーブ
ババト
スィンド
チニーオト
ラーホール
スルターンプル
ラーヴィー
スィフリンド
チャーナーブ
ムルターン
サトラジュ
パンジャーブ
ディーパールプル
パーニーパト
ヒサール
デリー
アルワル
ラージャスターン
バヤーナ
ランタンボール
バナース
チトール
ウダイプル

ヒンドゥスターン

九三二年（一五二五年一〇月一八日―二六年一〇月八日）の出来事

第六次ヒンドゥスターン遠征(1)

九三二年サファル月一日金曜日（一五二五年一一月一七日）、太陽が射手座にあった時、私はヒンドゥスターンをめざして〔カーブルを〕出発し、ヤク・ランガの丘を過ぎて、デヒ・ヤークーブ川の西岸にある牧地に下馬した。このユルト（宿営地）に、七、八カ月前に〔モグールのハンで、バーブルの母方のいとこである〕スルターン・サイード・ハンのもとに使者として赴いていたアブドゥ・ル・ムルーク・コルチが、ハンの家臣のヤンギ・ベグ・キョケルダシュという者とともに到着した。彼は、〔バーブルの母方のおばであるダウラト・スルターン・ハニムらの〕ハニムたちとハンからの〔何通かの〕書簡と小さな贈物を持参した。

軍の集結のため、私はこのユルトに二日間留まり、ついでここを発って、途中一泊しバーダーム・チェシュメに下馬した。このユルトで私たちはマージューンを服用した。

水曜日（一一月二二日）、私がバリク・アーブに下馬していた時、ヒンドゥスターンに残っていたヌール・ベグの弟の一人が二万シャールヒー銀貨に値する、金、アシュラフィー金貨、タンガ銀貨をもたらした。それは財務官のホージャ・フサインがラーホールの王領地から送ってきたものであった。私はその大半を〔アフガニスタン北辺の対ウズベク戦線の最前線に位置する〕バルフのために、バルフの有力者の一人であるムッラー・アフマドを通じてバルフに送った。

八日金曜日（一一月二四日）、ガンダマクに下馬した時、私はひどい鼻風邪にかかった。アッラーのおかげで無事に快癒した。

土曜日（一一月二五日）、私はバーギ・ワファーに下馬した。私は数日間、〔バダフシャーンで総督を務めていた長男の〕フマーユーン・ミールザーと、かの方面（バダフシャーンなどの中央アジア方面）の軍勢の到着を待つためにバーギ・ワファーに滞留した。バーギ・ワファーの地理的位置や自然環境のすばらしさについてはこの史書の中で繰り返し述べた。まことにすばらしい庭園である。もし買い手の眼でそこを観察すれば、誰であれ、そこがいかにすばらしい土地であるかに気づくであろう。私たちがそこに滞在した数日間、〔土日火水の〕飲酒日には私はほとんど毎日飲み、朝酒もした。禁酒日には、マージューン・パーティーを開いた。フマーユーンが約束の時期にはるかに遅れていたため、(2)私は厳しく叱責する何通かの手紙を書いて送った。

サファル月一七日日曜日（一二月三日）、私が朝酒をしている時にフマーユーンが到着した。遅れて到着したために私はしばし非常に厳しく叱った。ホージャ・カラーンもガズニーからこの同じ日に到着した。

私はその同じ日の夕刻そこを発ち、スルターンプルとホージャ・ルスタムの間に造営した新しい庭園に下馬した。

水曜日（一二月六日）、ここを発ち、筏《いかだ》に乗り、クシュ・ゴンバズまでワインを飲みつつ進み、そこで筏をおりてオルド（軍営）に下馬した。

翌朝（一二月七日）、私はオルドを出発させ、また筏に乗り、マージューンを服用した。私たちがいつも駐留したユルトはクルク・アリクであった。私がクルク・アリクの前面に到達した時、どんなに見回してみてもそこにはオルドの影すら見当たらず、また馬の姿もなかった。私はふと「ギャルム・チェシュメが近い。たぶんオルドはそこに下馬したのであろう」と考えてここを通過した。ギャルム・チェシュメに到達した時、もはや夜になっていた。そこにも留まらず、夜も進んで、ある所で筏を岸につながせ少し眠り、夜明けの礼拝時（一二月八日早朝）、私たちはヤダ・ビルに上陸した。

日が昇るとともに兵士らが到着し始めた。オルドそのものはクルク・アリク付近に下馬しているらしく、私たちには見えなかった。

バーブルの反省　筏には詩を詠《よ》む者たちが大勢乗っていた。シャイフ・アブル・ワジュド、シャイフ・ザイン、ムッラー・アリー・ハーン、タルディー・ベグ・ハークサールその他である。この席で、まず〔有名な詩人である〕ムハンマド・サーリフ作の次の詩の一行が引用された。

魅惑する恋人を前に、人は何をなすことができようか？

そなたのいる場所に留まる以外に、人は何をなすことができようか？

私たちは「これにならって詩作してみよう」といった。詩才に恵まれた者たちが詩作にかかった。しばしばムッラー・アリー・ハーンが冗談の標的にされていたので、即興的に次の〔二つの半句からなる〕一行が冗談として私の頭に浮かんだ。

そなたのごときでたらめを前に、人は何をなすことができようか？

愚かしき牝ろばに対し、人は何をなすことができようか？

以前から、私は良いことであれ悪いことであれ、真面目なことであれ冗談めいたことであれ、何であれ頭に浮かぶと、それらを楽しみで、時に詩の形にしていた。どんなに醜いひどい詩であってもそれらを書きとめていた。

ところが私が〔イスラーム教徒の信じ守るべき六信五行について韻文で記した〕『ムバイイン（解説）』を執筆していた頃（一五二二／二三年）、私の気力の失せた物憂い心にふと次のようなことが浮かんだ――「このようなすばらしい言葉を発する舌をあのようなくだらぬ言葉のために使ったり、心をこのような醜い言葉のために用いたりするのは恥ずべきことであろう。またこのような崇高な思慮をなす心をこのような下劣なことを考えるために使ったり、また心の中にこのような醜悪なことが入ったりするのは愚かしいことであろう」。それ以来、私は皮肉めいた冗談めいた詩は作らぬことに心を決めずっとそのようにして来た。しかしこの詩を作った時には、それをすっかり忘れ、まったく何とも思わなかった。

それから一、二日後、私がベグラームに下馬した時、私は鼻風邪にかかり発熱した。この鼻風邪は咳になり、咳をするごとに吐血し始めた。私はこの咎《とが》めが何に起因するものであり、またこの苦しみが私のどの行為の結果であるかを悟った。

「また誓いを破る者は、その自らの魂を損なう者である。またアッラーとの約束を果たす者には、アッラーは莫大なる報奨を下されるであろう（『クルアーン（コーラン）』第四八章第一〇節）」。

おお舌よ、汝をいかにせん？
汝の故に、わが体内は血にて染まりぬ。
かく戯れに、汝がいかに巧みに歌わんも、
ある所は片手落ち、またある所は虚偽に他ならず。
もし汝、この罪行もてなお地獄の業火に「焼かるることなからん」というなれば、手綱《たづな》をかえし、この庭を去れ。

「おお主よ！　われらはわれらの魂に害を加えました。もしあなたがわれらを赦し、われらに慈悲をかけ給わねば、げにわれらは破滅者のともがらとなるでありましょう（『クルアーン』第七章第二三節）」。

私はここであらためて神の赦しを乞い、神に謝罪して、このような悪い考えや不適当な行為から私の心を解放し私のペンを折った。かの神の法廷によって〔神に〕背いた下僕たちにこのような咎めが与えられたことはまことに大いなる幸運である。そしてこのようなことによって咎められた下僕たちも非常なる光栄に浴したのである。

遠征を続行　そこを発って、私はアリー・マスジドに下馬した。このユルトが手狭なため、私はいつも一つの丘の上に下馬していた。兵士らは全員、私が下馬した丘からその全体を見おろせる一つの丘の突起部に下馬していた。夜は兵士らの松明《たいまつ》がまことに美しく輝いていた。このため、私はこのユルトに下馬するごとにいつも大抵は酒を飲んだ。この時も、私はここに下馬した時に飲んだ。夜明け前（一二月九日早朝）に私はマージューンを服用して馬で出発した。私はその日は断食をも行なった。ベグラーム近くに到着して下馬した。

犀《さい》狩り　翌朝（一二月一〇日の朝）、私たちはそのユルトに滞留して犀狩りに出かけた。ベグラーム前面のスィヤーフ・アーブを渡り、川下に向けて〔巻き狩りの〕陣を布《し》いた。しばらく前進した時、後方から人が来て、「ベグラームの間近のやや小さな森に犀が入りました。皆がその周囲を囲んで立っております」と伝えた。私たちはただちに馬の走るにまかせて急行し、その地に到着した。森を円陣で囲み、鬨《とき》の声をあげると犀がとび出して来て平地に向かって急いで逃げた。

フマーユーンとかの方面（中央アジア方面）から来ている者たちは誰もこれまでに犀を見たことがなかった。皆、心ゆくまで楽しんだ。一クロフほども追って多数の矢をあびせて倒した。この犀は人にも馬にもまったくうまくは攻撃してこなかった。また別の二頭の犀も殺した。

私はいつも象と犀を向かい合わせたら彼らはどうするだろうと考えていた。この時、象使い

象（右下）と犀（左下）を戦わせる

たちが幾頭かの象を連れて来ていたらしく、その時一頭の犀が真正面に出て来た。象使いたちが象を少し前進させると、犀は相対しようとしないで別の方向へ逃げて去った。

インダス渡河の準備　私がベグラームに滞在していたその日、私は若干のベグと近習たちを、バフシー（財務庁の役人）および財務官らとともに六、七名を選んで監督者に任命し、ニーラーブの渡しで船上での仕事をさせることにした。この仕事の目的は全兵士の名前をひとりずつ書き記して全体の数を確かめることであった。

その夕刻、私は鼻風邪にかかって発熱した。この鼻風邪は咳をひきおこし、咳をするごとに吐血した。大変不安な気持ちになった。しかしアッラーのおかげで、二、三日後に回復した。

ベグラームを発つと、降雨があり、私たちはカーブル川の岸辺に下馬した。

ヒンドゥスターンからの情報届く　ヒンドゥスターンから、〔アフガーン人のユースフ・ハイル部の〕ダウラト・ハーン(3)と〔その子〕ガーズィー・ハーンが二、三万の軍勢を集結してカラーヌールを取り、まさにラーホールに到達しようとしているとの情報が届いた。私はムーミン・アリー・トゥワチを「われわれは着々と前進している。われわれが到着するまで戦ってはならぬ」という指令とともに急行させた。

二宿して、二八日木曜日（一二月一四日）、私たちはスィンド（インダス）河畔に下馬した。

インダスを渡る　ラビーゥ・ル・アッヴァル月一日土曜日（一二月一六日）、私はスィンド川を渡り、カチャコート川を越えて、河畔に下馬した。舟の上に配置してあったベグやバフシーや財務官らが軍に参加した人々の数を上奏して来た。大小、貴賤、それに家臣もそうでない者たちをも合わせて一万二〇〇〇人が記録された。

今年は平地では降雨が少なかった。しかし山麓にある諸地方では十分の降雨があった。私たちは食糧を確保するため、山麓を通り〔ラーホール北方の〕スィヤールコート道をとって進んだ。ハーティー・ガッカルの領地の向かいに到達すると、一つの川の所で、ありとあらゆる場所で大量の水が渋滞していた。この水はすべて氷結していた。それほど厚くはなかったが、一エリク（手の平の厚さ、二、三センチ）ほどの厚さがあった。ヒンドゥスターン地方ではこのような氷は珍しかった。私が氷を見たのはそこだけであった。私がヒンドゥスターンに滞在したこの数年間に私は雪や氷の痕跡をまったく見なかった(4)。

スィンド河畔から五宿して、六日目にジュード山に連なる〔ジョーギー族の僧院のある〕バーリナート・ジョーギーの山麓にあるブギーアール族のユルトのある河畔に到着して下馬した。翌朝（一二月二三日の朝）、兵士らの食糧を確保するため、このユルトに滞在した。その日、私は〔強い蒸留酒である〕アラクを飲んだ。ムッラー・ムハンマド・パルガリーがよくしゃべった。彼は、いつもはそれほど饒舌ではなかった。ムッラー・シャムスは以前からしつこかった。ひとたびしつこくなり始めると、夜まで終わらなかった。

食糧確保のために出かけていた奴僕・下僕や良賤の者たちは、食糧のことを忘れて出かけ、森や山や険しい切り立った土地にばらばらに無思慮に赴いて、若干の者が捕えられ、キチキネ・トゥンカタールはそこで死亡した。

私たちはそこを発って、バハト川〔ジェーラム川〕を〔スィヤールコート西南方の〕ジールムより下流の渡しで渡河して下馬した。ワリー・クズルがこの地に来て私に会った。彼はその領地〔パルガナ〕として〔スィヤールコート地方の山城である〕ビームルーギリーとアクリーヤーダを所有し、スィヤールコートの援軍に任ぜられていた。私たちは、彼がスィヤールコートを守らなかったため彼を叱責しようとしていたところ、彼は「私は自分の領地にまいりました。ところがホスロー・キョケルダシュはスィヤールコートを離れる時、私にそれを知らせてもくれませんでした」と上奏した。この言訳は聞き入れられた。しかし私は「お前はスィヤールコートを守れなかったのならば、どうしてラーホールのベグたちの所へ行って合流しなかったのか？」といった。有罪と決定された。しかし事が迫っていたので、私たちは彼のこの失敗にはもうそれ以上関わらなかった。

急使をラーホールに派遣　私はこのユルトからサイイド・トゥーファーンとサイイド・ラーチーンをラーホールにいる者たちの所へ、それぞれ替え馬付きで急行させ、「戦うな。来て、スィヤールコートか〔その少し南の〕パルスルールで私たちに合流せよ」と伝えさせた。誰もが「ガーズィー・ハーンは三、四万人を集めている。ダウラト・ハーンは、その老齢にもかかわらず、腰に二本の刀をさしている。彼らは戦争を決意している」といっていた。ふと私の頭に《友は九人より一〇人の方がよい》という〔ペルシア語の〕諺が浮かんだ。そしてこのことが頭を去らなかったので、「ラーホールにいる者たちを私たちに合流させて戦おう」と考えた。

私はベグたちに向け人を遣わし、途中一泊して、チャーナーブ河畔に下馬した。その途中、私たちは横道にそれ、〔チャーナーブ川の右岸にあり、スィヤールコートから約二五キロの地点の〕王領地であるバフルールプルを見て回った。城はチャーナーブ河畔の高い絶壁の上に位置しており、大変気に入った。私たちはスィヤールコートの民をここに移すことを考えた。もしもその機会が来ればただちにそうすることにした。私たちはバフルールプルから舟でオルドに戻った。宴会になった。ある者はアラクを、ある者はビール(5)を飲んだ。別の者はマージューンを服用した。就寝時の礼拝の時刻よりやや遅く、私は舟を下り、テントでもほんの少し飲んだ。私たちは一日この河畔で馬に休息を与えた。

ジャートとグジャルの蛮行

ラビーゥ・ル・アッヴァル月一四日金曜日（一二月二九日）、私たちはスィヤールコートに下馬した。私たちがヒンドゥスターンに遠征すると、常に、山地や平地から、ジャートとグジャル（第2巻一〇六、二八八頁参照）が、牛や水牛といった戦利品の獲得を目的に、無数・無限に大勢やって来ていた。思慮に欠け圧制を事とする者たちが、まさにこの神に見放された連中であった。

以前には、これらの地方が私たちの敵であったので、〔私たちのこの方面への〕多くの侵略も何ら難しい問題ではなかった。しかし今や、これらの地方はすべて私の臣民となっていた。それにもかかわらず彼らは以前と同様の行為を働き始めたのである。スィヤールコートのオルドに来ていた丸腰の貧者や困窮者たちが一斉に叫び声をあげた。あの連中が略奪に来たのである。私はこの思慮に欠ける行動に出た者たちを見つけさせ、その内の二、三人を八つ裂きにさせた。私はスィヤールコートからシャーヒム・ヌール・ベグをもラーホールのベグたちに向け急行させ、「敵がどこにいるかを調べ、私たちがどこで彼らと遭遇するかを情報に通じた者から聞き出して伝えてこい」と告げさせた。

アーラム・ハーンの行動　このユルトにひとりの商人が来て、〔ローディー朝の〕アーラム・ハーンが〔彼の甥で、ローディー朝の君主である〕スルターン・イブラーヒームに破られたことを上奏した。

その詳細は以下のごとくであった。〔この前年〕アーラム・ハーンは〔カーブルからの〕出発の許しを得ると、あのような暑気の中を、同行者たちには眼もくれず、二宿するところを一宿にして急行し、ラーホールに到達した。

私がアーラム・ハーンに出発の許可を与えた時、ウズベクのハンらやスルターンら(6)が全員で到着して、バルフを包囲していた。私たちはアーラム・ハーンにヒンドゥスターン方面への出発の許可を与えると、私たち自身はバルフに向け出馬した。

アーラム・ハーンはラーホールに到着した後、ヒンドゥスターンにいたベグたちの所にムハッスィル（術語解説参照）を派遣し、「陛下はあなた方が私の援軍となるようにといっている。私に加わって、ともに進軍されよ。ガーズィー・ハーンを私たちに加え、デリーとアーグラに向かおう」と伝えた。

それに対してベグたちは、「われわれはいったい何を信用してガーズィー・ハーンに合流できよう？　また次のような命令を受けている。すなわち「ガーズィー・ハーンがその弟のハージー・ハーンを息子とともに〔わが方の〕宮廷へと送って来たならば、あるいはまた、彼らを人質《ひとじち》のようにしてラーホールに送って来たならば、あなた方はガーズィー・ハーンに合流せよ。さもなくば合流してはならぬ」というものである。あなたも昨日〔彼と〕戦って敗北したばかりではありませんか？　あなたはいったい何を信用して合流しようとされるのですか？　あなたが合流することはあなたにとっても上策ではありません」といった。彼らは考えられるこのようなあらゆる意見を列挙して反対した。

アーラム・ハーンはこれに耳をかさず、息子のシェール・ハーンを派遣してダウラト・ハーンおよびガーズィー・ハーンと話をつけ会合した。アーラム・ハーンは、〔ダウラト・ハーンの子〕ディラーワル・ハーン(7)をも一緒に連れて行った。ディラーワル・ハーンは、しばらく〔私たちの所で〕捕われの身であったが、二、三カ月前に逃亡してラーホールに来ていたのである。アーラム・ハーンは、ラーホールで領地を与えられていたハーニ・ジャハーンの子マフムード・ハーンをも一緒に連れて行った。

おそらく事態は彼らの取り決めに従って、次のごとくに進行したものと思われる——ダウラト・ハーンとガーズィー・ハーンはヒンドゥスターンに配置されているベグたちを、というよりむしろすべてのこの方面を自らの支配下に置く。アーラム・ハーンにはディラーワル・ハーンとハージー・ハーンが加えられ、彼らはデリーとアーグラ方面を彼ら自身の支配下に置く。イスマーイール・ジルワーニーと若干のアミールたちが来てアーラム・ハーンに会い、彼らはただちにデリー方面へと宿を重ねて前進した。〔パーニーパト北方の〕インデリーに到達した際、スライマーン・シャイフザーダも来て〔アーラム・ハーンに〕会った。彼らの総員数は三、四万人に達していた。彼らはデリーに到着すると、デリーを包囲した。しかし彼らは戦うことも、デリー城内の住民を食糧不足の状態にさせることもできなかった。

スルターン・イブラーヒーム・ローディーの行動

スルターン・イブラーヒームは彼らの集結を知ると彼らに向け出馬した。イブラーヒームが近づくと彼らも気づき、デリー城を出立して〔イブラーヒームとの〕戦いに向かった。彼らは次のごとくに意見が一致した。「もしわれわれが昼に戦えば、〔敵の〕アフガーン人たちはお互いの体面を考えて逃亡することはしないであろう。しかし、もしわれわれが夜襲を敢行すれば、闇夜で、それぞれお互いを見ることもないから、彼らは自分のことのみを考えて勝手に行動するであろう」と。六クロフ（約三六キロ）の地点から夜襲をしかけた。彼らは、二度、陽の高い内に夜襲へと出馬し、夜の二パース、三パース（午前〇時ころから午前三時ころ）まで馬上にとどまったまま、戻りもせず進みもせず、どうすべきかについて意見を統一できないでいた。三度目には、夜がなお一パフル分残っている時刻（午前三時ころ）に夜襲をかけた。彼らの夜襲の目的は、テントや天幕に火をかけることであったらしい。彼らは到着すると、一方から火をかけ鬨の声をあげた。

ジャラール・ハーン・ジグハトと他の若干のアミールたちが来て、アーラム・ハーンに会った。

スルターン・イブラーヒームは、若干の近習の騎馬の者たちとともに、自らの天幕の周囲にめぐらせた囲いの中から動かなかった。この時までに夜が明けた。アーラム・ハーンのすべての兵士たちは人々を略奪したり、戦利品を獲得したりすることに熱中していた。スルターン・イブラーヒームの軍は、攻撃側の員数がきわめて少数であることを見てとった。イブラーヒーム軍の側からかなり少数の一団が、一頭の象とともに攻撃者の方へと進撃した。象が前進して来ると、彼らは留まりえず逃走した。

ここから逃走すると、アーラム・ハーンは〔ヤムナー川とガンジス川の河間の地である〕ミーヤーン・ドー・アーブの方へと〔ヤムナー川を〕渡河したが、パーニーパト近郊で、またパーニーパトの側へと渡った。彼は、インデリーに到着すると、ある口実をもうけて、ミーヤーン・スライマーンから三〇万〜四〇万〔タンガ〕を奪った。イスマーイール・ジルワーニー、〔マリク・〕ビバン〔・ジルワーニー〕、アーラム・ハーンの長子ジャラール・ハーンも、彼らと別れ、ミーヤーン・ドー・アーブの方へと移動した。

アーラム・ハーンのもとに集まっていた軍勢の内、ダルヤー・ハーンの子サイフ・ハーン、ハーニ・ジャハーンの子マフムード・ハーン、シャイフ・ジャマール・ファルムリーといった一団の人々とさらに若干の者たちが、戦いの前に逃亡して、イブラーヒームのもとへと赴いた。

アーラム・ハーン、ディラーワル・ハーン、ハージー・ハーンは〔パティアラの北、アンバラの西北の〕スィフリンド（スィルヒンド）を過ぎた時、われわれが来てミルワト[8]を占領したという情報を得た。ディラーワル・ハーンは常にわれわれの味方であり、われわれの故に三、四カ月捕われの身となっていた人物である。彼は〔アーラム・ハーンらと〕別れて、〔パンジャーブのサトラジュ川の上流域、カプルタラ地方の〕スルターンプルの家族のもとに至り、われわれがミルワトを占領した三、四日後、ミルワト近郊で、われわれのもとに伺候した。

アーラム・ハーンとハージー・ハーンはシャトルト川を渡り、ドゥーン（広い谷）とダシュト（平原）の間の山にある〔カプルタラ地方の〕ガングータという名の堅固な城に到着して入城した。アフガーン人およびハザーラ族よりなるわれわれの襲撃隊が到着して彼らを包囲した。あのような堅固な城をほとんど征服しかかっていた時に夜となった。アーラム・ハーンらは逃走することにした。しかし馬が城門のところで倒れたため出城できなかった。彼らは何頭かの象を持っていたらしい。象を前に出した。象がほとんどの馬を踏みつぶして殺した。彼らは馬では出城できなかったが、闇夜に徒歩で出城し、四苦八苦して、ミルワトに入らず山の方へ逃げていたガーズィー・ハーンの所へ行って合流した。しかしガーズィー・ハーンはたいして歓待もしなかった。そのためアーラム・ハーンは、やむなくドゥーンの出口の所のパフルール近郊でわれわれの所に伺候した。

バーブル、スィヤールコートから移動

〔バーブルが滞在している〕スィヤールコートに、ラーホールにいる者たちの所から使者が到着し、明日全員が来てわれわれの前に伺候することを伝えた。

翌朝（一二月三〇日）、私たちは移動して、パルスルールに下馬した。ムハンマド・アリー・ジャング・ジャング、ホージャ・フサイン、それに若干の若党たちが来て、この地で私の前に伺候した。敵の陣営は〔ラーホール付近を経て、チャーナーブ川に合流する〕ラーヴィー川のラーホール側にあったらしい。私たちはブージュカに率いられた者たちを情報蒐集のために派遣した。夜の三パフルに近い時刻（午前三時ころ）に敵が私たちのことを知ると、お互いを気にかけずくずれ逃走したという知らせが到着した。

翌早朝（一二月三一日）、私たちは輜重《しちょう》や家族を後に残して出発した。シャー・ミール・フサインとジャーン・ベグに家族を委ね、私たちは急ぎ移動した。二つの礼拝の間の時刻（午後）に、カラーヌールに到着して下馬した。ムハンマド・スルターン・ミールザー、アーディル・スルターン、そしてその他のベグたちがここに到着して、私の前に伺候した。

翌早朝（一五二六年一月一日）、私たちはカラーヌールを出発した。途中で、ガーズィー・ハーンと逃亡した者たちについての情報がかなり正確な形で得られた。私たちは、この逃亡した者たちの後を追う追跡隊として、ムハンマディー、アフマディー、クトゥルク・カダム、ワリ

ー・ハーズィンに率いられた者たちと、最近カーブルでベグの位に即《つ》かせた近習ベグらの大半を分遣した。次のごとく取り決められていた。「追いつければよし。もし追いつけなければ、ミルワト城の者たちが逃げ出さないように、ミルワト城の周囲をよく警戒せよ」と。この警戒の目的はガーズィー・ハーンであった。

ミルワト城の征服　これらのベグたちを前方へと派遣した後、私はカーンワヒーンの向かいでビーヤーフ川（ビヤース川）を渡って下馬した。

そこから、途中二宿して、ミルワト城の丘の突端の所に下馬した。先に到着していたベグたちとヒンドゥスターン在住のベグたちに、城を間近に包囲する形で下馬するようにとの命令を出した。ダウラト・ハーンの孫で、ハーンの長子アリー・ハーンのイスマーイール・ハーンという名の息子がこの地で到着した。私は、若干の約束・警告・懐柔・注意を与えて、再び城に派遣した。

金曜日（一月五日）、私たちはオルドを前方へと移動させ、城から半クロフの地点に下馬した。私自身が行って、城を視察し、右翼、左翼、中軍の位置を定め、オルドに戻って下馬した。

ダウラト・ハーンが人を遣わして、「ガーズィー・ハーンは逃げて山の方へ行きました。もし私の罪を赦してくださるなら臣従して城をお渡ししましょう」といって来た。私はホージャ・ミーリ・ミーラーンを派遣した。彼は、ダウラト・ハーンの心から不安を取り除いて連れて来た。ダウラト・ハーンとその子アリー・ハーンがともに来た。

932年（1525年10月18日—1526年10月８日）の出来事　34

私は、「私たちと戦うために腰に帯びたその二本の刀を首につるせ。この期《ご》に及んで、なお言訳をしようとするほどの田舎者・馬鹿者であるのか」といった。彼（ダウラト・ハーン）が前の方へ連れて来られた。私は「刀を首からはずせ」と命じた。会見する際に、彼はひざまずくのにぐずぐずしていた。私は「足を引っぱってひざまずかせよ」と命じた。

より近くに坐らせて、私はヒンドゥスターン語を知っている男に、「この私のいう言葉を一語一語彼に伝えよ。次のようにいえ。「私はお前を父上と呼んでいた。私はお前が望んでいた以上にお前に対して十二分の名誉を与え、また敬意をはらってきた。私はお前とお前の子供たちをバルーチ族の乞食生活から救い出した。またお前の家族や妻たちをイブラーヒームの獄舎から解放した。三カロール〔三〇〇〇万タンガ〕の〔税収が見込まれる〕タータール・ハーンの領地をお前に恵与した。お前がその胸と腰に二本の刀を帯び、兵を率い、われわれの領地に来てこのような混乱をひきおこすような悪いことを私がお前に関して何かしただろうか」といった。

年老いた、口もきけなくなってしまった小物は、ひと言ふた言、口の中でぶつぶついった。答えにはならなかった。このような有無をいわせぬ言葉に対して何をいうことができたであろう。結局、次のごとく取り決められた——彼らの家族と妻たちを彼らに渡し、他のそこにあったすべての物も彼らの管理下に委ねると。彼らはホージャ・ミーリ・ミーラーンと一緒に宿営するように命じられた。

ラビーゥ・ル・アッヴァル月二三日土曜日（一五二六年一月六日）、この者たちの家族や妻たちを無事に出城させるため、私自らミルワト城の城門の向かい側にある高みに来て下馬した。アリー・ハーンが出城して、若干のアシュラフィー金貨を献上した。午後の礼拝の時刻に近く、家族と妻たちを出城させ始めた。

ガーズィー・ハーンも〔城を〕出て行ったといわれていたが、「私たちは、彼が城内にいるのを見ました」という者たちがいた。このため、私は若干の近習たちと小姓《こしょう》たちを城門の所に置いた。あやしい者たちを調べ、ガーズィー・ハーンがわれわれをあざむいて出城しないようにするためであった。そのような出城が、彼の最大の望みであった。

また近習らには、財宝や貴重品が隠して運び出されるようなことがあれば、それらを没収させることにした。私はまさにその城門の前にある高みに天幕を設置させ、その夜はそこで過ごした。

翌朝（一月七日）、ムハンマディー、アフマディー、スルターン・ジュナイド、アブドゥ・ル・アズィーズ、ムハンマド・アリー・ジャング・ジャング、クトゥルク・カダム、それに若干の近習ベグらに「城内に入り、財宝庫やあらゆる物を管理下におけ」と命じた。人々が城門の所で大騒動をひきおこしていた。私は、懲罰のために数本の矢を射た。一度は、一本の宿命の矢がフマーユーンの物語の話し手（キッサ・ハーン）に命中すると、彼はその命を神に引き渡した。

私は二晩をその高みで過ごした後、月曜日（一月八日）、城内に入り、城内を視て回った。私は、ガーズィー・ハーンの図書館に到着した。何冊かの貴重な書物が見つかった。数冊をフマーユーンに与え、数冊をカームラーンに送った。学問的な書物は多数あったが、眼にとまるような書物はさほど見つからなかった。その夜をそこで過ごした。

翌朝（一月九日）、私はオルドに帰った。私たちは、ガーズィー・ハーンが城内にいると考えていた。しかし、かの慎みを知らぬ情けない男は、その父、兄弟、母、姉妹をミルワト城内にうち捨てて、数人の者と山の方へと逃亡していたのである。

慎み心なきかの者に眼を向けるな！　かの者、幸運の面を見ること絶えてなからん。
かの者、己れがために安全を選び、妻子を苦悩の淵に落とせしが故に。

水曜日（一月一〇日）、私たちはそのユルトを発って、ガーズィー・ハーンが逃走した山の方角へと進んだ。ミルワトの〔丘の〕突端の所にあったユルトから一クロフ進んで一つの丘の所に下馬した。ディラーワル・ハーンがこの地に来て私の前に伺候した。私たちは、ダウラト・ハーン、アリー・ハーン、イスマーイール・ハーン、それに若干の有力者たちを捕え、カッタに委ねた。それは、彼らを〔ここのミルワトとは別の〕ベーラのミルワトに連行して監視下においておくためであった。私は、個々の者たちに監視させていた他の者たちを、ダウラト・ハーンの同意を得て、血の問責（第1巻六四頁参照）の対象にさせた。ある者たちは受け戻し人に渡され、ある者たちは捕虜として監視下におかれた。カッタが捕虜たちを連行した。ダウラト・

ハーンはスルターンプルに着くと死去した。

私たちはミルワト城をムハンマド・アリー・ジャング・ジャングの管理下に置いた。彼は自分の側から兄のアルグンを一団の若党らとともにそこに置いた。彼は、ハザーラ族とアフガーン族の内からも二五〇人ほどを城に援軍として任命した。

ホージャ・カラーンがガズニーのワインを数頭のらくだに積ませて来ていた。ホージャ・カラーンのユルトは、城やオルドを見おろす一つの丘の上にあった。そこで宴会が開かれ、ある者はワインを飲み、ある者はアラクを飲んだ。すばらしい宴会であった。

ドゥーンに到達　私たちはそこを発って、ミルワトの〔地表に現れたり、地中に消えたりする〕伏流のある低い山々を越えてドゥーンに到達した。ヒンドゥスターン語では広い谷のことを「ドゥーン」というらしかった。ヒンドゥスターンでは一本の流水がまさにこのドゥーンの所を流れている。ドゥーンの周囲には多数の村があった。〔この地は〕ディラーワル・ハーンの母方のおじに当たるジャスワールという人物の地区であったらしい。

ドゥーンはすばらしい谷である。川の周囲は牧場であった。若干の場所では米が植えられていた。中央を三、四基の水車を動かせるほどの水量の水が流れていた。谷の幅は、一、二クロフで、若干の場所では三クロフもあった。山々はごく低い丘のような山々であった。諸村はこれらの山々の麓にあった。村落のない所には、くじゃくと猿が多かった。鶏のような鳥も多い。たしかに鶏のようであるが、ほとんどが一色である。

ガーズィー・ハーンに関する確かな情報が得られていなかったので、私たちはタルディーカを、ビーリーム・デーオ・マリーハースとともに、どこであれガーズィー・ハーンがいることがわかれば、行って、あらゆる手だてをつくして捕えるようにと任命した。

このドゥーン周辺の低い山々には、よく整備された城があった。東北の側に一つの城があった。クーティラという名の城で、その周囲は七〇～八〇カル（約三五～四〇メートル）の絶壁であった。巨大な城門の側は七、八カルの高さで、はね橋がしつらえられている所の幅は一〇～一二カル、二本の長い木を橋のようにして、そこを馬や家畜に通らせていた。このクーヒスターンで、ガーズィー・ハーンが固めさせた城の一つがこれであった。兵がいたものと思われる。しかし襲撃隊がそこに着いて戦いをしかけ、ほとんど征服しかかっていた時に夜となった。夜になるとすぐ、城内の者たちはあれほどに堅固な城を棄てて逃亡した。

このドゥーン近辺にあるもう一つの堅固な城がガングータ城であった。この城の周囲も絶壁であった。しかしクーティラ城ほどには堅固ではなかった。アーラム・ハーンはこのガングータ城に入っていた。これについては前述した（三一頁参照）。

スルターン・イブラーヒームとの戦いに出発　私たちは、ガーズィー・ハーンに向け急襲隊を分遣した後、大望の鐙《あぶみ》に足を置き、神への信頼の手綱を手でつかみ、当時首都デリーとヒンドゥスターンの王国を支配下におき、その軍は一〇万人といわれ、自らとベグたちのもとに一〇〇〇頭に近い戦象を数えるスルターン・バフルール・ローディー・アフガーンの子スルターン・スィカンダル（イスカンダル）の子スルターン・イブラーヒームに向け出陣した。

一宿した後、私はバーキー・シガーウルに〔ラーホールの西南約七〇キロの〕ディーパールプルを恵与し、バルフに向け援軍として派遣した。私はバルフの問題解決の目的で多額の金子を送り、またカーブルにいる一族や幼少の者たちに向け、ミルワト征服の際の戦利品の中から贈物を送った。

ドゥーンを下流に向け一、二宿した後、シャー・イマード・シーラーズィーがアーラーイシュ・ハーン(9)とムッラー・ムハンマド・マズハブの手紙を持って到着した。彼らはいろいろと勝利を願う旨を述べ、この戦役に向け種々の努力を重ねていることを知らせてきた。私たちも、一人の徒歩の者を通じて彼らに恩恵の勅令を送って、さらに前進した。

ミルワトから先発していた急襲隊は、長らくその堅固さの故に誰もその地に足を踏み入れることができなかったといわれるフルール、カフルール（シムラ地方のビラースプル）、それにその近辺の諸山城をすべて攻略し、住民を略奪して、私たちの所に戻って合流した。アーラム・ハーンも、破られて、身ひとつの徒歩で私たちの所へと向かった。私たちは彼に向け、幾人かのベグたちと近習たちを派遣し馬も送った。アーラム・ハーンは、まさにこの付近で到着して私の前に伺候した。

この付近の山や谷にも急襲隊が出かけ、一、二宿して戻って来た。しかし数え上げるほどの物は手に入らなかった。シャー・ミール・フサイン、ジャーン・ベグ、それに若干の若党たちが略奪に出かける許しを求め、出発した。

ドゥーンにいる時に、二、三度、イスマーイール・ジルワーニーとビバンの上奏文が到着した。ここからも、私は彼らが心の中で願っているような勅令を送った。私たちはドゥーンを発って〔シムラの西の〕アルーパルに到着した。アルーパルに滞在中に大雨が降った。非常に寒くなった。飢えた裸のヒンドゥスターン人たちが多数死んだ。

私たちがアルーパルを発って、スィルヒンドの向かいのカルマールに下馬した時、ひとりのヒンドゥスターン人が「私はスルターン・イブラーヒームの使者です」といって到着した。手紙も信書も持って来ていなかったが、彼は私たちの方からもひとりの人物を使者として送るように求めた。そこで私たちは、これに応えて、一、二名のスワード人の夜警を派遣した。このあわれな者たちがイブラーヒームのもとに到達すると、イブラーヒームはただちに二名ともども捕えさせた。私たちが〔パーニーパトの戦いで〕イブラーヒームを打ち破ったまさにあの日、スワード人は自由の身となって到着した。

途中一宿して、私たちは〔パティアラ地方の〕バヌールとサヌールの流れの岸辺に下馬した。ヒンドゥスターンの河川の内、いま一つの流水がこれである。人々はこれをガガル川と呼んでいる。チタルもこの川の岸辺にある。私たちはこの川の上流へ散策に出かけた。チタルの三、四クロフ上流で、この川はその水源から流れ出て来ている。私が散策に出かけた川の上流の一つの広い谷から、四、五基の水車を動かせるほどの水量の水が流れ出て来ている。その少し上

41　スルターン・イブラーヒームとの戦いに出発

流にはまことにすばらしい快適な、好便な土地がいくつもあった。私は、この流れの広い谷の出口の所にチャール・バーグ（四分庭園）を作らせた。この流れは平地におりて、一、二クロフ流れ、〔他の〕川に合流している。ガガル川は、水源から流れ出ているこの流れが〔他の川に〕合流する場所から三、四クロフ下流の所にある。雨季には、この流れの水が増水してガガル川に合流し、〔パティアラの南西約二九キロの〕サーマーナとスナームに向かう。

私たちは、このユルトに滞在中に、デリーのこちら側にいたスルターン・イブラーヒームがそこから前方へと移動し、また〔デリーの西方、やや北よりにある〕ヒサーリ・フィールーザのシックダール（管理官）であったハミード・ハーン・ハーサハイル[10]がヒサーリ・フィールーザとその近辺の軍とともに、城から一〇〜一五クロフこちら側へと前進して来たという情報を得た。私は、情報を得るために、カッタ・ベグをイブラーヒームのオルドに向け派遣した。また、情報を得るために、ムーミン・アテケをヒサーリ・フィールーザの軍勢に向け派遣した。

ジュマーダーゥ・ル・アッヴァル月一三日日曜日（一五二六年二月二五日）、私たちはアンバーラを発って、とある湖のほとりに下馬した。この日、ムーミン・アテケとカッタ・ベグが帰って来た。

私たちは、フマーユーンを、右翼軍全員、すなわちホージャ・カラーン、スルターン・ムハンマド・ダウラダイ、ワリー・ハーズィンとともにハミード・ハーンに向け任命した。この軍勢には、ヒンドゥスターン駐留のベグたちの内からホスロー、ヒンドゥー・ベグ、アブドゥ・

ル・アズィーズ、ムハンマド・アリー・ジャング・ジャング、中軍の近習や若党らの内からシャー・マンスール・バルラース、カッタ・ベグ、ムヒッブ・アリー、それに若干の者たちを加えた。

ビバンもこのユルトに来て私の前に伺候した。このアフガーン人たちは、きわめて田舎者で物を識らぬ連中であった。ビバンは、ディラーワル・ハーンが家臣の〔数の多さの〕点でも位階の点でも自分より上であるのに、〔ディラーワル・ハーンが〕坐っていないにもかかわらず、また生まれながらに君主の子孫であるアーラム・ハーンの息子たちも坐っていないにもかかわらず、〔自身が〕坐ることを要求した。彼の不条理な申し出にいったい誰が耳を貸すであろうか。

フマーユーンの初陣　一四日月曜日（二月二六日）の朝、フマーユーンがハミード・ハーンに向け進軍した。急行しつつ、フマーユーンは自分より前方へ一〇〇〜一五〇人のすぐれた若党たちを物見のために分遣した。物見の者たちが敵の近くに到達して戦闘を開始した。一、二度戦闘を交えた時、後方からフマーユーンの軍勢が姿を現すと敵はただちに逃走した。敵の一〇〇〜二〇〇人を落馬させ、半数の首を打ち、半数を七、八頭の象とともに連行した。

一八日金曜日（三月二日）、ベグ・ミーラク・モグールが、フマーユーンのこの勝利の知らせをまさにこのユルトにもたらした。私は、即座に私の個人用の衣服一式と馬舎の私の個人用の馬の中から一頭を与え、さらなる褒賞をも約束した。

二一日月曜日（三月五日）、この同じユルトにフマーユーンが一〇〇人ほどの捕虜と七、八頭

初陣で勝利をあげたバーブルの長男フマーユーン

の象とともに到着し、私の前に伺候した。私はウスタード・アリー・クリーと火縄銃の銃手らに、みせしめのために捕虜全員を射殺するようにと命じた。フマーユーンの最初の戦いと最初の実戦の体験がこれであった。まことによき前兆であった。

追跡隊は逃走した者たちを追ってヒサーリ・フィールーザに到達するとただちに敵を捕虜にした。彼らはヒサーリ・フィールーザを略奪して帰って来た。

私は、フマーユーンに一カロール（一〇〇〇万タンガ）の税収を見込める地方であるヒサーリ・フィールーザとそれに属する周辺諸地域、それに一カロールの金を褒賞として与えた。

イブラーヒームに関する情報の収集

私たちは、そのユルトを発って、〔アンバーラの南方、約二七キロの〕シャーハーバードに着いた。私たちは情報を得るためにスルターン・イブラーヒームのオルドに向け人を派遣し、数日間このユルトに滞留した。

私は、歩兵のラフマトを、捷報《しょうほう》をたずさえてカーブルへ送った。

ジュマーダーゥ・ル・アッヴァル月二八日月曜日（三月一二日）、このユルトに滞在中に、太陽が白羊宮に移った。まさにこのユルトで、まさにこの日、フマーユーンの顔に剃刀とはさみを使った。(11)

イブラーヒームのオルドの方面から、イブラーヒームが一、二クロフずつ移動して、各ユルトで二、三日滞留しつつ進んで来ているという報告が次々に到着し始めた。

私たちも出発して、シャーハーバードから途中二宿して、ジューン川（ヤムナー川）の岸辺、

〔アンバーラとサハーランプルを結ぶ交通路上にあり、サハーランプル西北約一七キロの〕スィル・サーヴァの向かいの所に到着して下馬した。私はホージャ・カラーンの家臣のハイダル・クリーを情報蒐集のため派遣した。

私はジューン川を渡し場で渡り、進んでスィル・サーヴァを見て回った。その日、私はマージューンをも服用していた。スィル・サーヴァには泉があった。かなり少量の水がこの泉から流れ出ていた。悪い場所ではなかった。一度、タルディー・ベグ・ハークサールが賞賛した。私は「お前のものにせよ」といった。こうして、私はスィル・サーヴァをタルディー・ベグに与えた。

私は一隻の舟に船室をしつらえさせて、時には舟で見物して回ったり、時には移動にあたって舟を利用したりしていた。かのユルトから川岸を川下へと二宿移動した時、情報蒐集のために出かけていた者たちの内の一人、ハイダル・クリーが「〔敵は〕ダーウード・ハーンとハイティム・ハーンを五、六千人の兵とともにミーヤーン・ドゥーアーブの方面へ渡河させている。彼らはイブラーヒームの陣から三、四クロフほどこちら側に来て陣を布いて留まっている」という情報をもたらした。

敵軍に対する勝利

ジュマーダーゥ・ル・アーヒル月一八日日曜日〔四月一日〕、私たちはこの軍団に向け、チーン・ティムール・スルターン、マフディー・ホージャ、ムハンマド・スルターン・ミールザー、アーディル・スルターンと左翼軍全員、すなわちスルターン・ジュナイド、シャー・ミール・フサイン、クトゥルク・カダム、それに中軍からもユーヌス・アリー、アブドゥッラー、アフマディー、カッタ・ベグを急襲隊として分遣した。彼らは、正午の礼拝時にこの場所で渡河し、午後の礼拝時と夕べの礼拝時の間の時刻に向こう岸から出動した。ビバンは、まさにこの急襲隊を口実にして渡河し逃亡した。

味方の軍勢は礼拝の時刻に敵の所に達した。敵は少数で隊列を組み、出撃する体勢を示した。わが方の軍勢は〔敵の所に〕到達するや否や攻略し、動揺させ、イブラーヒームの軍陣の向かいの所まで〔敵を〕落馬させて進んだ。彼らは、ダーウード・ハーンの兄で、司令官のひとりであったハイティム・ハーンを落馬させ、七〇〜八〇人の捕虜と六、七頭の象を連行して来て、私に会った。みせしめのために、そのほとんどを処刑した。

戦いの準備　そこを発って、私は右翼、左翼、中軍を整列させ軍勢の規模を計った。兵の数は、推定していたほどの数は眼に入ってこなかった。

このユルトで、兵士全員がそれぞれの地位に応じて荷車を持って来るようにとの命令が出された。荷車は七〇〇台になった。ウスタード・アリー・クリーに次のように命じた。「〔オスマン・トルコ軍がサファヴィー朝軍を撃破した〕ルーム方式[12]で、荷車と荷車の間に、鎖の代わりに、牛の生皮のひもを一杯に張って結び合わせよ。各二台の荷車の間に六、七個の盾を置け。火縄銃の銃手らをこれらの荷車と盾の後ろに配置して射撃させせよ」と。これらの品々を準備するために、私たちは五、六日、このユルトに滞留した。

これらの品々や諸用具の準備が整った後、私はすべてのベグたちに加えて、意見の出せるすぐれた若党たちをも会議へと招集し、総会を開き、方針を次のごとく決定した。「〔デリーの北方、デリーとカルナールとの中間地点にある〕パーニーパトは居住区や家屋が多い町である。一方は居住区や家屋である。さらにこれ以外の方面を荷車と盾で固め、火縄銃の銃手と歩兵を荷車と盾の後ろに配置せねばならぬ」と。

パーニーパトに到着　私たちはこの方針で出発して、途中で一宿して、ジュマーダーゥ・ル・アーヒル月末日木曜日（一五二六年四月一二日）、パーニーパトに到着した。私たちの右手は町と居住区であった。私たちの前には準備した盾があった。左手といくつかの場所には壕《ごう》（堀）と枝の障害物があった。私は、それぞれが矢の一射程距離ほどの間隔の所に、一〇〇～一五〇人の騎兵から成る突撃隊のごときもののための場所を何カ所も設けた。

兵士たちのうち若干の者たちは非常に動揺して心配していた。不安とか心配は理なきものである。なぜなら、神が永遠に前もって定められたことは変わるものではないからである。しかし彼らを非難することもできない。彼らには正当の理由があった。というのは、彼らは祖国を離れ、二、三カ月ほどの旅をしてきていた。彼らは見知らぬ部族と戦う羽目に陥っていたのである。私たちは敵の言葉を知らず、敵も私たちの言葉を知らなかった。

一団の者がさまよい、一団の者がさすらう。
一部族に捕えられ、その部族は見知らぬもの。

人々は敵の軍勢を一〇万と考えていた。イブラーヒーム自身とアミールたちは一〇〇〇頭に近い象を所有しているといわれていた。イブラーヒームは祖父と父によって残された財宝・現金を所有していた。ヒンドゥスターンには、このような大事が勃発した時には、人々に現金を与えて、約定によって彼らを家臣として召し抱えるという習慣があった。こういった人々はバドヒンディーと呼ばれていた。もしイブラーヒームがこのようにしようと考えたならば、彼はさらに一〇万・二〇万の家臣を召し抱えることができたであろう。

しかし至高の神は正義をもたらされた。イブラーヒームは彼の若党たちを満足させることもできず、また彼の財宝庫を分与することもできなかった。彼は性格的にけちくさかった。そのような者がその若党たちをどうして喜ばせることができたであろうか。彼自身は現金の蓄積を際限なく追求する経験不足の若者であった。進み方もとどまり方も不充分であった。行軍も戦闘も努力に欠けていた。

パーニーパトで兵士らの周囲・周辺を荷車、枝、壕で守り固めていた時、ダルヴィーシュ・ムハンマド・サールバーンが「これほどに警戒していれば、彼はどうして来襲することができましょう」といった。私は、「お前は彼らをウズベクのハンやスルターンたちのようだと思うのか？　あの年（一五一二年）、私たちがサマルカンドを出てヒサールに到達した時、ウズベクのすべてのハンとスルターンたちが集まって、協同して私たちに向け進軍する考えでダルバンド（鉄門と呼ばれた隘路《あいろ》）を通過した。私たちは、すべての騎兵とモグールの家族をその財物ともども居住区に入らせて、居住区の小路を閉鎖して固めた。

あのハンたちやスルターンたちは進軍や滞留の計略や機会をよく知っていたので、私たちが生死をヒサール城内でと覚悟を決め、城を固めたことを見てとると、ヒサールに来襲することを無益と考えて、チャガーニーヤーン近郊のナワーンダークから退却した。この連中をあの連中と比較するな。彼らはいったいどこで計略とか進軍の機会について学んだことがあろうか？」といった。神は正義をもたらされた。まさに私が述べたとおりになった。

前哨戦　私たちがパーニーパトにいた七、八日間の間に、私たちの側のごく少人数の者たちが敵の陣営の所まで進み、多勢の敵に矢を射かけた。彼らは敵の首をとって持って来た。敵はいかなる行動にも出なかった。最後に、私たちは若干のわれわれに味方していたヒンドゥスターン人のベグたちの意見に基づいて行動を起こし、マフディー・ホージャ、ムハンマド・スルターン・ミールザー、アーディル・スルターン、ホスロー、シャー・ミール・フサイン、スルターン・ジュナイド・バルラース、アブドゥ・ル・アズィーズ・ミーラーフール、ムハンマド・アリー・ジャング・ジャング、クトゥルク・カダム、ワリー・ハーズィン、ムヒッブ・アリー・ハリーファ、ムハンマド・バフシー、ジャーン・ベグ、カラ・コズィに率いられた四、五千の兵を夜襲へと派遣した。

夜のため、諸軍団がうまく一致団結して行動することができず、散り散りになって進んで〔敵の所へ〕到達したが戦果をあげることができなかった。彼らは曙光《しょこう》がさして明るくなるまで敵の軍陣の近くにいた。敵兵は太鼓を打ち鳴らし、象とともに隊列を整えて出陣した。味方の者たちは戦果をあげることはできなかったが、あれほどの多勢と手合わせして、しかも配下の誰ひとりとして捕えられたりすることもなく、無事に〔戦場を〕脱出した。ムハンマド・アリー・ジャング・ジャングは足に矢を受けた。命にかかわるほどではなかったが、会戦の当日は戦いに参加することができなかった。

私はこの知らせを得ると、フマーユーンを兵士らとともに一～一・五クロフ、敵軍の方へと派遣し、私自身も残っていた兵とともに隊伍を整えて出陣した。夜襲に赴いた者たちもフマーユーンに合流して到着した。敵軍が前進して来なかったので、私たちも引き返して下馬した。

この夜、オルドで敵襲と誤っての騒ぎがまき起こった。一ガリー（約二四分）近く、雄叫《おたけ》びや叫びが続いた。このような騒ぎを経験したことのない者たちは非常におびえ、不安がった。一時の後に騒ぎはおさまった。

パーニーパトの戦い　ラジャブ月八日金曜日（四月二〇日）、〔夜明けの〕礼拝の時刻に、物見の者から敵が隊伍を整えて迫って来ているという知らせが入った。私たちも甲冑と武器を身につけ出馬した。

右翼は、フマーユーン、ホージャ・カラーン、スルターン・ムハンマド・ダウラダイ、ヒンドゥー・ベグ、ワリー・ハーズィン、ピール・クリー・シースターニーであった。

左翼は、ムハンマド・スルターン・ミールザー、マフディー・ホージャ、アーディル・スルターン、シャー・ミール・フサイン、スルターン・ジュナイド・バルラース、クトゥルク・カダム、ジャーン・ベグ、ムハンマド・バフシー、そしてヤーラギー・モグール・ガナチの子のシャー・フサインであった。

中軍の右翼は、チーン・ティムール・スルターン、スライマーン・ミールザー、ムハンマディー・キョケルダシュ、シャー・マンスール・バルラース、ユーヌス・アリー、ダルヴィーシュ・ムハンマド・サールバーン、アブドゥッラー・キターブダールであった。

中軍の左翼は、ハリーファ、ホージャ・ミーリ・ミーラーン、アフマディー・パルワーナチ、タルディー・ベグ、クチュ・ベグ、ムヒッブ・アリー・ハリーファ、ミールザー・ベグ・タルハンであった。

先鋒は、ホスロー・キョケルダシュとムハンマド・アリー・ジャング・ジャングであった。

アブドゥ・ル・アズィーズ・ミーラーフールを予備軍に任命していた。

右翼の端には、ワリー・クズルとバーバー・カシュカの兄弟のマリク・カースィムをモグールらとともに旋回攻撃（第1巻二一〇頁参照）のために配置した。

左翼の端には、カラ・コズィ、アブ・ル・ムハンマド・ナイザバーズ、シャイフ・アリー、シャイフ・ジャマール・バーリン、ヒンディー、テングリ・クリー・ピシュギ・モグールを旋回攻撃のために整列させた。つまり、敵の軍が近くまで来たら、この二つの旋回攻撃のための軍団が、右と左から、敵の背後に回り込む作戦を立てたのである。

敵の軍勢が眼に入った時、彼らがわが軍の右翼の方に向かって来る公算が大きいように思われた。このため、私は予備軍に任命してあったアブドゥ・ル・アズィーズ［・ミーラーフール］を右翼に援軍として送った。スルターン・イブラーヒームの軍勢は、見ると、遠くからどこにも立ちどまることなく、私たちの方へと全速で進んで来ていた。彼らはさらに前進して、私たちの軍勢を眼にし、私たちのこの陣型・隊伍を見ると、スピードをゆるめ、「止まろうか、止まらないでおこうか、進もうか、進まないでおこうか」といったような状態になって、止まることも、またそれまでのように休まず進んで来ることもできなかった。

私は旋回攻撃に任命していた兵士らに、右翼、左翼の両方面から敵の背後に回り、矢を射かけ戦いに没頭するように、そして右翼軍と左翼軍も進撃して敵と戦うようにという命令を出した。旋回攻撃に当てられた兵士らは、敵の背後に回り込み矢を射かけ始めた。左翼では、マフディー・ホージャが、誰よりもはやく敵と戦いを交えた。マフディー・ホージャに向けて一頭の象を伴った敵の一団が進んで来た。わが軍も多数の矢をあびせてその一団を退却させた。私は左翼の援軍として、中軍からアフマディー・パルワーナチ、クチュ・ベグの兄弟のタルディー・ベグ、ムヒッブ・アリー・ハリーファを派遣した。右翼でも戦いが続いた。私は、ムハンマディー・キョケルダシュ、シャー・マンスール・バルラース、ユーヌス・アリー、アブドゥッラー［・キタープダール］に、中軍の前で敵の方へ正面から進み戦いに没頭するようにと命令した。ウスタード・アリー・クリーも、中軍の前面の所から何度も見事にフランク砲をはなっ

53　パーニーパトの戦い

パーニーパトの戦い。バーブルは1526年パーニーパトの戦いでローディー朝軍を打破し、インドにムガル朝を創設した。５門の大砲も描かれている。47頁以下参照。

た。〔砲の射手の〕ムスタファー・トプチ（砲手）も、中軍の左翼から荷車の上に置かれたザルブ・ザン砲で見事に砲撃した。

右翼、左翼、中軍、旋回攻撃隊が敵の周囲を制圧して、矢を射かけ、懸命に戦闘に従事した。敵は、一、二度、私たちの左翼と右翼の方へごく短い突撃を試みた。しかし、私たちの兵が矢をつがえ矢で攻撃して、再びその中軍へと押し戻した。敵の〔中軍の〕右翼と左翼は、全員が一カ所に押し込められていたが、あまりに〔私たちの軍勢によって〕押し込められた状態にあったため、前進して来ることもできず逃走するための道を見出すこともできなかった。

勝利の確定と残敵の追跡　太陽が槍の高さほどに達した時、戦いは酣《たけなわ》となった。正午まで激しい戦いが続いた。正午になると敵は敗北し味方は悦びにひたった。至高の神は、その慈愛と寛大さとによって、このような難事を私たちに容易なものとしてくださり、またあのような大軍をわずか半日間で大地に倒れさせ給うたのであった。五、六千人がイブラーヒームの近くの同じ一カ所で殺された。私たちはこの他の戦場のあらゆる場所で死亡した者の数を、一万五〇〇〇～一万六〇〇〇人と推定していた。しかし、後、アーグラへ行った時、ヒンドゥスターン人の言によって、この戦場で四、五万人が死んでいたらしいことが判明した。

私たちは敵を打破しつつ、残敵を落馬させつつ進んだ。向こうから、落馬させた〔敵方の〕アミールたちや王子たちが連行されて来はじめた。象使いたちが一団一団と象を連れて来て献上した。

私たちは敵の後を追った。イブラーヒームが脱出したとの考えのもとに、特別親衛隊（第2巻二三八―三九頁参照）の中から、キスマタイ・ミールザー、バーバー・チュフラ、それにブージュカに率いられた者たちを追跡隊に任命した。これは、アーグラに到達するまで急行軍で進み、イブラーヒームを捕える目的でとられた処置であった。

私たちは、イブラーヒームのオルドの内部を通って、その小幕廷や天幕を見て回り、一本の澄んだ水をたたえた川の岸辺に下馬した。午後の礼拝時にハリーファの義弟のターヒル・テブリーがスルターン・イブラーヒームの遺体を多くの遺体の中で見つけ、その首を持って来た。

デリー、アーグラに部隊を派遣　この同じ日、フマーユーン・ミールザーと、ホージャ・カラーン、ムハンマディー、シャー・マンスール・バルラース、ユーヌス・アリー、アブドゥッラー、ワリー・ハーズィンを、急行してアーグラを制圧しその地の財宝庫を管理下に置く任務のために任命した。マフディー・ホージャ、ムハンマド・スルターン・ミールザー、アーディル・スルターン、スルターン・ジュナイド・バルラース、クトゥルク・カダムを輜重を残したまま急行して、デリー城に入城し、その地の諸財宝庫を監視下に置く任務に定めた。

翌日（四月二一日）、私たちは出発して、一クロフ進んだ所で馬を休ませるためにジューン河畔に下馬した。

デリー城に入城　途中二宿して、火曜日（四月二四日）、〔チシュティー教団の聖者〕シャイフ・ニザーム・アウリヤー(13)の墓に参拝し、デリーの対岸のジューン河畔に下馬した。同じ日、

デリー城への入城後、デリー周辺を見て回るバーブル（左上）

つまり水曜日の前夜、私たちはデリー城を見回り、その夜はそこで過ごし、翌水曜日（四月二五日）、〔フェルガーナのオシュ出身の聖者〕ホージャ・クトゥブッ・ディーンの墓に参拝し、〔奴隷王朝の君主〕スルターン・ギヤースッ・ディーン・バルバンと〔ハルジー朝の君主〕スルターン・アラーゥッ・ディーン・ハルジーの墓廟と宮殿、そのミナール（塔）、〔貯水池である〕ハウズ・シャムスィーとハウズィ・ハース、〔ローディー朝の君主〕スルターン・バフルールとスルターン・イスカンダル（スィカンダル）の墓と庭園を見物し、帰ってオルドに下馬し、舟に乗ってアラクを飲んだ。

私たちはデリーのシックダール（管理官）職をワリー・クズルに与え、ドーストをデリー地方の財務官に任命した。すべての財宝庫を封印して彼らに管理させることにした。

木曜日（四月二六日）、私はそこを発ち、〔トゥグルク朝時代の都城である〕トゥグルカーバードの対岸のジューン河畔に下馬した。

デリーでバーブルの名でフトゥバが誦《よ》まれる

金曜日（四月二七日）、私たちはそのユルトに滞在した。マウラーナー・マフムードとシャイフ・ザイン、それに若干の者たちが行って、デリーで金曜日の集団礼拝を行ない、私の名でフトゥバを誦ませた。彼らは貧者や困窮者たちにいくらかの現金を分与してオルドに帰って来た。

土曜日（四月二八日）、私はそのユルトを発ち、宿営を重ねて、アーグラへと向かった。私は出向いてトゥグルカーバードを見物し、戻ってオルドに下馬した。

アーグラ近郊に到着　ラジャブ月二二日金曜日（五月四日）、私はアーグラ郊外の居住区内にある〔ローディー朝の有力者であった〕スライマーン・ファルムリー(14)の邸宅に下馬した。しかしここはアーグラ城から非常に遠かったため、翌日（五月五日）、私はここを発って、〔別のローディー朝の有力者であった〕ジャラール・ハーン・ジグハト(15)の邸宅に下馬した。

私たちより前にアーグラに到着していたフマーユーンを城内の者たちは口実を設けてだましていた。フマーユーンらもこの者たちの無秩序な有様に気づき、「彼らは財宝庫に手をつけるだろう」といって、私たちが到着するまで彼らが脱出するはずの道路を監視してとどまっていた。

〔ローディー朝の有力者〕ビクラマージート・ヒンドゥー(16)は、グワーリヤルのラージャであった。彼の祖先らはグワーリヤル地方で一〇〇年以上支配しつづけていた。〔ローディー朝の〕イスカンダルはグワーリヤルを征服するために、何年間もアーグラにいた。後、イブラーヒームの時代に、アーザム・フマーユーン・サルワーニーが何度か懸命に戦った。〔イブラーヒームは〕結局、和平によってグワーリヤルを獲得し、彼（ビクラマージート）にシャムサーバードが与えられた。私たちがスルターン・イブラーヒームを破った時、ビクラマージートは地獄へ行った。

ビクラマージートの子供たちや家族はアーグラにいた。フマーユーンがアーグラに到着した時、ビクラマージートの家族は逃走する考えを持っていたらしい。しかしフマーユーンが配置した者たちが眼を光らせていた。フマーユーンも皆が〔彼らを〕略奪することを許さなかった。彼らは自発的に多量の宝石や財宝をフマーユーンに献上した。

巨大なダイヤモンド　その中の名高いものは、〔ハルジー朝の〕スルターン・アラーウッ・ディーンが〔デカン高原から〕もたらしたといわれているダイヤモンドであった。きわめて名高い〔「コーヒ・ヌール（光の山）」と呼ばれた〕ダイヤモンドで、ある鑑定人がこのダイヤの値打ちを全世界の二日半分の必要経費にも値すると述べたことがよく知られていた。ほぼ八ミスカール（約三六グラム、一八〇カラット）の重さがあった。私が〔アーグラに〕到着した時、フマーユーンが私に献上した。しかし私はすぐフマーユーンに贈与した。(17)

イブラーヒームの母親らの処置　城内にいた騎士たちの内で、有力な者のひとりがマリク・ダード・カラーニーであった。いまひとりはミッリー・スールドゥク、別のひとりはフィールーズ・ハーン・メーワーティーであった。これらの者がいろいろと奸計を用いたのであった。私はこの者たちを死刑と定め、〔処刑の場所に〕送った。

マリク・ダード・カラーニーを出城させた後、幾人かがいくつかの要求をしてきた。人の往来が繰り返され、決定を見るまでに四、五日が経過した。私はそれらの者たちの願いを聞き入れてやり、すべての彼らの所有物を彼らが自由にするのを許した。

イブラーヒームの母親に七〇万〔タンガ〕に値する地区を恵与し、イブラーヒームのこれらのベグたちにも、それぞれひとりひとりに地区を与えた。イブラーヒームの母親をその旧臣らとともに出城させ、アーグラから一クロフ下流の所にユルトを与えた。

ラジャブ月二八日木曜日（五月一〇日）、午後の礼拝時に私はアーグラに入城し、スルターン・イブラーヒームの宮殿に下馬した。

バーブルの五次にわたるヒンドゥスターン遠征　私は、カーブル地方を征服した九一〇年（一五〇四年）から今日まで、常にヒンドゥスターン征服を夢みていた。しかしある時はベグたちの弱気な意見のために、またある時は私たち兄弟の足並みが揃わないために、ヒンドゥスターンに進軍することもこの国を征服することもできなかった。最後にそのような障害もなくなった。身分の上下、大ベグ・小ベグを問わず誰も反対の意見を述べえなかった。

九二五年（一五一九年）、私は兵を率い、バジャウルを二、三ガリー（約二四～四八分）で力によって征服し、その住民を皆殺しにしてベーラに到達した。ベーラでは略奪・劫奪を行なわず、その住民に生命財産保証金を課し、現金・諸物資よりなる四〇万シャールヒー銀貨に値するものを獲得し、軍の人々にその家臣の数に応じて分配し、カーブルに帰った。

この年（九二五年）より九三二年（一五二六年）に至るまで、私は懸命にヒンドゥスターンに進撃した。七、八年間に五度ヒンドゥスターンに出兵した。(18) そして五度目に、至高の神はその自らの身に本来そなえ給う慈悲と慈愛とによって、スルターン・イブラーヒームのごとき敵を破滅させ、ヒンドゥスターンのごとき国を私たちの支配下に置き給うたのである。

アフガニスタン方面からのヒンドゥスターン征服の歴史　使徒猊下《げいか》（預言者ムハンマド）の時代

より今日に至るまでに、あちら側（アフガニスタン方面）に本拠を置いた諸君主の内、三名の者がヒンドゥスターン地方を征服して王国を形成した。

第一は、〔ガズニー朝の〕スルターン・マフムード・ガーズィーとその子孫たちで、ヒンドゥスターンの国において長期にわたって王位に座した。

第二は、〔ゴール朝の〕スルターン・シハーブッ・ディーン・ゴーリーとそのテュルク人奴隷や従臣たちで、長期間この王国で君主権を行使した。

第三が私である。しかし私のした仕事は先の諸君主のそれとは似て非なるものである。なぜかといえば、スルターン・マフムードがヒンドゥスターンを征服した時、ホラーサーンの王位は彼の掌握下にあった。また〔アームー川下流域の〕ホーラズムと辺境地帯のスルターンたちも彼に服属していた。サマルカンドの君主も彼の属臣であった。その兵は二〇万人とはいわぬまでも、一〇万人に達していたことには疑問の余地がなかった。また彼の敵たちはラージャたちであった。全ヒンドゥスターンがひとりの君主に支配されている状況ではなかった。各々のラージャがそれぞれ一つの地方で勝手に統治していた。

またスルターン・シハーブッ・ディーン・ゴーリーについていえば、ホラーサーンの王権は彼の手中になく、その兄のスルターン・ギヤースッ・ディーン・ゴーリーの手中にあったが、〔ミンハージュ・ル・ジューズジャーニーが一二六〇年にデリーにおいてペルシア語で著した歴史書である〕『タバカーティ・ナーセリー』によると、一度彼は一二万の甲冑をつけた人馬とともにヒンドゥスターンへ出兵したという。彼の敵たちもラーイ（地方君主）やラージャたちであった。全ヒンドゥスターンがひとりの支配下に置かれてはいなかった。

私たちが最初にベーラに進撃した時には、私たちの軍勢は一五〇〇人、最大に考えても二〇〇〇人であった。第五回目に私たちは進撃してスルターン・イブラーヒームを破り、ヒンドゥスターン国を征服したが、それまで私はヒンドゥスターン国にあれほどの軍勢とともに進撃したことは一度もなかった。家臣、商人、従者らを合わせて、総勢一万二〇〇〇人が登録されたのであった。

私に属する諸地方はバダフシャーン、クンドゥズ、カーブル、カンダハールであった。しかし、これらの諸地方からはわれわれに利するものは何も期待できなかった。というより、これらの内の若干の諸地方は敵（ウズベク）に接近していたため、むしろあらゆる援助を与える必要があった。さらに全マー・ワラー・アン・ナフル地方はウズベクのハンたちやスルターンたちの支配下にあった。彼らは一〇万人に近い軍勢を所有していた。そして彼らはわれわれの古くからの敵であった。

さらにヒンドゥスターンの国はベーラからビハールまでをアフガーン族が支配していた。その君主がスルターン・イブラーヒームであった。国の大きさからすれば、五〇万の軍勢があると考えるべきであった。しかし当時私たちが進撃した際には、彼のアミールたちが反乱を起こしていたため、その現有の軍勢は一〇万と数えられていた。彼自身と彼のアミールたちは一〇〇〇頭の象を所有しているといわれていた。

私たちはこのような状況の中にこのような軍事力を以て、神を信じ、ウズベクのごとき一〇万の軍勢を誇る仇敵を背後に背負いながらも、スルターン・イブラーヒームのごとき大軍を擁し広大な領地を所有する君主と相まみえたのであった。至高の神は、私たちのこの信頼にふさわしく、私たちの苦しみや艱難を無駄にはされず、あのような強力な敵を壊滅させ給い、ヒンドゥスターンのごとき広大な王国を征服させ給うたのである。私たちはこの幸運を私たち自身の力によるものとは考えていない。そうではなく、この幸運はただ単に神の恩恵と恩愛によるものにしかすぎない。また私たちはこの幸せを私たち自身の努力と精励によるものとは見なしていない。そうではなく、まさしく純粋に神の慈悲と慈愛によるものにすぎないのである。

ヒンドゥスターン概説

ヒンドゥスターンの国々は広大で人であふれ産物に満ち満ちている。ヒンドゥスターンの東方と南方、否それればかりでなく西方もまたその果ては大海である。その北方は山岳地帯で、ヒンドゥー・クシュやカーフィリスターン、そしてカシュミールの山々に連なっている。その西北方にカーブル、ガズニー、カンダハールがある。

全ヒンドゥスターン地方の首都はデリーであった。〔ゴール朝の〕スルターン・シハーブッ・ディーン・ゴーリー以後、〔トゥグルク朝の〕スルターン・フィールーズ・シャー（在位一三五一

―八八年）の治世の晩年まで、ヒンドゥスターンのほとんどの地域がデリーのスルターンたちの支配下に置かれていた。

支配者たち　私がヒンドゥスターンを征服した今日では、五人のムスリムの君主と二人の邪教徒がヒンドゥスターンで統治していた。大小のラーイやラージャが山地や森林地帯に多数いるにはいたが、人々に強力なる者として認められ、独立の形勢を保持していたのはこの七名であった。

第一はアフガーン族で、首都デリーはこの者たちの手中にあった。彼らはベーラからビハールに至る一帯を領有していた。

アフガーン族より以前には、〔北インド、ベナレス北方の〕ジャウンプルはスルターン・フサイン・シャルキーが領有していた。彼らは、プーラビー（〔東の〔者たち〕〕）と呼ばれていた。彼らの祖先は、〔デリー・スルターン諸王朝の一つ、ハルジー朝初代の君主〕スルターン・フィールーズ・シャー（在位一二九〇―九六年）とその一族のスルターンたちのもとで酌人であったという。そしてフィールーズ・シャーの死後、彼らはジャウンプル王国を支配していた。

一方、デリーは〔デリー・スルターン諸王朝の一つ、サイイド朝の最後の君主〕スルターン・アラーウッ・ディーン（在位一四四六―五一年）の掌中にあった。この一族はサイイド（預言者ムハンマドの子孫）である。〔一三九八年〕ティムール・ベグがデリーを征服した際、ティムールはデリーの統治権をこの一族の祖先らに与えて〔サマルカンドへと〕帰還した。

アフガーン族の〔デリー・スルターン諸王朝の最後の王朝である、ローディー朝初代の君主〕スルターン・バフルール・ローディー（在位一四五一―八九年）とその息子スルターン・イスカンダル（在位一四八九―一五一七年）は、首都デリーと首都ジャウンプルを奪取した。かくしてこの二つの首都は、ともに〔ローディー朝の〕一人の君主によって治められたのである。

第二に、グジャラート[19]にスルターン・ムザッファル（在位一五一一―二六年）がいた。彼は〔ローディー朝の〕スルターン・イブラーヒームに対する〔私の〕勝利の数日前にこの世を去った。彼はまことによくイスラーム法に通じた君主であった。学問好きで、ハディース（預言者ムハンマドの言行に関する伝承）を研究していた。いつも、『クルアーン（コーラン）』を書写していた。彼の一族はタングと呼ばれていた。彼らの先祖たちもまた、スルターン・フィールーズとその一族のスルターンたちにワイン係として仕えていた。彼らはフィールーズ・シャーの歿後、グジャラート地方を支配するようになったのである。

第三に、デカンに〔バフマニー朝[20]と呼ばれる〕バフマニーらがいた。しかし現在では、デカンのスルターンたちにはいかなるものに対する権力、権勢も残されていない。全域が大ベグたちの掌中にあった。スルターンたちに何か必要なことがあると、彼らは何であれベグたちに頼んでいた。

第四に、マンドゥーとも呼ばれるマールワ地方[21]にスルターン・マフムード（在位一五一一―三一年）がいた。この王朝はハルジー朝と呼ばれていた。彼を邪教徒のラーナー・サンガーが打破しほとんどの地域を奪取した。〔その結果〕彼も弱体化していた。このハルジーの一族の祖先らも、フィールーズ・シャーが抜擢した者たちの内の一人であったらしい。その人物以降マールワ地方を支配していたのである。

第五に、バンガーラ（ベンガル）地方にヌスラト・シャー（在位一五一九―三二年）がいた。(22) 彼の父はバンガーラで君主となっていた。サイイドであり、スルターン・アラーゥッ・ディーン（在位一四九四―一五一九年）と称していた。ヌスラト・シャーは父から王国を継承した。珍しい習慣があり、バンガーラで王国が世襲的に相続されることはかなり稀である。

君主は確固とした王位を所有し、アミールたち、ワズィールたち、高官たちもそれぞれの明確な位を保持している。バンガーラの人々の間で敬意を払われているのは、〔人ではなく〕この王位とそれらの位そのものである。どの位にもそれに付随する家臣や従士たちが定められている。もし君主が誰かをある位に任じたり、ある位から罷免したりしようと望んだ場合には、誰であれその人物をそれぞれの位に即けた。その場合、もともとその位に付随している家臣や従士たちも全員が新しくその位に即いた人物の有に帰するのである。単にそれのみならず、君主の王位についても同様のことが行なわれていた。ある者が君主を殺害して王位に即く機会を得れば、その者が君主となった。その場合、〔殺された前の君主に仕えていた〕アミールたちやワズィールたち、そして軍人たちや一般の者たちも、全員が新しい君主に服従し、彼を前の君主と同様に君主・支配者と認めた。

バンガーラの人々は次のようにいっていた――「私たちは正当な王位のともがらである。誰がその王位に即こうとも、私たちはその者に従う」。例えば、ヌスラト・シャーの父スルターン・アラーゥッ・ディーンの治世より以前に、ひとりのアビシニア人〔エチオピア人〕が自らの君主を殺し王位に即き、しばらく統治したことがある。(23) スルターン・アラーゥッ・ディーンがアビシニア人を殺して王座に登り君主となった。スルターン・アラーゥッ・ディーンの死後、父を相続する形で、今、アラーゥッ・ディーンの子息が君主となっているのである。

もう一つ、バンガーラには次のような慣習があった。ある人物が君主になった際、自分より以前の君主たちが蓄積した財宝庫を消費・使用することは、最大の過ちであり最大の恥であるとされていた。誰であれ君主になれば、新たに財宝を集積せねばならないのであった。財宝を集積することは、この地方の人々の間では栄誉とされ誇るべきこととされていた。

さらに別の習慣は次のごとくであった。財庫や厩舎や、否それればかりでなくスルターンの一族の各人には、〔その費用に当てるために〕古くから定められた諸地区があり、そこからの収入は他の目的には決して使用されないという点であった。

以上の五名が、強力で権勢を持ち、イスラーム教徒で、多くの兵と多くの領地を所有する君主たちであった。

邪教徒の君主らの内で、兵と領地という点でより強力な者は、〔一三三六年から一五六五年までデカン高原でヴィジャナガル王国としてその繁栄ぶりがイスラーム諸国に知られた〕ビージャーナ

チトール城

ガルのラージャである。

もう一人は、ラーナー・サンガー[24]である。彼は、近年、自らの勇気と刀によってかくも強大となったのである。本来、彼の国はチトールであった。マンドゥーのスルターンたちの王国が混乱に陥った時、彼はマンドゥーに属した多くの諸地方を奪った。〔ジャイプル州の東南隅の要塞〕ランタンボール、〔デワース州のカーリ・シンドの東岸の〕サーラングプル、〔グワーリヤル州のベトワ川東岸の〕ビルサーン、〔グワーリヤル州の〕チャンデーリーのごとき諸地方である。詳細については後述する予定であるが、九三四年（一五二七／二八年）、私は神のご恩寵によってチャンデーリーを一、二ガリー（二四〜四八分）という短時間で攻略し、住民である邪教徒たちを皆殺しにして、この地を「イスラームの住みか（ダール・アル・イスラーム）[25]」と化した。後述するごとくである。その時まで、チャンデーリーはしばしの間「確執の住みか（ダール・アル・ハルブ）」となっており、そこにはミドニー・ラーオという名のラーナー・サンガーの有力な部下が、四、五千人の邪教徒らとともに居住していたのである。私は攻撃して一、二ガリーで征服し、邪教徒らを皆殺しにして「イスラームの住みか」とした。詳細については後述する予定である。

またヒンドゥスターンの諸地域には、多数のラーイやラージャがいる。若干の者たちはイスラームに服しているが、若干の者たちは遠方にいるとか、その土地が堅固であるなどの理由で、イスラームの君主たちに服さないままでいる。

ヒンドゥスターンの気候帯　ヒンドゥスターンは、第一、第二、第三気候帯から成る。ヒンドゥスターンには第四気候帯に属する地域は存在しない。驚くべき国である。私たちの国とは別世界である。山、川、森、砂漠、町、地方、動物、植物、住民、言語、雨、風、とにかくすべてが異なっている。カーブルに属する温暖地帯は、若干の点ではヒンドゥスターンに似ているが、他の点では似ていない。スィンド川（インダス川）を渡ると、土地も水も木も石も、人も民も習慣も風習も、すべてがヒンドゥスターン風となる。

北部の山々　北部にある山々については前述した。ヒンド川を渡ると、この山々の山中にカシュミールに付随する諸地方がある。もっとも、現在はこの山中の諸地方――例えば〔ハザーラ地方のインダスとジェルム川の間の地域である〕パクリーや〔その南の〕シャフマング――の大部分はカシュミールに従属していない。しかし以前はカシュミールに含まれていたという。カシュミールを越えると、この山中には無数の諸部族や諸国・諸地方がある。バンガーラまで、というより大洋の岸辺に至るまで、この山中には、途切れずに諸民族がいる。私は、ヒンドゥスターンの人々から、このようなことについてあれほど質問したり聞いてみたりしたが、誰もこれらの諸部族について正確な情報を与えることができなかった。彼らは「この山中の人々はカスと呼ばれている」といっていた。私はふとこう考えた——ヒンドゥスターンの人々は、「シュ」を「ス」と発音する。この山中で人に聞こえた町はカシュミールである。というより、私は、この山中では、カシュミール以外には、他の町のことを聞いたことがない。このため彼らはカシュミールといった可能性がある[26]、と。

この山中の人々の特産物は、じゃこう、ヤク、サフラン、鉛、銅である。

ヒンドの人々は、この山をサワー・ラク・パルバトと呼んでいる。ヒンド語では、「サワー」は四分の一を、「ラク」は一〇万を、「パルバト」は山を意味する。つまり「サワー・ラク・パルバト」は「四分の一と一〇万の山」、すなわち「一二万五〇〇〇の山」を意味する。

この山々では雪が消えない。ヒンドゥスターンの、ラーホール、スィフリンド、サンバルといった諸地方からこの山の積雪が見られる。この同じ山は、カーブルではヒンドゥー・クシュと呼ばれている。この山は、カーブルから東方へとのびているが、やや南寄りである。山の南は、すべてヒンドゥースターナートである。この山と、このカスと呼ばれる不明の民族の北はチベット地方である。

河川　この山からは多くの川が流れ出て、ヒンドゥスターン内部をよぎっている。スィフリンドの北方で、スィンド、バハト、チャーナーブ、ラーヴィー、ビーヤーフ、サトラジュの六河がこの山から出て、ムルターン付近ですべてが一カ所で合流している。すべてが一カ所で合流した後も、スィンド（インダス）川と呼ばれている。スィンド川は西に向かって流れ、タッタ地方の内部をよぎり、オマーン〔湾〕に合している。

これら六河以外にも、例えばジューン、ガング、ラプト、ゴームティー、ガガル、サルー、ガンダクといった諸河、またその他多数の河川がある。これらはすべてガング川（ガンジス川）に合し、同じガングの名で呼ばれている。ガング川は東に向かって流れ、バンガーラ地方の内をよぎり、大洋に注いでいる。これらすべての河川の源が、まさに先のサワー・ラク・パルバトである。

さらに、ヒンドゥスターンの諸山から出ているいくつかの河川もある。〔東北流してエターワの近くでヤムナー川に合流する〕チャンバル、〔トンクの東方でチャンパル川に合流する〕バナース、〔西方から流れてカンプルの西方、ハミルプルでヤムナー川に合流する〕ビートヴィー、〔西方から流れてビハールでヤムナー川に合流する〕ソーンのごとき諸河である。これらの山々には雪は降らない。これらの諸河もガング川に合している。

デリー南方の山　ヒンドゥスターンには、別の山もある。その内の一つは、北から南へと連なっている。この山はデリー地方の、〔トゥグルク朝の〕フィールーズ・シャーが建設したジャハーン・ヌマー（世界表示）という名の宮殿の所に発している。この宮殿は、かなりぽつんとした岩山の上に建てられている。ここを過ぎると、デリーの近郊で、点々と、非常に低い岩の丘が、あちらこちらに出現する。〔デリーの西南、アーグラの西北の山地の一帯である〕メーワート地方に達すると、この山々はより高くなる。メーワートを過ぎてバヤーナ地方に達している。〔アーグラの西約四〇キロ、アクバルの都ファートゥフプルが造営された〕スィークリー、〔アーグラの西南、バヤーナの南、ドールプルの西にある〕バーリー、〔アーグラの南にある〕ドールプルの山々も、まさにこの同じ山の一部をなしている。連なってはいないが、グワーリヤル――皆はガールヨールと書いている――は、この山の支脈の一部である。ランタンボール、チトール、マンドゥー、チャンデーリーの山々も、まさにこの小山の一部である。若干の場所では、〔小山から〕七、八クロフ（約四二〜四八キロ）離れている。これらの山々は、非常に低く、荒々しい岩山で、森を持つ。雪は降らない。ヒンドゥスターンで、若干の河川の水源はこの山である。

灌漑　ヒンドゥスターンのほとんどの地方は平地にある。このように多くの町や地方があるのに、人工的な流水はどこにも存在しない。河川が流水の役を果たしている。いくつかの地域には澄んだ流れがある。いくつかの町々では、灌漑水路を掘って水を流す条件も整っているのに、水を流していない。これには次のようないくつかの理由が考えられる。第一には、農地にも庭園（バーグ）にもまったく水を必要としていないことである。秋の収穫は、雨季の雨でまかなわれる。また不思議なことであるが、春の収穫は、たとえ雨が降らなくとも可能なのである。苗木には、一、二年間、水をたっぷりと与えるが、この場合、水は歯車ないし桶で与えられる。その後は、まったく水を与える必要がないのである。もっとも若干の野菜には水を与えている。

ペルシア式揚水機　ラーホール、ディーパールプル、スィフリンド、およびその近辺では、歯車で水を供給している。長い二本のロープを井戸の深さと同じ長さで輪状にする。その二本のロープとロープの間に、いくつかの木片を結びつけ、この木片それぞれにいくつかの陶製の壺をしっかりと固着する。そして、壺を固着したこのロープを井戸の上に置かれている歯車に取り付ける。この歯車の車軸の一方の先端にもう一つ別の歯車を付ける。この歯車の横にさらにもう一つ別の歯車を付ける。この歯車の車軸は直立している。牛がこの歯車を回すと、その歯が二番目の歯車の歯とかみ合って、一番目の壺が付いた歯車が回される。水が〔壺から〕流し出される所に桶が置いてある。その桶からどこへでも水を運ぶ(27)。

車井戸　また、アーグラ、〔アーグラの南東、ヤムナー河畔にある〕チャンドワール、バヤーナ、およびこの近辺では、バケツで水を供給している。これは労多く、かつ不潔である。井戸の傍らに二本の別々の木を固定設置し、その木と木の間に車を設置する。長い革ひもに大きなバケツを結び付け、〔革ひもを〕この車に〔巻き付くように〕置く。革ひもの一方の先端を牛に結び付ける。一人の男が牛を「それ！　それ！」といって前進させねばならず、また別の男がバケツの水を汲み出さなければならない。毎度、牛が革ひもを曳いてバケツを井戸から引き上げて戻る際、この革ひもが牛の尿と糞で汚れた牛の通路に接触し、また井戸へと落とされるのである。

若干の農作物に水が必要な場合には、男女が陶製の壺で水を与え灌漑している。

その他の特徴　ヒンドゥスターンの町や地方は、まったく快適さに欠ける。あらゆる町、あらゆる土地がみな一様で、庭園には囲壁がない。ほとんどの土地が真っ平らである。若干の河川の岸辺は、雨季の雨で池になっている。どこであれそこを通り抜けるのは困難である。平地の若干の地域には棘《とげ》のある樹木の森がある。こういった地区の人々は、この森の中に要塞をつくって反抗し、税を納めない。

ヒンドゥスターンでは、流水は川を除いては稀である。時たま、若干の地域には澄んだ流れがある。かくして、町や地方の人々は、井戸の水や雨季の雨水を集めた貯水槽の水で生活している。

ヒンドゥスターンでは、小村や村が、否、そればかりか町が廃棄されたり建設されたりするのは、一時《いっとき》の時間で可能である。例えば、何年も人が住んでいたような大きな町も、もし住民が逃亡しようとした場合には、一日か一日半で、いかなる痕跡も残らぬように逃亡してしまうのである。またもし彼らが町を建設しようと思った場合には、灌漑水路を掘ったり、貯水池を建造したりする必要がないのである。畑はすべて人工灌漑を必要としない土地である。人は無限にいる。大勢が〔すぐ〕集まる。いっぺんに彼らは貯水槽を作ったり、井戸を掘ったりしてしまう。家を建造したり、囲壁を作ったりすることもない。麦藁が多く、樹木も無数にある。それで、掘っ立て小屋が作られ、即座に村や町が誕生するのである。

生き物―野獣　ヒンドゥスターン特産の動物の内、野獣の一つは象である。ヒンドゥスターン人たちは「ハーティー」と呼んでいる。〔アーグラの東南、ヤムナー川下流の右岸、カンプル西方の〕カールピー地方の辺地にいる。それより上、東へ行けば行くほど砂漠の象がより多くなる。そういった所から象が捕えられて運ばれて来る。カラやマーニクプルの三〇～四〇の小村の仕事は象の捕獲である。彼らは財務庁に象を税として納めている。

象は巨大で賢い。何をいっても理解し、何を命じてもそのとおりに行動する。その値段は体の大きさに従って決められる。計測して売る。大きいほど値段が高い。ある島々では高さ一〇カル（約五メートル）もある象がいたという話を聞いた。この辺りでは四、五カル（二～二・五メートル）より高いものは見られない。

象の飲食はすべてその鼻を使ってなされる。鼻なしでは生きられない。鼻の両側の上顎の所に二つの巨大な牙を持っている。この牙を壁や木に掛け力を入れて引き倒す。戦いや力仕事が必要な場合にはまさにこの牙を用いる。この牙は「象牙」と呼ばれている。ヒンドゥー人の間ではこの牙は大変な値打ちがある。象には毛がない。

ヒンドゥスターンの人々の間で象は大変尊重されている。戦争の際には、各隊は、大抵、数頭の象を同行させている。象にはいくつかの長所がある。大きな川や流れの速い川を多くの荷物を背負って簡単に渡る。また四〇〇〜五〇〇人が引く臼砲《きゆうほう》を積んだ荷車を三、四頭の象が楽々と引いて進む。しかし食べるのも大量で一頭の象が一連（約七、八頭）のらくだの飼料を食べてしまう。

次は犀である。これも巨大な動物である。太さは野牛三頭分ほどもある。この地方では犀が象をその角で持ち上げたという話が伝えられている。おそらく間違いである。犀には一本の角がある。鼻の上にあり、長さは一カルシュ（親指と小指を張った長さ）以上であるが、二カルシュあるとは見えない。一本の大きな角から、舟の形をした水飲み用容器一つと、さらにスゴロクのさいころ一つが作られた。それでもなお三、四エリク（エリクは手の平の厚さの幅）分も残っていたようだ。

皮は非常に厚い。強弓で腕を一杯に引けるだけ引いて射た場合、うまく突き抜ければ四エリク分食い込む。皆の話では、皮のいくつかの部分では矢がよく通ったということだ。両手と両脚の外側にひだのような皮がぶら下がっている。遠くからは馬の鞍かけを掛けたように見える。

他の動物よりも馬との類似点が多い。馬には大きな胃がないように、これにも大きな胃がない。馬には足首の関節の代わりに数個の骨があるように、これにも足首の関節の代わりに数個の骨がある。馬の前脚に軟骨があるように、これも前脚に軟骨がある。これは象よりも獰猛である。そして象ほど従順でない。プルシャーワルとハシュナガルの森に多数いる。またスィン

فیل است که هندوستانی هاتی میگویند در سرحدهای ولایت کالپی میشود
ازان بلندتر بطرف شرق هرچند رفته شود فیل صحرائی بیشتر می شود ازان میانها
فیل گرفته می آیند از کره و مانک پور سی چهل موضع را کارش همین فیل گرفتن است

インド象

ド川とベーラ地方の間にある森にも多数いる。またヒンドゥスターンではサルー川の河畔にも多数いる。私たちはほとんどのヒンドゥスターン遠征の際、プルシャーワルとハシュナガルの森で犀を殺した。犀は角で巧みに攻撃する。この狩りの際も多くの人や馬を角で攻撃した。一度はマクスードという名の小姓の馬をその角で槍の高さにまで投げ上げた。このため、彼は「犀のマクスード」というあだ名を付けられた。

次は砂漠の野牛である。これは野牛よりもはるかに大きい。角は野牛の角のように後方へ倒れていない。これは危険な獰猛な動物である。

次は青牛である。高さは馬と同じくらいである。馬よりも少し細身である。雄は青い。おそらくこのため「青牛」と呼ばれるのである。二本のやや小さな角がある。のどの所に一カルシュより長い毛がある。ヤクに似ている。ひづめは牛のひづめのように二叉である。雌の色は鹿の色のごとくである。角もない。のどの所の毛もない。雄に比べてこれはよりアラブ馬的である。

次は短足（鹿の一種）である。大きさは白鹿ほどである。これの両手両足はやや短い。このためクーターフ・パーイ（短い足の意）と呼ばれるのである。角は牡鹿のごとく、小さな角を持っている。しかしより小さい。毎年、牡鹿と同様、この鹿も新しい角をおとす。走るのはやや苦手である。このため森から外へ出ない。

次はジェイランの雄である。フーナに似た鹿である。背は黒く、腹は白い。フーナの角より、これの角の方が長い。そしてより多く分岐している。ヒンドゥスターンの人はカラフラと呼んでいる。本来は、カーラーハランであったと思われる。すなわち黒鹿である。短縮してカラフラといっているのである。雌は白い。

まさにこのカラフラを利用して鹿を捕獲している。このカラフラの角にわなの円を結び付ける。そして足に砲弾より大きな石を下げるように結び付ける。つまり、鹿を捕えた後、カラフラが遠くへ行くのを防ぐためである。そうして、人々が野生のカラフラを見つけると、すぐにその前面にこのカラフラを置く。この種の鹿は戦いに対する強い本能を持っている。野生のカラフラがすぐに戦いにやって来る。角つき合わせ、頭で押し合い、前後に前進後退を繰り返す内に、野生のカラフラの角が、おとりのカラフラの角に結びつけたわなにかかる。野生のカラフラが逃げようとしても、飼い慣らされた方のカラフラは逃げない。大抵は足に結んだ石も逃走を妨げる。このようにして多数を捕えるのである。捕えた後それを飼い慣らす。そしてまた鹿を捕えるように慣らすのである。またこの飼い慣らした鹿を家で戦わせる。よく戦う。

またヒンドゥスターンの山麓にやや小さな鹿がいる。生後一年ほどのアルカリガルチャほどの大きさである。

次はギーニー牛である。やや小さな牛である。その地の大きな仔羊ほどの大きさである。肉は非常に軟らかくうまい。

生き物―猿　次は猿である。ヒンドゥスターン人は「バーンダル」と呼んでいる。これも

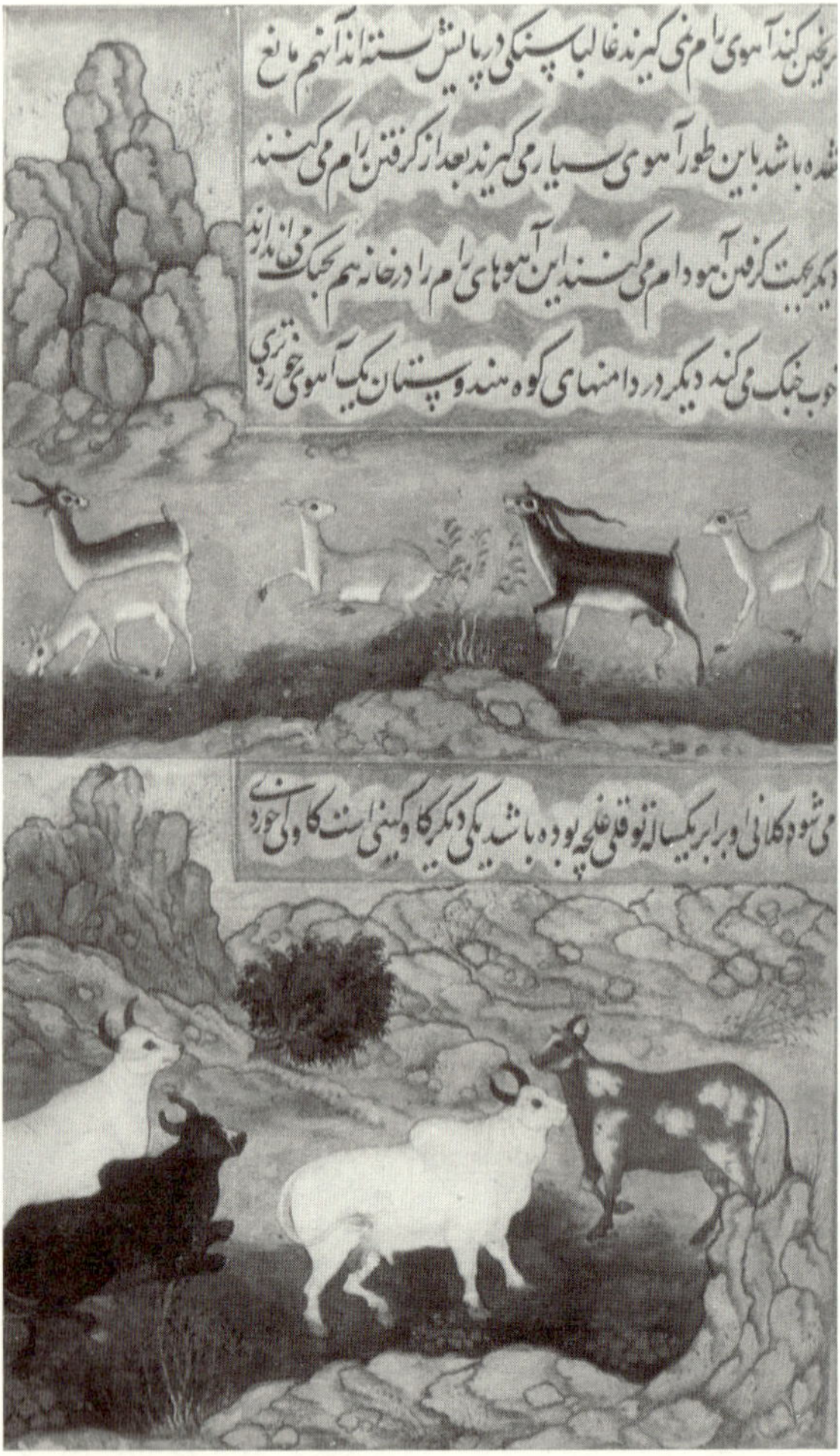

カラフラ（上）とギーニー牛

種類がきわめて多い。

こちらの諸地方（ヒンドゥスターン地方）へと連れて来られる一種の猿がいる。軽業師たちが芸をしこんでいる。この種の猿は、ダッライ・ヌールの山々、クーヒ・サフィードのハイバル峠の近辺やその山麓、そしてそれより下のヒンドゥースターナート全域にいる。それより上の方にはいない。毛は黄色で顔は白い。尾はそれほど長くない。

もう一種は、バジャウル、スワード、それにその近辺では見られないもので、こちらの諸地方へ連れて来られる猿よりもはるかに大きい。尾も非常に長い。毛はやや白く顔は真っ黒である。この種の猿はヒンドゥスターンの山々や森で見られるものである。こちらの諸地方にはいない。

次の一種は顔も毛も手足全部も真っ黒である。

生き物―その他　次はナウル（いたち）である。黒てんより少し小さい。木に登る。ある人々は「ナツメやしねずみ」とも呼んでいる。これを、幸運をもたらすものと見なしている。

次はりすである。「ギラーフリー」と呼ばれている。これは常に木の上にいる。木の上を上に下にと驚くほどの速さで走る。

鳥　鳥の一つは、くじゃくである。色彩に満ち満ちた、あらゆる美しさをそなえた生き物である。体つきは色や美しさほどではない。大きさは鶴ほどである。しかし鶴ほど背は高くはない。雄と雌の頭には二〇～三〇本の羽毛がある。高さ二、三エリクである。雌には色彩も美しさもない。雄の頭部はきらきらした百合色である。首は見事なブルーである。首から下は、その背は黄色、おうむ色、青、すみれ色で描かれている。背の花模様はかなり小さい。背より下方には、これらの色で描かれたきわめて大きな花模様が尾の先端まで続いている。若干のくじゃくの尾は人が腕を広げた長さ〔一尋《ひろ》〕ほどもある。また、この花模様の付いた羽毛の下には、やや小さな、他の鳥の尾のような尾がついている。この普通の尾と風切り羽は赤である。

バジャウル、スワード、それにそれより下にいる。それより上では、クナルやラムガーナート、その他のどこにもいない。飛ぶのはきじよりも苦手である。一、二度飛び上がれるだけである。飛ぶのが苦手なため山や森にいるのである。くじゃくが生息する森には山犬が多い。くじゃくは一尋もある尾を引きずって森から森へと移動するのである。どうして山犬の攻撃を受けないでいられるのだろうか、不思議である。

ヒンドゥスターン人はくじゃくを「モル」といっている。イマーム・アブー・ハニーファの法学派（ハナフィー派）では、食べてもよいものとされている。肉はまずいということはない。やまうずらの肉に似ている。しかし、らくだの肉と同様、嫌々食べられるのである。

次はおうむである。これもバジャウルとそれより下の諸地方にいる。夏、桑が実る頃、ニーグナハールとラムガーナートに来る。他の時期にはいない。おうむにはまことに種類が多い。こちらの諸地方に連れて来られる一種がある。言葉を話させる。

別の一種はこのおうむより小さい。これにも言葉を話させている。この種のものを「森おう

りす、くじゃく、サーラス（鶴の一種）、魚

む」と呼んでいる。この種は、バジャウル、スワード、そしてその近辺に多数いる。五、六千羽が一群になって飛ぶほどである。このおうむと先のおうむとの間では大きさに差がある。色は一様である。

別の一種のおうむがいる。これは「森おうむ」よりなお小さい。頭は真紅で、風切り羽の上も赤である。尾の先端は、二エリクほどの所が白である。この種のおうむの若干のものの頭は百合色である。この種のものは言葉を話さない。これを「カシュミールおうむ」と呼んでいる。

別の一種がいる。「森おうむ」のごとくかなり小さい。尾は黒で、首に大きな黒い飾りがある。風切り羽の上は赤い。よく言葉を学ぶ。私たちは、おうむとシャーラクは何でも教えれば話すが、自分の頭で考えていうことはできないと考えていた。この頃、私の身近に仕えていた臣下のひとりであるアブル・カースィム・ジャラーイルが次のような不思議な話をした。すなわち、まさにこの同じ種類のおうむの籠にカヴァーがかけてあったようだが、その時、おうむが「僕の顔のカヴァーをはずせ。うっとうしくてかなわん」といったというのである。またある時、〔乗用籠を〕担いでいた担ぎ人らが休息をとるために坐っていたところ、旅人が通り過ぎていったという。その時、おうむが「人が行った。お前は行かんのか」といったというのである。語り手を信用されんことを。しかし、誰も自分の耳で聞かぬ限り信じられないであろう。

別の一種は、きれいな色で真っ赤である。別の色も身につけていたが、特に記憶に残っていないため、説明は記さないことにする。赤く、まことに美しい形をしたおうむである。言葉も話させていたように思う。欠点は、陶器の破片を銅の皿の上でひっかいたような、まったくまずい、神経にさわる声音をしていることである。

次はシャーラクである。これはラムガーナートに多数いる。そこより下のヒンドゥースターナート全域に多数いる。

その内の一種は、ラムガーナートに多数いるもので、頭は黒く、風切り羽はまだらである。大きさはほしむく鳥より少し大きく、やや太い。人々が言葉を教えている。

別の一種をピンダーワリーと呼んでいる。バンガーラから連れて来る。黒一色で、大きさは先のシャーラクよりはるかに大きい。尾と足は黄色である。両耳の所に黄色い肉垂れがあって、垂れさがっている。優美さに欠ける。言葉を話させている。うまく、雄弁に話す。

別の種類のシャーラクがいる。前述したシャーラクより細身である。眼の周りが赤い。この種類は言葉を話さない。「ヴァン・シャーラク」と呼ばれている。

また私たちがガング川（ガンジス川）に橋を設けて渡河し、反乱者たちを逃走させた時、〔ゴームティー河畔の大都市である〕ラクナウーと〔その東方の〕アワド（古名アョーディャ）およびその近辺で、胸が白く頭がまだらで背が黒いシャーラクを見た。それまで見たことのないものであった。この種類はおそらく言葉をおぼえない。

次はルージャである。この鳥をブーカラムーン（カメレオン）とも呼んでいる。頭から尾まで五、六色である。鳩の首のようにまばゆく輝いている。大きさはカブキ・ダリー（谷のやまうずら）ほどである。おそらくヒンドゥスターンのカブキ・ダリーである。カブキ・ダリーが山々の頂上へ行くように、これも山々の頂上へ行く。カーブル地方のニジュラーウの山々とそれより下の山々にいる。それより上にはいない。その地の人々は次のような不思議なことを話している――ルージャは冬になると山麓地帯へおりて来る。飛ばすと、ぶどう園を過ぎるともう飛べなくなり捕えられると。食べることができる。非常にうまい肉である。

次はやまうずらである。これはヒンドゥスターンの特産ではない。温暖な諸地方にいる。しかし若干の種類のものはヒンドゥスターン以外の所にはいないので、これについてこのように述べることにした。やまうずらの大きさは、赤脚やまうずらと同じくらいである。雄の背は雌のきじの色に似ている。首と胸は黒色である。真っ白な羽毛を持っている。両眼のわきに赤い線がある。よく叫ぶ。その声音は「シール・ダーラム・シャカラク」と写されている。「シール」を「キト」のごとく〔シルと短く〕発声する。「ダーラム・シャカラク」はそのまま発音する。アスタラーバードのやまうずらは「タト・メニ・トゥッティラル」(28)と叫んでいたという。アラビスターンとその近辺のやまうずらは「ビッ・シャカル・タドゥーム・ン・ニアム」(29)と叫んだという。雌はきじの灰色のひなのような色をしている。ニジュラーウより下にいる。

次はやまうずらの種類に属する鳥でカンジャルと呼ばれている。大きさはやまうずらとまったく同じである。鳴き声は赤脚やまうずらの鳴き声に非常によく似ている。しかしこの鳥の鳴き声は非常に鋭い。雄と雌の色の違いは少ない。プルシャーワルとハシュナガルの地方、そしてそれより下の諸地方にいる。それより上にはいない。

次はプル・パカールである。大きさは谷やまうずらと同じくらいである。家で飼われている鶏の体つきをしている。色も雌鶏の色をしている。のどから下、胸の所までは鮮やかな真紅である。ヒンドゥスターンの山地にいる。

次は野鶏である。家で飼われている鶏とこの鶏との相違点はこの鶏がきじのごとく飛ぶ点である。そしてまた家鶏のごとくには、あらゆる色を身につけていない点である。この鶏はバジャウルの山々とそれより下の山々にいる。それより上にはいない。

次はチルシである。大きさはプル・パカールほどである。プル・パカールはこれより色がより美しい。バジャウルの山々にいる。

次はシャームである。大きさは家鶏と同じくらいである。口ではいえぬような複雑な色をしている。これもバジャウルの山々にいる。

次はうずらである。うずらはヒンドゥスターンの特産というわけではないが、ヒンドゥスターンにのみいる四、五種類のうずらがある。

一種は、われわれの地方へ来るうずらより大きく生育している。次の一種は、あちらの地方へ行くうずらより小さい。翼と尾はやや赤色である。この種のうずらはチル（すずめ？）のごとく群をなして飛ぶ。別のうずらがおり、これはあちらの地方へ行くうずらより小さい。首と胸の所は黒っぽい。さらに別の一種があり、このうずらはカーブルへごく少数行く。かなり小さいうずらである。黄せきれいよりやや大きい。カーブルではクラトゥーと呼んでいる。

次はインドがんである。大きさは大がんほどである。おそらくヒンドゥスターンの大がんである。肉はきわめてうまい。若干の鳥は腿《もも》の肉がうまく、若干の鳥は胸の肉がうまい。インドがんはすべての肉がうまくて良い。

次はチャルズである。大野がんよりやや小ぶりである。雄の背は大野がんのごとくである。胸は黒い。雌は一色である。チャルズの肉も非常にうまい。インドがんが大がんに似ているように、チャルズも大野がんに似ている。

次はヒンドゥスターンのバグル・カラ（雷鳥の一種、胸黒の意）である。バグル・カラより小さく細身である。胸の黒い部分も少ない。鳴き声もより細い。

水中および岸辺の鳥

水中および岸辺にいる鳥がいる。

その内の一つはディンク（こうのとり科のはげこう）である。身体の大きな生き物である。各翼が一尋もある。その頭と首には毛がない。首には袋のようなものがぶらさがっている。背は黒く胸は白い。時にカーブルへ行く。ある年、カーブルで人々が一羽のディンクを捕えて持って来た。よく慣れていた。肉を投げ与えると決して落とさなかった。嘴《くちばし》で受け取った。ある時は六鋲《びょう》もある「大きな」靴を飲み込んだ。別の時には、丸々鶏一羽を翼・羽毛ともどもに完全に飲み込んだ。

次はサーラス（鶴の一種）である。ヒンドゥスターンにいるテュルク人たちは「テヴェ・トゥルナ（らくだ鶴）」と呼んでいる。これはディンクより少し小さい。背たけはディンクよりも高い。頭は真紅である。これを家で飼っている。よく人に慣れている。

次はミナク（白首こうのとり?）である。背たけはサーラスに近い。身体はサーラスより小さい。こうのとりよりもはるかに大きい。こうのとりに似ている。嘴はこうのとりの嘴より長い。嘴は黒い。頭は百合色で、首は白、翼はまだら色である。大翼の先端と下側は白い。中間は黒い。

次は一種のこうのとりである。首は白く、頭と身体は黒い。かの地方（アフガニスタン方面）へ行くこうのとりよりも小さい。このこうのとりをヒンドゥスターン人は「バクディンク」と呼んでいる。

次は別のこうのとりである。色や姿形はすべてかの地方へ行くこうのとりと同じである。嘴はやや黒い。先のこうのとりよりずっと小さい。

次は青さぎとこうのとりに似た一種の鳥である。青さぎより嘴は大きく長い。身体はこうのとりよりも小さい。

次は大ときである。大きさはのすりほどである。両翼のうしろは白い。高い鳴き声をしている。

次は頭と嘴の黒い白ときである。かの地方へ行くときよりも、はるかに大きい。ヒンドゥスターンときより小さい。

次は鴨の一種である。ギャルム・パーイと呼ばれている。スーナ・ブルチンより大きい。雄と雌は同色である。ハシュナガルに常にいる。時々ラムガーナートへも行く。肉はきわめてうまい。

次も鴨の一種である。シャフ・モルグ（王鳥）と呼ばれている。鵞鳥《がちょう》より少し小さい。嘴の上に突起がある。胸は白く背は黒い。肉は美味である。

次はズマジュである。大きさはビュルキュトほどである。黒い色をしている。

次は鳶《とび》である。背中と尾が赤い。

次はヒンドゥスターンのまだらからすである。かの地方のまだらからすより小さく細身である。首に小さな白点がある。

次の鳥はからすとかささぎに似ている。ラムガーナートでは「森の鳥」と呼んでいる。頭と胸は黒く、翼と尾はやや赤い。眼は真っ赤である。飛ぶのが苦手なため森から出ない。このため「森の鳥」と呼ばれるのである。

次は大こうもりである。「チャムギッダル」と呼ばれている。大きさはふくろうほどである。頭は子犬の頭に似ている。木にとまる時には、一本の枝につかまって頭を下に逆さ向きになっている。珍しいものである。

次はヒンドゥスターンかささぎである。「マターイラ」と呼んでいる。かささぎより少し小さい。かささぎは白とまだら色であるが、マターイラは黒とまだら色である。

次はかなり小さな鳥で、大きさはサンドゥラーチュ（ナイチンゲール）ほどである。美しい赤色をしている。翼に少しだけ黒がまじっている。

次はカルチャである。カルルガチュ（つばめ）に似ている。カルルガチュよりはるかに大きい。一色で真っ黒である。

次はコエルである。長さは小わたりがらすほどで、わたりがらすよりはるかに細身である。よい声で鳴く。ヒンドゥスターンのナイチンゲールがこれに当たるようであった。ヒンドゥス

ヒンドゥスターンかささぎ、サンドゥラーチュほどの鳥、カルチャ

ターンの人々の間ではナイチンゲールと同じように大切にされている。木の多い庭園にいる。

次の鳥はシカルラーク（緑かささぎ）のごとく木にとまっている。大きさはシカルラークほどである。おうむのように緑色である。

水中動物　一つは〔わにの一種である〕「水生虎」である。水の豊かな川にいる。とかげに似ている。人を、いやそればかりか野牛を食ったという話だ。

次は〔わにの一種である〕スィーサールである。これもとかげに似ている。ヒンドゥスターン全土の川にいる。人が捕えて運んで来た。大きさは四、五カル（カルは腕尺、ひじから中指までの長さ。この場合は約二～二・五メートル）ほどであった。太さは羊ほどである。これよりも大きいのがいたという話だ。半カルより長いあごを持っている。上のあごと下のあごの所に、きわめて細い一列の小さな歯がある。水辺に出て横たわっている。

次は〔わにの一種である〕「水生豚」である。これもヒンドゥスターン全土の川にいる。水から一度出た頭が見えるか見えぬかの間にまた水に沈む。尾はずっと見えている。これのあごもスィーサールのあごのごとく長く、小さな列をなす歯がある。その他、頭と体は魚のごとくである。水中で遊んでいる時は〔水を運ぶ〕大きな皮袋のごとくに見える。サルー川の「水生豚」は、遊ぶ時、水から跳ねあがる。これは、魚と同様、水から外へはまったく出ない。

次は〔わにの一種である〕ガリヤール（インド・ガビアル）である。これは大きくなるという話だ。サルー川で軍中の多くの者が見たという。ガリヤールはこの人々を食ったという。私たち

スィーサールと水生豚

がサルー河畔にいた時にも一、二名の下女を食った。〔ベナレスのやや下流にある〕ガーズィープルとバナーラス（ベナレス）の間で、オルドの人々の内の三、四人を食った。まさにその近辺で私もガリヤールをやや遠くから見た。しかしよくはっきりとは見なかった。

次はカカ魚である。両耳の所に二本の角が出ている。その長さは三エリク（エリクは手の厚さの幅）ほどである。捕えると、この二本の角を震わせる。不思議なほどよい音が出る。おそらくこの音の故に「カカ」と呼ばれているのである。

ヒンドゥスターンの魚の肉はうまかった。それに骨っぽくもない。

まことによく跳躍する魚がいる。ある時、人々が一つの川の両岸から網をはって進んで来た。網の両側とも水面より半カル以上も上方にあった。ところが魚のほとんどが、網より一カルも上方にとび上がって通り過ぎた。

またヒンドゥスターンの若干の川には小さな魚がいる。一つの鋭い音をたてると、これらの魚は一度にとび上がり、水面の上一〜一・五カルの高さまではね上がる。

またヒンドゥスターンの蛙は、あの私たちの知っている蛙と同様であるが、水面を七、八カルも走る。

果物　ヒンドゥスターン特産の果物の一つはマンゴー（anbah）[30]である。ほとんどのヒンドゥスターンの人々は、ベーを母音なしで〔anbh のごとく〕発音している。しかし発音しにくいために、〔ペルシア語の〕ナグザクを用いている者もいる。

〔インド最高のペルシア語詩人の〕ホージャ・ホスロー(31)が

バーグ（果樹園）を美しく飾れるわれらがナグザクよ。
そなたはヒンドゥスターンなる最良の果実(32)。

と詠《よ》んでいる(33)ごとくである。質のよいものはよい。その多くは食べられる。しかしよいものは少ない。ほとんど青い内に取りいれて家で熟させる。青いマンゴーは食物のよい混ぜ物として使える。また酸っぱいマンゴーのジャムもよい。実際、ヒンドゥスターンで最良の果物がこれである。その木は非常に堂々と高くなる。ある人々はメロン以外ではマンゴーがすべての果物の中で最良のものであるといっている。しかしそれほどでもない。カールディー桃に似ている。雨季に熟成する。二通りの食べ方をする。一つは、押さえて中を軟らかくして、一カ所に穴をあけ吸って液を飲む。もう一つは、カールディー桃のごとく、皮をむいて食べる。葉は桃の葉にかなり似ている。幹は見てくれが悪い。バンガーラとグジャラートによく生育するという話だ。

次は料理バナナ（ケーラー）である。アラブ人はマウズと呼んでいる。木は〔二、三メートルで〕それほど高くない。というより、木と呼ぶほどのものでもない。草と木の中間に位置する植物である。葉はアマーン・カラの葉に似ている。ただ、料理バナナの葉の長さは二カルにもなる。幅は一カルに近い。〔葉の〕中央に心臓のような形をした一本の分枝がでてくる。つぼみはこの分枝の所にできる。この大きなつぼみは羊の心臓のような形をしている。つぼみの各々の弁が開くと、弁の底の所に一連の六、七個の花ができる。この一連の花が料理バナナになる。まさにこの心臓のような分枝が延びた時、その大きなつぼみの弁が開いて一連の料理バナナの花が出現する。どの料理バナナの木もただ一度だけ実をつけるという話であった。

料理バナナには二つの長所がある。一つは皮が簡単にむけるという点である。もう一つは種も皮殻もないという点である。〔果実は〕なすよりやや長く細い。それほど甘くない。バンガーラの料理バナナは非常に甘くなるという話であった。木はまことによい姿をしている。非常に幅広く、見事な緑色をした葉はきわめて美しく見える。

次はタマリンド（アンブリー）である。ヒンドのナツメやしをこの名で呼んでいる。葉は小さい。おおむねナツメグの葉に似ている。しかしこの木の葉はナツメグの葉より小さい。まことに姿のよい木である。広い木蔭をつくる。木は〔二五メートルに達するほど〕非常に高くなる。野生のものも多くある。

次はマフワー(34)である。「ゴリ・チャカーン（滴る花、落下する花）」とも呼ばれている。この木も非常に高くなる。ヒンドゥスターンの人々の建物は、ほとんどすべてこの木で建てられる。マフワーの花からアラク酒を造っている。花を大干しぶどうのように乾燥させて食べている。またこれからアラク酒も造っている。おおむね干しぶどうに似ている。悪い香りがする。花の湿り気をおびた新鮮なものも悪くない。食べれば食べられる。これも野生のものがある。果実はうまくない。種子はかなり大きく皮は薄い。この木の種子の仁から油も造られる。

次はサワノキ（キミー）[35]である。この木は非常に高くはならないが、低くもない。果実は黄色をしている。赤ナツメより細身である。香りはほぼぶどうに似ている。しかし後味にややいやな香りが残る。ただし悪くない。たくさんできる。種子の皮は薄い。

次はムラサキフトモモ（ジャーマン）[36]である。葉はおおむねぶどうの葉に似ている。より丸く、より緑色をしている。木はよい姿に欠けることはない。果実は黒ぶどうに似ている。やや酸っぱく、特によいということはない。

次はゴレンシ（カムラク）[37]である。五面体で、大きさはガイナールーほどである。長さは四エリクほどである。黄色く熟する。これも種子がない。やや生の時にとったものは非常ににがい。よく熟したものはやや酸っぱい酸味を持っている。悪くはない。よい点がないわけではない。

次はパラミツ（カダル、ナガミパンノキ）である。これはまことに形も味も悪い果物である。ちょうどギーパー（米やひき肉を詰めた羊の胃）のごとく胃の内部が外側に出ている羊の胃のようである。味は、いい表しえないほど甘い。中にハシバミの実のような種子がある。おおむね、ナツメやしに似ている。これの種子は円く、長くない。この種子にはナツメやしよりも柔らかい肉がある。それを食べている。まことに粘りつきやすい。粘りつきやすいため、ある人々は手や口に油を塗って食べていたという話だ。果実は木の枝の所にも、また幹の所や根の所にもできたという。木からまるでギーパーをいくつもいくつも吊しているようである。

次はりんごパン（バダル）である。大きさはりんごほどである。香りは悪くない。未熟の時にはおどろくほど酸っぱくまずい。熟したものは悪くない。柔らかく熟す。どこでも手で引きちぎって食べられる。味はビヒー（まるめろ）の腐ったのによく似ている。きわめて甘酸っぱい、かなりよい味がする。

次はナツメ（ベール）である。たしかペルシア語では「カナール」と呼ばれていた。これは幾種類もある。西洋すももよりやや大きい。ある種のものはフサイニーぶどうの形をしている。ほとんどがそれほど良質ではない。私たちは［グワーリヤルの東南の］バーンディールで一種ナツメを見たがこれは非常によかった。この木は太陽が金牛宮と双子宮にある時に葉を落とし、巨蟹宮《きょかい》と獅子宮にある時、つまり雨季のまっさい中に葉を出し緑に再生する。果実は太陽が宝瓶宮と双魚宮にある時に熟する。

次はカリッサ（カルンダ）[38]である。われわれの国（中央アジア）のチケ（?）のごとくに群生する。チケは山に生えるがこれは平地に生える。味はマルマンジャーンに似ている。ミーハーンより甘く、水気が少ない。

次はナンヨウイヌカンコ（パンヤーラ）である。西洋すももより大きく、赤りんごの未熟なものに似ている。やや酸っぱい味がする。かなりよい果物である。木はざくろの木よりも大きく、葉はアーモンドの葉に似ている。

次はウドンゲ（グラル）[39]である。果実は木の幹から出て、いちじくに似ている。まことに味に乏しい果物である。

ジャーマン（ムラサキフトモモ）とカムラク（ゴレンジ）

次はユカン（アムラ）[40]である。これも五角柱体をしている。木綿のさやのつぼみに似ている。血止めの収斂剤で、味に乏しいものである。ジャムは悪くない。まことに長所の多い果物である。木はよい姿をしている。非常に小さな葉を持っている。

次はインドウミソヤ（チルーンジー）[41]である。木は山に生えるということであった。私たちの庭園に三、四株あったようである。そのことは後になって知った。イリッペに非常によく似ている。仁は悪くない。くるみの仁とアーモンドの仁の間に位置する感じで悪くない。仁はピスタチオの仁より小さい。インドウミソヤの仁は円い。〔水、粉、蜜などをまぜやわらかく固めた〕パールーダやハルワ（砂糖菓子）に入れる。

次はナツメやし（フルマー）である。ナツメやしはヒンドゥスターンの特産ではないが、かの地方（中央アジア方面）では見られないので記述することにした。ナツメやしの木はラムガーンでも見られる。枝は木の頂部の一カ所に生える。葉は枝のつけ根の部分から先端まで両側に生える。幹は不格好で色も悪い。実はぶどうの房のごとくであるが、ぶどうの房よりはるかに大きい。植物の内でナツメやしは二つの点で動物に似ているといわれる。一つは、動物が首を切られると生命を断たれるように、ナツメやしも頭部を切られると枯れてしまうという点である。もう一つは、雄なしでは動物に仔ができないように、ナツメやしの木も〔雌雄異株であるため〕雄のナツメやしの木から枝を持って来て合わせなければ、よい果実ができないという点である。もっともそれが本当かどうかは不明である。

前述したナツメやしの頭部はそのチーズである。ナツメやしのチーズとは次のごときものである。すなわち、枝や葉が出ている所はまるでチーズのように白くなっている。この白いチーズのようなものの所から枝と葉が出ているのである。枝と葉が生長すると葉はやや緑色になる。人々はこの白いものをナツメやしのチーズと呼んでいる。よいものである。悪くない。くるみの仁に非常によく似ている。人々はこのチーズがある場所に傷をつけ、その傷の所にナツメやしの葉をおき、液がその葉の上をつたって傷口の所から流れ落ちるようにしている。そしてその葉を壺の口の所におき壺を木に結びつける。傷口から流れ出た液は壺に集められる。

もしその液をすぐに飲めばかなり甘い。三、四日後に飲むと大いに人を酔わせるといわれている。私はかつて一度、〔アーグラの西南、バヤーナの南、ドールプルの西にあり、狩猟地として名高い〕バーリーを見てまわった際、〔バーリーの南を東方に向かって流れる〕チャンバル川の岸辺の村々へ見回りに出かけたことがあった。途中、小さな丘の所で、まさにこの種のナツメやしの液を採取している者たちに出くわした。この液を大量に飲んでみたが酔わなかった。おそらく酔うにはよほど大量に飲まなければならないのであろう。

次はココやし（ペルシア語ナールギール）である。アラブ人はアラブ化してナールジールと呼んでいる。ヒンドゥスターンの人々はナーリールと呼んでいる。おそらく誤ってそう呼んでいるのである。ココやしの実が〔ペルシア語の〕ジャウズィ・ヒンディー[42]であり、これから黒スプーンが作られる。より大きなものは〔弦楽器の〕ギッジャクの胴に利用している。木はナツメやしと同じである。しかし要するにココやしの枝ははるかに多くの葉をつけている。葉の色もより鮮やかである。くるみに青い外皮があるように、ココやしにも青い外皮がある。しかしココやしの皮は繊維質である。すべての河川の舟や小舟のロープはこのココやしの皮で作られるという。小舟の合わせ目もこのひもで縫合されるという。

ココやしの皮をとり去ると、一端に三角の形に並んだ三つの穴が姿を現す。穴の内、二つには中身が入っており、一つは空である。この目印を利用して、〔穴を〕つぶす。仁ができ上がる前にはココやしの内部は液である。この穴をつぶしてその液を飲む。味は悪くない。この液はナツメやしのチーズを〔水などで〕溶かしたような感じのものである。

次はパルマイラやし（タール）である。パルマイラやしの枝も木の頂部に生える。パルマイラやしにも、ココやしと同様に、壺を結びつけ液を集めて飲む。この液をパルマイラやし液と呼んでいる。この方がココやしの液よりも酔うという話であった。パルマイラやしは、枝の根元から一～一・五カルの所まで葉がない。その先の、枝の先端の一つの場所から三〇～四〇枚の葉が手の平のような形で出ている。これらの葉の長さは一カルに近い。人々は、しばしばこれの葉に、まるで帳簿のごとくにヒンディー文字を書きつけている。ヒンドゥスターンの人々は、イヤリングをつけぬ場合には、耳の非常に大きなイヤリングの穴にこのパルマイラやしの枝を、形を整えてつける。このパルマイラやしの枝をイヤリングの穴につけるため、バーザールで枝を非常に形よくして売っている。実はココやしの実より良質で価値も高い。

オレンジ類の果物

次はオレンジとそれに類する果物である。

オレンジは、ラムガーナート、バジャウル、スワードに多く、また質もよい。ラムガーナート・オレンジはやや小ぶりで、へそがある。きわめてよく口に合い、繊細で水気に富んでいる。ホラーサーン方面のオレンジなど似て非なるものである。一三、四ユガチしか離れていないラムガーナートからカーブルへ運んで来る間にかなりの数が腐ってしまうのはこの繊細さの故である。二七〇〜二八〇ユガチも離れたサマルカンドへと〔カスピ海東南岸の〕アスタラーバードのオレンジが運ばれて来るが、皮が厚く水気が少ないため、あのように腐ったりはしない。

バジャウル・オレンジの大きさはまるめろほどである。水気に富む。他のオレンジの水分より酸っぱい。ホージャ・カラーンが「私はバジャウルでこの種のオレンジを一本の樹から取って数えさせた。七〇〇〇個もあった」といった。私は、いつも心の中で、ナーランジュ（オレンジ）という言葉はアラビア語形ではないかと考えていた。まさにそのとおりであったらしく、バジャウルやスワードの人々はこれをみなナーラングと呼んでいるのである。[43]

次はライムである。多数とれる。大きさは鶏卵ほどである。鶏卵の形をしている。毒に冒された人がその根を煎じて飲めば毒の害をまぬがれるという。

次のオレンジに似た果物は、シトロンである。バジャウルとスワードの人々はバーラングと呼んでいる。このため、シトロンの皮のジャムを「バーラング・ジャム」と呼んでいるという。ヒンドゥスターンではシトロンをバジャウリー（バジャウルもの）と呼んでいる。シトロンには二種類ある。一種は甘く味気ない。むかつくほどに甘く、食用には適さない。もっともその皮はジャムにはできる。ラムガーナートのシトロンは、まさにこのようにむかつかせるほどに甘い。またバジャウル・シトロンとヒンドゥスターン・シトロンは酸味が強い。しかしよい酸っぱさである。そのシャーベットはまことに風味がよく、味もよい。シトロンの大きさはホスラヴィー・メロンくらいである。皮は厚すぎてごつごつしている。一端が細く、嘴のように曲がっている。シトロンの色はオレンジの色よりも黄色い。木は幹のある木にはならず、かなり小さい。群をなして生える。葉はオレンジの葉より大きい。

次のオレンジに似た果物はサングタータである。色や姿はシトロンと同様である。これの皮はまことに滑らかである。ごつごつしていない。少しシトロンよりも小さい。木はあんずの木のごとく大きくなる。葉はオレンジの葉に似ている。よい酸味がある。そのシャーベットは美味でよい食品になる。これはライムと同様きわめて胃によい。オレンジのごとく効きめが弱くはない。

次のオレンジに似た果物の一つは大ライムである。ヒンドゥスターンでは「ガルガル・ライム」と呼ばれている。実の形は鵞鳥の卵に似ている。しかし卵のごとく両端が細まってはいない。これの皮もサングタータの皮のごとくすべすべしている。非常に水気が多い。

次はジャンビーリーである。オレンジに似ている。形はオレンジのごとくであるが、色は黄色でオレンジ色ではなかった。シトロンの香りに似ている。これもよい酸味を持っている。

次のオレンジに似た果物はサダー・ファルである。西洋なしの形をしている。色はまるめろの色に似ている。甘くなる。しかし甘さはシトロンのむかつくほどの甘さとは異なる。

次のオレンジに似た果物はアムラド・パルである。

次のオレンジに似た果物はカルナである。その大きさはガルガル・ライムほどである。これも酸っぱい。

次のオレンジに似た果物はアマル・ビードである。〔ヒンドゥスターン征服後〕三年経って、今日はじめて見た。人々は「この中に針を入れると融ける」といっていた。酸味によるのか、あるいは何らかの特質によるのであろう。酸味はオレンジやライムのごとくである。

花

また、ヒンドゥスターンにはよい花がある。

まずハイビスカスである。若干のヒンドゥスターン人たちはグダルと呼んでいる。草ではない。低木で幹がある。バラのごとく真紅で、バラの木より少し高い。花の色はざくろの花より鮮やかで多彩である。大きさは紅バラほどである。紅バラはつぼみになった後、一度に開く。しかし、このハイビスカスが開く時は、〔最初に開いた〕花の真ん中から、つまりまたその同じ花弁から、細くなって茎のようになったものが一エリクの長さに延びて、再度このハイビスカスの花弁が開くのである。そして結局、心臓のような形の花になるのである。物珍しさに事欠かぬ。花は木の上で咲き非常に色美しく見事に見える。しかし長くはもたぬ。たった一日でしぼんでしまう。四カ月続く雨季の間に、最も見事にまた多数花開く。もっともほとんど一年中

キョウチクトウとビヨウタコノキ

花開く。しかしこれほど多いのに香りはない。

次はキョウチクトウである。白くも赤くもなる。桃の花に似て五つの花弁がある。赤キョウチクトウは桃の花に似ている。しかしキョウチクトウの花は一四から一五の花が一カ所に開く。遠方からは一つの大きな花のごとく見える。これの木はバラの木より大きい。赤キョウチクトウはかなりよい香りがする。誰にも好かれている。これも雨季に多数、見事に花開く。ほとんど年中見られる。

次はビョウタコノキである。まことによい香りがする。じゃ香の欠点は乾燥しているという点である。これを「湿ったじゃ香」といえばいえる。まことによい香りを持つ。それ自身まことによい姿をしているが、花の長さは一・五〜二カルシュある。その姿は葦の葉に似た長い葉を持っている。これには棘がある。つぼみのように一ヵ所に密集した外側の葉はやや緑色でかなり棘がある。内側の葉は柔らかくて白い。内側の葉の真ん中に、花の中心部にあるものに似たものがあり、そこからよい香りが出てくる。新しく生えて、まだ幹が姿を現していないものは雄株の葦に似ている。これの葉はより平らで棘がある。幹に相当する部分はまことに不格好である。根が見えたままである。

次はジャスミンである。白い。人々はこれを「チャンパー」と呼んでいる。われわれの国のジャスミンより大きく、香りが強い。

四季　かの地方（中央アジア方面）には四季がある。ヒンドゥスターンには三季がある。四ヵ月が夏で、次の四ヵ月が雨季、そして次の四ヵ月が冬である。月の始まりは新月が出現した時からである。三年ごとに一ヵ月を雨季月に加える。さらに三年後に冬月に一ヵ月を加える。そしてさらに三年後に夏月に一ヵ月を加える。これが彼らのうるう年の設け方である。チャイト、バイサーク、ジート、アーサール〔の各月〕が夏で、双魚宮、白羊宮、金牛宮、双子宮に当たる。サーワン、バードゥーン、クーアール、カーティク〔の各月〕が雨季で、巨蟹宮、獅子宮、処女宮、天秤宮に当たる。アカン、プース、マーハ、パーグン〔の各月〕が冬で、天蝎《てんかつ》宮、人馬宮、磨羯《まかつ》宮、宝瓶《ほうへい》宮に当たる。

ヒンドの人々は、各季節に各々四カ月を当てているが、各季節の中の各々二カ月を暑気、雨量、寒気の厳しい季節としている。夏の月の内では、後の二カ月、すなわちジート月とアーサール月がこの暑気の厳しい二カ月である。雨季の月の内では、前の二カ月、すなわちサーワン月とバードゥーン月がこの雨の多い二カ月である。冬の月の内では、真ん中の二カ月、すなわちプース月とマーハ月がこの寒気の厳しい二カ月である。この分類によれば彼らの季節は六季となる。

曜日　日々にも名をつけている。土曜日がサニーチャル、日曜日がイトワール、月曜日がスムワール、火曜日がマンガルワール、水曜日がブードワール、木曜日がブリスパトワール、金曜日がスクルワールである。

時間　われわれの国の用語では、一昼夜を二四に区分し、その一つ一つを一時間と呼び、また各時間を六〇に区分して、その一つ一つを一分と呼び、結局、一昼夜は一四四〇分となる。そして一分の長さはおおむね『クルアーン』冒頭の章である」「ファーティハ」(44)を「ビスミッ・ラーヒ」(45)をも含めて六回となえる長さ(46)であるから、一昼夜の長さは、「ファーティハ」を「ビスミッ・ラーヒ」をも含めて八六四〇回となえるだけの長さとなる。

これに対してヒンドゥー人たちは、一昼夜を六〇に区分し、その一つ一つをガリーと呼んでいる。

また夜と昼をそれぞれ四つに区分し、その一つ一つをパフル(47)と呼んでいる。すなわちペルシア語のパースである。私は、かの地方（中央アジア方面）では、〔ペルシア語の〕パース（夜警）やパースバーン（夜回り）という語を聞いていたが、この〔時間の単位として「三時間」を表す〕特別の意味では知らなかった。

この〔夜警が時刻を知らせる〕問題の解決のために、ヒンドゥスターンのすべての重要な都市では、ガリヤーリーと呼ばれる一群の人々が任命されている。青銅製の平らな物が置いてあり、その大きさは皿ほどで、厚さは二エリクほどである。これをガリヤールと呼んでいる。このガリヤールを高い所に吊している。

また一つのカップがある。カップ時計の底に穴があいている。カップは一ガリーごとに一度〔水が〕一杯になる。ガリヤーリーたちは、順番に、このカップを水の所に置き注視する。例えば、太陽が昇った時、カップを水の所に置き、カップがひとたび一杯になると、棍棒でガリヤールを一度叩く。二つめのカップが一杯になると二度叩き、以下同様にして、パフルの最後まで続くのである。各一パフルが最後までくると、そのしるしとして、棍棒をガリヤールにきわめて速く、きわめて力強く叩きつける。

もしも昼の最初のパフルが終わった場合は、きわめて速く打った後、間を置いて一度打つ。第二パフルが終わった時は、速打ちした後、二度打つ。第三パフルでは三度、第四パフルでは四度である。昼の四つのパフルが終わると、夜の第一パフルが始まり、同様にして、夜の四つのパフルを終えるのである。

以前は、ガリヤーリーたちは、昼夜、パフルの最後にのみ、パフルを知らせる合図を打っていた。夜中に眠りから目覚めた者に、三ガリーないし四ガリーを打つ音が聞こえて来ても、第二パフルなのか第三パフルなのかわからなかった。それで私は「夜のガリーおよび曇りの日のガリーを打った後、パフルの合図をも打つようにせよ。例えば、夜の最初のパフルの三ガリーを打った後、しばらく間をおいて、パフルの合図をまた一つ打て。そうすればこの三ガリーは最初のパフルの三ガリーであることが知られよう。夜の第三パフルの四ガリーを打った後、しばらく間をおいて、パフルの合図を三つ打て。そうすればこの四ガリーが第三パフルのものであることが知られるであろう」と命じた。まことにうまくいった。夜、いつ眼覚めても、ガリヤールの音が聞こえて来れば、どのパフルのどのガリーかがわかるのである。

次に各ガリーを六〇に区分して、その一つ一つをパルと呼んでいる。つまり一昼夜は三六〇〇パルとなる。パルの長さは眼を六〇回閉じたり開いたりするだけの長さであるという。つまり一昼夜は二一万六〇〇〇回瞬《まばた》きするだけの時間ということになる。私は一度パルの長さを実験してみた。『クルアーン』第一一二章の」「言え、かれはアッラーフ」を「アッラーフの御名において」をも含めて、およそ八回読誦する長さであった。つまり、一昼夜では二万八八〇〇回それを読誦する長さとなる。

重さ　またヒンドゥー人は重さを巧みに定めている。八ラティーが一マーシャで、四マーシャが一ターンク、すなわち三二ラティーとなる。五マーシャが一ミスカール、すなわち四〇ラティーとなる。一二マーシャが一トゥーラ、すなわち九六ラティーとなる。一四トゥーラが一セールである。いずこの地域でも四〇セールが一バトマン、一二バトマンが一マーニーと定められている。一〇〇マーニーを一マニーアーサと呼んでいる。宝石と真珠はターンクで計られる。

数　またヒンドゥー人は数をもうまく定めている。一〇万をラクという。一〇〇ラクをカロール、一〇〇カロールをアルブ、一〇〇アルブをカルブ、一〇〇カルブをニール、一〇〇ニールをパダム、一〇〇パダムをサーングという。この数の採用はヒンドゥスターンの富の膨大さを指し示すものである。

ヒンドゥー教徒　ヒンドゥスターンの人々の多くは邪教徒である。ヒンドゥー人は邪教徒をヒンドゥーと呼んでいる。ヒンドゥーらはほとんどが霊魂の再生を信ずる者たちである。職人、賃金労働者、役人はすべてヒンドゥーである。われわれの国では、砂漠に暮らす者たちには部族ごとに別々の名があるが、ここでも、地方や村に住む者たちには部族ごとに別々の名がある。またすべての職業をもつ者たちは、父祖の時代からずっとその職業を職として来ている。

欠点　ヒンドゥスターンは長所の少ない土地である。人々の中に美しい者は見られない。楽しい交際もお互いの往き来もない。才も知力もない。礼儀作法もない。寛大さも恵み深さもない。芸術や手仕事においても、整然さや形、縦横のシンメトリカルな線もない。名馬もいない。すぐれた犬もいない。ぶどうもメロンも、うまい果物もない。氷もない。冷たい水もない。バーザール（市場）にも、よい料理もよいパンもない。公共浴場もない。マドラサ（イスラーム高等学院）もない。

蠟燭もない。松明《たいまつ》もない。燭台もない。蠟燭や松明の代わりに一群の多勢の汚い者たちがいる。〔ヒンディー語で〕デーウティー（ランプ係）と呼ばれている。彼らは左の手にやや小さな三脚状のものを持っている。この三脚の一つの足の先端に、燭台の先のような形状の一つの鉄片を固定している。これは三脚の木の部分に固定してある。彼らは親指ぐらいの太い灯芯を、鉄片のついた三脚の木に付着している。右の手にはやや小さな穴をあけたひょうたんを持っている。そしてその穴から油が細く一線になって流れ出るようにしてある。灯芯に油が必要な時には、いつでもひょうたんから油を供給するのである。

有力者たちはこのデーウティーを一〇〇人から二〇〇人所有している。彼らは蠟燭や松明の代わりにこの者たちを使用しているのである。君主たちやベグたちに、夜、蠟燭が必要なことがある場合には、まさにこれらの汚いデーウティーたちがこの灯火を運んで来て、君主らの近くで持って立っているのである。

大河や谷や渓谷の中を流れている水の澄んだ川を除いて、庭園や建物には人工的な水路がない。また建物には快適さや自然環境のよさ、秩序や調和がない。

農民や下層民はみな裸で往来している。ふんどしのごときものを身に付けている。へそから二カルシュ下の所に短くたらしている。このたらした短いリンネルの布の下に、また別の一片のリンネルの布をつけている。このふんどしの結び目を結ぶ際には、その別の一片のリンネルの布を両ももの間に通し、後ろのふんどしの結び目に通して締めるのである。女性たちはただ一つの布片を身体に巻きつけている。半分は腰に巻き、半分は頭上に投げかけている。

長所　ヒンドゥスターンにある長所は次の諸点である。

大きな国である。金銀が豊富である。雨季の気候は非常に快適である。時には一日に一〇回、一五回、二〇回も雨が降る。雨が降ると突然流れができ、水がまったくなかった場所にも川が流れるようになる。雨が降った時や雨が降り続けた時は気候が非常に快適になる。それ以上のものは考えられないほど、気候は適度で快適になる。

〔雨季の〕欠点は湿気がきわめて高いという点である。かの地方（中央アジア方面）の弓はこの雨季を経ると使えなくなる。壊れてしまう。単に弓のみでなく、甲冑、書物、衣類、家具の類もすべて影響をこうむる。家屋ですら長く続かない。

雨季以外では、冬と夏も快適である。しかし北風が常に吹き土ぼこりが多い。夏季に、雨季に近く太陽が金牛宮、双子宮に位置する時期、この風が非常に強く吹く。ただし年に四、五回である。土やほこりが舞い上がるため、お互いの姿を見ることができないほどである。これを〔ヒンディー語で〕アンディーと呼んでいる。双子宮の時期には暑くなる。しかし我慢できぬほどではない。バルフやカンダハールの暑さほどではない。また暑い期間の長さもこれらの地方の半分程度であろう。

またもう一つの長所は、あらゆる種類の職人が無数・無限にいるという点である。あらゆる仕事、あらゆる業務のために、父祖以来ずっとそれらをして来た一群の人々が定められている。例えばムッラー・シャラフは〔有名なティムール伝である〕『勝利の書（ザファル・ナーマ）』の中で、ティムール・ベグが石造のモスクを建設した際、「アーザルバーイジャーン、ファールス、ヒンドゥスターン、それにその他の国々の石工たちの内、毎日、二〇〇人がモスクで働いていた」と特に書き記しているがごとくである。

われわれの場合、アーグラでは、同じアーグラの石工の内、私の建物で毎日六八〇人が働いていた。またアーグラ、スィークリー、バヤーナ、ドールプル、グワーリヤル、それに〔現アリーガル市内の〕コールで一四九一名の石工が毎日私の建物で働いていた。ヒンドゥスターンにはあらゆる種類の職人たちがまさにこのように無数・無限にいるのである。

税収(48)　現在私の支配下にあるベーラからビハールに至るこの国〔の税収〕は五二カロール（五億二〇〇〇万）である。以下の細目から大要は理解されるであろう。この内、八ないし九カロールはラーイやラージャの領地である。彼らは服属したが、古くからこれらの領地を自らの俸禄のごとく保持しているのである。

現に勝利の旗のもとに入って来るヒンドゥスターンのおおよその税収入

サトラジュの向こう岸、ベーラ、ヒンドゥスターン、スィヤールコート、ディーパールル

プル、他	三三三一万五九八九タンガ
スィフリンド	一二九三万一九八五タンガ
ヒサーリ・フィールーザ	一三〇七万五一七四タンガ
首都デリー、ミーヤーン・ドー・アーブ	三六九五万二五四タンガ
メーワート（イスカンダル時代には含まれていなかった）	一六九八万一〇〇〇タンガ
バヤーナ	一四四一万四九三〇タンガ
アーグラ	二九七万六九一九タンガ
ミーヤーン・ヴィラーヤト（中部地方）	二九一〇万一九タンガ
グワーリヤル	二二三五万七四五〇タンガ
カールピー、サフンダ、他	四二八五万五九五〇タンガ
カナウジュ	一三六六万三三五八タンガ
サンバル	一三八四万四〇〇〇タンガ
ラクヌール、バクサル	一三九八万二四三三タンガ
ハイラーバード	一二六万五〇〇〇タンガ
アワド、バフラーイチュ	一一七〇万一三六九タンガ
ジャウンプル	四〇〇八万八三三三タンガ
カッラ、マーニクプル	一六三二万七二八二タンガ

ビハール　四〇五六万タンガ
サルワール　一五五一万七五〇六・五タンガ
サーラン　一一〇一万八三七三タンガ
チャパーラン　一九〇八万六〇六〇タンガ
カンドラ（ブーリー、チャートスー、マラーナ）　四三三万三〇〇タンガ
ティルフト（ラージャ・ループ・ナラヤンの城の領内）
〔銀〕二五万五〇〇〇タンガ　〔銅〕二七五万タンガ
ランタンボール（ブーリー、チャートスー、マラーナ）　二〇〇万タンガ
ナーガウル　ラージャ・ビクラマージート（ランタンボール）
カランジャリー　ラージャ・サングデーウ
ラージャ・ビカムデーウ　ラージャ・ビカムチャンド

以上、ヒンドゥスターン諸国の土地および住民の特徴を知っている限り記述した。以下でも、もし書くべきことが眼に入れば記述するつもりである。また耳にすべきことを聴いたなら語るつもりである。

アーグラの財宝庫を分配　ラジャブ月二九日月曜日（一五二六年五月一二日）、私は〔アーグラ

の〕財宝庫の調査と分配を開始した。財宝庫からフマーユーンには七〇〇万〔タンガに値する財宝〕を与えた。さらに、記録にとらず、内部を調べもしなかった一つの財宝庫を、まさにそのままの状態で、そっくりフマーユーンに与えた。また若干のベグたちには一〇〇万、さらに若干のベグたちには八〇万、七〇万、六〇万を与えた。

すべての、軍中にいたアフガーン族、ハザーラ族、アラブ人、バルーチ人、それにすべての部族に、各々の状況に応じて、財宝庫から現金を支給した。すべての商人、学者、否それのみならずこの軍に同行していたすべての者たちに、大量の贈物や心付けが与えられた。

軍に参加していなかった者たちにもこの財宝庫から多量の財貨が送り与えられた。例えばカームラーンには一七〇万、ムハンマド・ザマーン・ミールザーには一五〇万、アスカリー、ヒンダル、否それのみならずすべての親族・子供たちにも多量の金・銀・衣類・宝石・奴隷といった贈物が与えられた。かの方面のベグたちや兵士らにも多くのものが与えられた。サマルカンド、ホラーサーン、カーシュガル、イラークへも親族のために贈物を送った。サマルカンドとホラーサーンにいる〔イスラーム学者の指導者である〕シャイフたちには供物が届けられた。〔アラビア半島の聖都〕メッカとメディーナにも供物が送られた。カーブル地方と〔バダフシャーン地方の〕ヴァルサク百人隊[49]のすべての人々に、男女を問わず、奴隷であるか自由人であるかを問わず、成人か否かも問わず、各人に各々一シャールヒー銀貨を与えた。

アーグラ入城時の情勢

私たちが最初にアーグラに入城した際、私たちの側の者とアーグラの人々の間には大きな反目・反感が存在していた。アーグラの兵士も農民も私たちの側の者のもとから、はるか遠く各辺地へと逃走していた。ただデリーとアーグラを除き、他のすべての城を持つ地域はそれぞれ城を固め服属しようとしなかった。

サンバルにはカースィム・サンバリーがいた。バヤーナにはニザーム・ハーンがいた。メーワートにはハサン・ハーン・メーワーティー自身がいた。この不和と軋轢をひきおこした者がまさにこの不信心な男であった。ドールプルにはムハンマド・ザイトゥーンがいた。グワーリヤルにはタータール・ハーン・サーラングハーニーがいた。ラープリーにはフサイン・ハーン・ヌーハーニーがいた。〔アーグラの東南、ヤムナー川左岸にある〕エターワにはクトゥブ・ハーンがいた。カールピーにはアーラム・ハーンがいた。

〔ラクナウーの西北、ガンジス川右岸の〕カナウジュとガング川〔ガンジス川〕の向こう側はすべて反抗者たるアフガーン人の手中にあった。ナスィール・ハーン・ヌーハーニー、マールーフ・ファルムリー、それに多数のアミールたちがそれである。彼らはイブラーヒームの死の二、三年前から反乱を起こしていた。私がイブラーヒームを破った際には、彼らはカナウジュとその彼方のすべての地方を占領していたが、カナウジュから一、二宿こちらの方へ進んで滞留していた。そして〔スルターン・スィカンダル・ローディー時代のビハール地方の領主〕ダルヤー・ハーンの子ビハール・ハーンを君主となし、スルターン・ムハンマドの号を与えていた。〔アーグラの北、ヤムナー川の左岸にある〕マハーヴァンには〔イブラーヒームの〕奴隷のマルグーブがいた。彼はあれほど近くに留まっていたが、しばらくの間前進して来なかった。私たちがアーグラに入城した際は暑いさ中であった。人々は私たちを恐れてすべて逃走してしまっていた。私たち自身や馬のための穀物やかいばを見つけることができなかった。村々は反感・敵意の故に私たちに敵対し、強盗・追い剝ぎの行為に走っていた。道路は進めなくなっていた。

軍中にカーブル帰還の望み高まる

財宝庫の分配は終わったが、その後、私たちには各地区や各地方に適当な人々を任命する機会がなお得られないでいた。その上、あの年は非常に暑かった。多くの人々がまるで暴風にあった時のごとく一度にばたばたと倒れ、死に始めた。このため、ほとんどのベグたちやすぐれた若党たちはいろいろと思案し始めた。彼らはヒンドゥスターンに留まることを喜ばなかった。というより去る方に気持ちが傾いていた。

もしも老齢の経験豊かなベグたちがこのようなことをいうのであれば、非難すべき点は何もない。このようなことを彼ら（経験豊かな者たち）がいった時には、彼らがそれを口に出した後で、彼らにはそれが妥当か妥当でないかを識別し、また良いか悪いかを判別するだけの知恵も感覚も備わっている。彼らがすべてを自分自身で考え、ある一つのことを決定した後に、それとは別の意見をまたまた繰り返し述べることにどんな利点があろうか。大小の者たちのこのような言葉、このようなまずい意見を推す者がはたしているであろうか。

不思議なことに、このたびのカーブルからの遠征に当たって私は大小の者たちの内の何人かを新たにベグに昇進させていたのである。私が彼らに期待していたのは、私が火や水の中に飛び込めば彼らも躊躇なく私とともに飛び込み、私がそこを出れば彼らもただちに私とともに出るということであった。私がどの方向へ行こうと、彼らも私の行く方向に行くということであった。私の意に反したことをいうことでは決してない。また各事項、各重要事を私たちは全員で相談し意見一致して自ら決定したのである。相談の席からまだ立ち上がってもいないのに、まさにその意見や決定した重要事を覆すことを彼らに期待したのでは決してない。

これらの者は誤った行動をとった。しかし、この者たちよりアフマディー・パルワーナチ、ワリー・ハーズィンの方がより悪い行動に出た。ホージャ・カラーンはカーブルを発ってイブラーヒームを破りアーグラを取るまではよかった。男らしいことをいい、堂々とした意見を述べていた。しかしアーグラ征服の数日後、彼のすべての意見が変わった。カーブル帰還に熱心な者の一人がホージャ・カラーンであった。

私は皆のこのような複雑な思いを知るとベグ全員を招集して相談した。私は次のごとく述べた。「統治や支配は手段・方策なしでは成功はおぼつかない。君主やアミールの仕事は家臣や領地なしでは不可能だ。私たちは何年も努力し苦労を重ね、遠い道のりを一歩一歩進んで行軍し、私たち自身と兵士たちを戦いの危険にさらして来たのではなかったか。神のご加護により、私たちはこのような多数の敵を破り、このような広大な国を征服できたのではなかったか。いま、このように懸命になって征服した諸地方を何の理由もなく放棄するどんな必然性や必要性があるであろうか。またカーブルに戻って貧困の苦しみを味わい続ける必要がはたしてあるであろうか。以後、私の味方である者は誰であれあのようなことをいってはならぬ。我慢できずに去りたいと思う者は誰であれ行った所から戻って来るな」と。私たちはこのようなわかりやすい受け入れやすい考えを述べて、否応なく彼らの心から不安をとりのぞいた。

ホージャ・カラーン、ヒンドゥスターンを去る

ホージャ・カラーンには留まる気持ちがなかったので次のごとく取り決めた――ホージャ・カラーンは多数の家臣を持っているので、贈物を〔カーブルへ〕運んで行くこととする。またカーブルとガズニーには兵士が少ないので、彼らにそれらの土地を治め守らせることとする。私はガズニーとギャルディーズとスルターン・マスウーディー・ハザーラをホージャ・カラーンに与えた。私はまたヒンドゥスターン内の三〇万～四〇万の値打ちのある〔デリーの北方、パティアラ地方の〕グフラーム地方をも彼に賜与《しよ》した。

ホージャ・ミーリ・ミーラーンもカーブルに帰ることに決まった。贈物はミールの責任のもとに運ばれることとなった。責任者としてムッラー・ハサン・サッラーフとトカ・ヒンドゥーが任命された。

ホージャ・カラーンはヒンドを嫌っていたので、出発に当たりデリーの建物の壁に次の詩の一行を書き記した。

もし私が無事安全にスィンド川を渡り、

もし私がもう一度ヒンドを見たいなどと望むことがあれば
　私の顔が黒くなってもよい。

私たちがなおヒンドゥスターンに留まっている時に、このような冗談まじりの詩を作り、それを書き記すことは非礼である。彼がヒンドを去ることが一つめの不快事とすれば、この種の冗談は二つめの不快事である。私も即興で一つの四行詩を作って書き送った。

　バーブルよ、大いに感謝の言葉を述べよ。なぜなら寛大な免罪者（アッラー）はお前にスィンドとヒンド、それに多くの王国をお与えくださったのだから。
　もしお前が「熱さに耐えられぬ」というのであれば
　そして「寒い所を見たい」というのであれば、ガズニーがあるではないか。

バーブルへの臣従つづく　この間に、私はムッラー・アーパークをコールに派遣し、その方面にいる箭筒士《せんとうし》（コルチ。術語解説参照）と兵士らに慰撫の手紙を送った。以前にはムッラー・アーパークの地位はまことに低かった。彼はこの二、三年前から自分の兄弟たちを結集して、ひと言でいうと結束を固めていた。私は彼にウルクザイとスィンド河畔にいる若干のアフガーン族を与えていた。

シャイフ・グーランが信頼と友好の気持ちを持って到着し私の前に伺候した。彼は河間地方の箭筒士らの若干とさらに二、三千の兵士を連れて来て私に仕えた。アリー・ハーン・ファルムリーの息子たちと一族の者たちは、デリーとアーグラの間で、ユーヌス・アリーが道を間違えてフマーユーンと離れてしまった際、ユーヌス・アリーと出くわした。ユーヌス・アリーは少し戦闘を交えて打ち破り、息子たちを捕えて連れて来ていた。この理由から、私はダウラト・カダム・テュルクの息子ミールザー・モグールに、捕虜となっていたアリー・ハーンの息子たちの内の一人を加え、アリー・ハーンのもとへと慰撫の手紙を持たせて派遣した。アリー・ハーンはこの混乱の際、メーワートへ行っていた。〔ミールザー・モグールは〕アリー・ハーンを連れて来た。私はアリー・ハーンを優遇し、彼に二五〇万の価値のある最上の領地を与えた。

スルターン・イブラーヒームは、ムスタファー・ファルムリーとフィールーズ・ハーン・サーラングハーニーに率いられた数名のアミールたちを、プーラブにいる〔自分に〕敵対している一団のアミールらに向けて任命していた。ムスタファーはこの一団のアミールらとよく戦った。何度もよく打ち破った。イブラーヒームの敗戦より以前にムスタファーが死去した。シャイフ・バーヤズィードは彼の弟であった。イブラーヒームは重要事に関わっていたので、シャイフ・バーヤズィードはただちに兄の配下の者たちを自分のものとした。

フィールーズ・ハーン、シャイフ・バーヤズィード、マフムード・ハーン・ヌーハーニー、カーズィー・ジーヤーが臣従して来た。私はこの者たちを、彼らの意図していた以上に優遇し、フィールーズ・ハーンにジャウンプルから一四六〇万五〇〇〇タンガを、シャイフ・バーヤズィードにアワドから一四八五万タンガを、マフムード・ハーンにガーズィープルから九〇三万五〇〇〇タンガを、カーズィー・ジーヤーにジャウンプルから二〇〇万タンガを賜与した。

バーブルからの下賜

シャッワール月の〔断食月明けの〕祝日（一五二六年七月一一日）の数日後、私はスルターン・イブラーヒームの家族用宮殿の中央の、石の柱のあるイーワーン付きの円天井のある部屋で大宴会を開いた。

フマーユーンにチャール・カブ（装飾の金の刺繍のついた四角いショール）、刀剣用のベルト、金の鞍のついたアラブ馬を与え、チーン・ティムール・スルターンとマフディー・ホージャとムハンマド・スルターン・ミールザーにもチャール・カブと刀剣用のベルトと短剣用のベルトを与えた。

またベグたちや若党たちにもそれぞれの地位に応じて刀剣用のベルトと短剣用のベルト、それに長衣を与えた。その他おおよそのところ、〔賜与した品々は〕以下のごとくである。

鞍付きのアラブ馬　二頭　　宝石付き短剣　二五振り
宝石の装飾付きの刀剣のベルト　二本　　チャール・カブ　四枚
宝石付きの長めの短剣　二振り　　宝石付きの広刃の短剣　一六振り
金製のインドの小刀　一振り　　ウールの上衣　二八枚

この会合の当日は驚くほどの大雨が降った。一三回も降った。何人かの者は席が〔部屋から〕外にはみでていたので、この大雨でびしょぬれになった。

サンバルへ急襲隊を派遣

私はムハンマディー・キョケルダシュに〔デリーの北方、やや西寄り、パティアラの西南にある〕サーマーナ地方を与え、サンバルへ急行するよう命じていた。

私は〔デリーの西北にある〕ヒサール・フィールーザをフマーユーンに与えていた。サンバルをもフマーユーンに与えた。私はヒンドゥー・ベグをフマーユーンのそばに置いていた。この関係から、私はムハンマディーの代わりに、サンバルへの急襲隊としてヒンドゥー・ベグ、カッタ・ベグ、バーバー・カシュカの〔兄弟の〕マリク・カースィムをその兄弟とともに、またムッラー・アーファーク、シャイフ・グーランを河間地方の箭筒士たちとともに急行させた。

三、四度、カースィム・サンバリーのもとから人が到着して、「無法者ビバン（ビバン・ハーン・シャーフー・ハイル）がサンバルを包囲して私たちを窮地に陥れています。急いで来てください」と伝えた。ビバンはその整った装備で私たちのもとから逃亡すると、山麓を回って進み、逃亡したり離散したりしていたアフガーン人やヒンドゥスターン人を集め、この時、その地域の防備がうすくなっているのを見てとると、来て、サンバルを包囲していたのである。ヒンドゥー・ベグ、カッタ・ベグ、それに任命されていた者たちは急襲隊として〔ガンジス河畔、アヌープシャフルのやや上流にある〕アハールの渡しに到達し渡河に努めた。彼らはバーバー・カシュカの〔兄弟の〕マリク・カースィムをその兄弟とともに先行させた。マリク・カースィムは川を渡るとただちに一〇〇～一五〇人の兵および自らの兄弟とともに急行軍で進み、正午の礼拝時にサンバルに到達した。

ビバンも隊伍を整えてそのオルドから出陣した。マリク・カースィムと味方の者たちは敵に向かってすばやく進み、城を背にする位置を占めて敵と合戦した。ビバンは支えきれず逃走した。マリク・カースィムは一群の人々の首を切り、数頭の象、多数の馬と戦利品を獲得した。

翌朝までに急襲隊として派遣してあったベグたちも到着した。カースィム・サンバリーが出城し彼らと会った。しかしこれらのベグたちに城を明け渡すことはよしと考えず、いろいろといいつくろった。

ある日、シャイフ・グーランとヒンドゥー・ベグがベグたちと相談して、一つの口実を設けて、カースィム・サンバリーをこれらベグたちのいる所へ連れて来て、〔その間に〕わが方の者たちをサンバル城に入らせた。彼らはカースィム・サンバリーの家族や属下の者たちを無事安全に出城させ、〔バーブルのもとへと〕送った。

バヤーナ等に使者を派遣　〔アーグラの西南にある〕バヤーナに向け、私は歩兵のカランダルを派遣し、ニザーム・ハーンに約束と威嚇の言葉を含んだいくつかの命令を伝えさせた。私はこのちょっとした断片詩を即興で作って書き送った。

テュルク人と争うな、おお、バヤーナのミールよ。
テュルク人の俊敏さと勇気とは人のよく知るところ。
もしそなたがすぐには出てこず、また忠告に耳を傾けぬならば、
どうなるかあまりにも明白なことを、なぜにくどくど説明する必要があろうか。(50)

バヤーナ城はヒンドゥスターンの名高い城の一つである。愚かな小物たちは城の堅固さを信

じて、人を遣わして許容限度を越えた要求を出して来た。私は到着した男によい返答を与えず、城攻略のための準備にとりかからせた。

私は、バーバー・クリー・ベグを〔アーグラ南方のダウルプルにいた〕ムハンマド・ザイトゥーンの所へ約束と威嚇の言葉を含んだ諸命令書を持たせて派遣した。ムハンマド・ザイトゥーンも言訳をいってごまかそうとしていた。

アーグラ周辺の諸情勢

邪教徒ラーナー・サンガーは、私たちがなおカーブルにいた時に、使者を派遣して来て友好を誓い、私たちとの間で次のごとく取り決めていた――「陛下があちら側（カーブル方面）からデリー近辺に来られるならば、私はこちら側からアーグラに向け進むことにしましょう」と。[51] 私はイブラーヒームを破りデリーとアーグラを占領した。しかしその時点に至るまでかの邪教徒はいかなる動きも見せなかった。しばらく後、ラーナー・サンガーは来て、マカンのハサンという名の子が守っていた〔ラージュプターナの〕カンダールという城を包囲した。マカンの子ハサンのもとから何度も使者が到着した。マカンはこれまでに私の所へ来て挨拶したことがなかった。

アーグラ近辺のエターワ、ドールプル、グワーリヤル、バヤーナといった諸城はなお降伏していなかった。東方のアフガーン人たちも反乱・独立の姿勢を示していた。彼らはカナウジュから二、三宿の距離、アーグラ方面へと軍を進め留まっていた。近くの周辺諸地域に関しても私の心が完全に安まるということはなお絶えてなかった。このため、私たちはハサンの救援のために兵をさくことができなかった。二、三カ月の後、ハサンはどうしようもなくなって、約定を結んでカンダール城を〔ラーナー・サンガーに〕引き渡した。

〔ヤムナー川左岸、エターワとアーグラの中間にある〕ラープリーのフサイン・ハーンは恐れてラープリーを捨てて出城した。私はラープリーをムハンマド・アリー・ジャング・ジャングに与えた。

エターワにいるクトゥブ・ハーンのもとへは何度か約束と威嚇を含む命令書を送っていた。彼は来て私たちに会うこともせず、またエターワを捨てて去ることもしなかった。私はエターワをマフディー・ホージャに賜与し、ムハンマド・スルターン・ミールザー、スルターン・ムハンマド・ダウラダイ、ムハンマド・アリー・ジャング・ジャング、アブドゥ・ル・アズィーズ・ミーラーホールに率いられたベグ、近習より選抜された一群の大軍を援軍に加え、エターワに向け派遣した。

私はカナウジュをスルターン・ムハンマド・ダウラダイに与えた。私が大いに目をかけ優遇してプーラブ方面（ガンジス川東岸地方）の諸地区を与えていたフィールーズ・ハーン、ムハンマド・ハーン、シャイフ・バーヤズィード、カーズィー・ジーヤーをはじめとする者たちをもエターワ攻撃に任命した。

ムハンマド・ザイトゥーンはドールプルに留まり、ごまかしをいって私のもとに来ていなかった。私はドールプルをスルターン・ジュナイド・バルラースに与えて、アーディル・スルターン、ムハンマディー・キョケルダシュ、シャー・マンスール・バルラース、クトゥルク・カダム、アブドゥッラー、ワリー、ジャーン・ベグ、ピール・クリー、シャー・フサイン・ヤーラキーをはじめとする者たちを任命し、ドールプルを力ずくで取り、それをスルターン・ジュナイドに委ねた後、バヤーナ方面へと進ませることにした。

作戦計画を決定　この軍勢の任命を終えた後、テュルク人のアミールたち、ヒンドゥー人のアミールたちを招集して相談したところ、次のごとき意見が出された――プーラブにいる一団のアミールたち、すなわちナスィール・ハーン・ヌーハーニー、マールーフ・ファルムリーをはじめとする者たちは、その兵四、五万がガング川を渡ってカナウジュを取り、二、三宿、私たちの方へと前進し留まっている。邪教徒ラーナー・サンガーはカンダールを取り、反抗の姿勢を示している。雨季も終わりに近い。先の敵に向かうか、それともこの邪教徒に向かうか、どちらかが必要と思われる。この近くの諸城の問題を片づけることは簡単である。私たちがこれらの大敵を打破した後、あの者たちがどこかへ行ってしまうなどということはありえない。

私はラーナー・サンガーをこれほどまでの強敵とは考えていなかった。皆は一致して、「ラーナー・サンガーはまだかなり遠くにおります。近づいて来られるかどうかもなお不明です。すぐ近くまで来ている敵を打破することが最も重要であり、まずせねばならぬことです」と私に述べた。

フマーユーン、東方遠征に出発　私たちが、この一団の敵に向け出陣しようとしていた時、フマーユーンが「陛下が出馬されるにおよびません。この仕事は私にお委せください」といった。この言葉は皆を喜ばせた。テュルク人、ヒンドゥー人のアミールたちはこの考えを承認した。私はフマーユーンをプーラブに向け任命し、ドールプルに向け任命してあった軍に向けカーブリー・アフマド・カースィムを急行させ、その軍が戻って、フマーユーンにチャンドワールで合流せよと伝えさせた。

マフディー・ホージャ、ムハンマド・スルターン・ミールザーをはじめエターワに向け任命していた軍にもフマーユーンに合流せよとの指令を出した。

ズィー・ル・カーダ月一三日木曜日（一五二六年八月二一日）、フマーユーンは出発しジャリーサルという名の小さな村に下馬した。アーグラから三クロフの地点である。そこに一日滞留した後、そこを出発して宿を重ねて進軍した。

ホージャ・カラーン、カーブルに向け出発　同月二〇日木曜日（八月二八日）、ホージャ・カラーンにカーブルへ去る許可を与えた。

庭園の造営　常に私はこう考えていた――ヒンドゥスターンの一つの大きな欠点は人工の水路がないことだ。どこであれ、私たちが滞留する場合、水車を設置して水路を作り出し、設計図に従って造られた整然とした場所を造り出すことは可能であると。私は、アーグラ入城の数日後、この目的でジューン川（ヤムナー川）を渡って庭園に適した土地を見て回った。何とも快適さに欠け、よい所のない土地ばかりで、私たちは非常な嫌悪感とともにそれらの土地を通り過ぎねばならなかった。これらの土地の不快さ、まずさの故に、チャール・バーグ（四分庭園）を造る気持ちは私の心から消え失せた。しかし、アーグラに近い所ではこれ以外の土地はなかった。数日後、やむをえずこの同じ土地に手を入れた。

最初に公共浴場の水を取る大きな井戸が造られた。ついで、現在タマリンドの木々と八角形の貯水場がある一角が造られた。その後で、大きな貯水場と庭が造られ、その後、石造の建物の前の貯水場とホールが造られた。その後、私邸の小庭園と家屋が造られ、さらにその後で公共浴場が造られた。かくして快適な所のない、整然とした所のないヒンドにすばらしい設計図に基づく建物と秩序あるいくつかの小庭園が誕生したのである。隅々には美しい草地が配備され、そこには見事なバラや野バラが完璧な形で完備されていた。

私たちはヒンドゥスターンの三つのものに弱っていた。暑さと強風とほこりである。公共浴場はこの三つから私たちを守ってくれた。公共浴場にはほこりや風は入りこまない。暑気の中で公共浴場はほとんど人が凍ってしまうほど冷たい。公共浴場の二つの浴槽のある小部屋はすべて石で造られている。壁は白い石で造られているが、他のすべての床、天井は赤い石で造られている。すなわちバヤーナ石である。

またハリーファ、シャイフ・ザイン、ユーヌス・アリー、それに〔ジューン〕川の岸辺に土地を与えられていた者たちは整然とした設計図に基づいて造られた小庭園と貯水場を建設した。彼らはラーホールとディーパールプルのやり方で水車を設け水を流れさせた。ヒンドゥー人たちはこのような計画的に整然と整えられた土地を見たことがなかったため、ジューン川の建物を建てた側の一帯をカーブルと名づけていた。

ワーイーン[52]の造営　また〔アーグラ〕城内のイブラーヒームの宮殿と城壁との間に一つの空き地があった。私はそこにも一つの大きなワーイーンを造らせた。縦横それぞれ一〇〔ガズ〕（九・五メートル）の大きさである。ヒンドゥスターンの用語で階段付きの巨大な井戸をワーイーンという。私はこのワーイーンをチャール・バーグの建設より以前から建設に着手していた。雨季の盛時に掘られた。何度も倒壊し傭いの労働者たちが埋まった。年代を記した碑石に刻まれているように、この井戸は〔一五二七年五月一七日のカーヌワーハにおける〕ラーナー・サンガーとの戦いの後に完成された。刻文は完成が戦いの後であったことを示している。

すばらしいワーイーンである。三層の建物がこのワーイーンの内部に造られている。最下層は三つのイーワーン（壁の一部にのみ外部に通ずる出口がついたホール状の空間）である。井戸におりる階段そのものが通路である。つまり三つのイーワーンそれぞれに一本の通路が通じている。各イーワーンは、別のイーワーンより〔階段の〕三段分だけ高くなっている。一番下のイーワーンから水を汲み上げる季節には、水は〔そのイーワーンより〕一段分だけ下にある。雨季で水が増した時には、水が時折一番上のイーワーンにまで達する。中層には隣の建物に結ばれた小部屋の付いたイーワーンがある。このイーワーンに隣接して一つの円天井付きの建物があり、水車を回す牛がこの建物の中で水車を回している。最上層は外に向いた一つのイーワーンである。井戸の上の地表面から五、六段分下の所、階段の所から、左右両側よりこのイーワーンへと通路が通じている。右手に通ずる通路の正面に年代を記した碑石がある。

この井戸の傍らにもう一つ別の井戸が作られている。この井戸の底は、先の井戸の中ほどより少し上にある。先の円天井付き建物で水車を回す牛が回って、先の井戸からこの井戸へと水が来る。この井戸にさらにもう一つ別の水車をとりつけ、その水車で水が城壁の上にのぼるようにしてある。水は城壁の上を通って上の小庭園に達している。井戸の階段の出口の所にも一つの石造の建物がある。この井戸の敷地の外側に一つの石のモスクを建てた。しかしうまく造られてはいなかった。ヒンドゥスターン様式で造られていた。

ワーイーン（ラージャスターン）

フマーユーン、敵に到達

フマーユーンが出発した時、〔敵の〕ナスィール・ハーン・ヌーハーニーとマールーフ・ファルムリーをはじめとする一団のアミールたちは〔河間地帯の〕ジャジマーウーに集結して留まっていた。フマーユーンは〔敵から〕一〇〜一五クロフの地点から情報蒐集のためムーミン・アテケを派遣した。それは財貨目的や劫奪のために派遣したような結果となった。まずまずの情報すらもたらすことができなかった。この敵はムーミン・アテケの派遣を知ると、対決を避け逃走した。ムーミン・アテケの後、キスマタイとバーバー・チュフラ、ブチュカが情報集めのため派遣された。この者たちは敵の一団が集結を解いて逃走したという情報をもたらした。フマーユーンは進んでジャジマーウーを取り、そこを過ぎて〔ガンジス川左岸、バレリ地方の〕ダルマーウー近郊に到着した時、ファトゥフ・ハーン・サルワーニーが来てフマーユーンに会った。フマーユーンはファトゥフ・ハーン・サルワーニーをマフディー・ホージャ、ムハンマド・スルターン・ミールザーに加え、私たちの所へと送った。

ウズベクに関する情報

この同じ年、〔ウズベクの〕ウバイド・ハンがブハーラーから軍を率いてマルヴに来攻した。マルヴの内城には一〇〜一五人の一般市民がいたらしい。捕えて皆殺しにした。ウバイド・ハンはマルヴの税を四〇〜五〇日で徴収し、〔マシュハド東方の〕サラフスへ行った。サラフスには三〇〜四〇人の〔サファヴィー朝の〕クズルバシュがいたらしい。彼らは門を閉じて城を渡さなかった。住民たちが動揺して門を開いた。ウズベクは入城するとこれらのクズルバシュをも皆殺しにした。サラフスを取ると〔マシュハドのすぐ北の〕トゥース、マシュハド方面へ向かった。マシュハドの人々はやむなく降伏した。トゥースを八カ月間包囲した後、講和によって取ったが、約定を守らず、すべての名士たちを殺し婦人たちを捕虜にした。

グジャラートの情勢　またこの同じ年、スルターン・ムザッファル・グジャラーティー（ムザッファル二世、在位一五一一―二六年）のバハードゥル・ハーンという名の息子が父と争って、スルターン・イブラーヒームのもとへ来た。バハードゥル・ハーンは現在その父に代わってグジャラートで君主をつとめている人物である。(53) イブラーヒームは会見に当たって粗末に扱った。私たちがパーニーパト付近にいた時、〔バハードゥル・ハーンから〕私のもとに何度も上奏文が到着した。私も恩寵をおりまぜた親切な手紙を何通も送って招請した。彼は来るつもりになっていた。しかし考えが変わって、イブラーヒームの軍と別れグジャラート方面へ向かった。

まさにちょうどこの頃、彼の父のスルターン・ムザッファルが死去し、彼の兄で、スルターン・ムザッファルの長男であるスィカンダル・シャーが父に代わってグジャラートで君主となった。その行動が悪かったため、イマードゥ・ル・ムルクという名の彼の奴隷が皆と共謀してスィカンダル・シャーを絞殺して、グジャラートへの途上にあったバハードゥル・ハーンを招請して、グジャラートに連れて来て父の位につけた。彼はバハードゥル・シャーと号された。この人物もよい働きをした。彼はかくも不忠の頭をもたげていたイマードゥ・ル・ムルクを殺害し、その行為の報いを受けさせた。この他にも、父の代から残っていたベグたちを多数殺した。人々は彼のことをきわめて残忍な怖れることを知らぬ若者と評していた。

九三三年（一五二六年一〇月八日—二七年九月二七日）の出来事

ファールークの誕生　ムハッラム月（一〇月／一一月）にファールークの誕生の知らせをベグ・ヴァイスがもたらした。これより前に、この知らせは一人の歩兵によって伝えられていたが、この月、ベグ・ヴァイスがご祝儀を受け取るために来たのである。生まれたのは、シャッワール月二三日金曜日（一五二六年八月二日）の夜で、ファールークと名づけられた[1]。

臼砲の鋳造　バヤーナその他のなお服従していない諸都市を攻略するために、私はウスタード・アリー・クリーに一つの大きな臼砲を鋳造するよう命じていた。ウスタードは炉やすべての材料の準備が終わると私の所に人を遣わしてその旨報告して来た。

ムハッラム月一五日月曜日（一〇月二二日）、私たちはウスタード・アリー・クリーが臼砲を鋳造するのを見学に出かけた。彼は臼砲を鋳造する場所の周りに八つの炉を作り、［その中で］素材を溶かしていた。各炉の底部から一本の溝がこの臼砲の鋳型の方へとまっすぐに延びていた。私たちが行くと、彼はただちに全部の炉の穿孔《せんこう》を開いた。各々の溝を通って、溶けた素材が水のようにゴーゴーと流れ、鋳型の中へと流れ込んでいた。しばらくすると、鋳型がまだ一杯になっていないのに、これらの炉から出て来ていた溶けた素材が一炉一炉と次々に出て来なくなった。炉か素材かに欠陥があったらしい。ウスタード・アリー・クリーは悲歎にくれて、鋳型の中の溶けた銅の中に身を投じようとしたほどである。私たちはウスタード・アリー・クリーをなぐさめなだめ、栄誉の長衣を着せこの恥を忘れさせた。

一、二日して鋳型がさめると型がはずされた。ウスタード・アリー・クリーが大喜びで人を遣わして来て、「臼砲の石室は大丈夫です。火薬室を鋳造するのは簡単です」といって来た。彼は臼砲の石室を取り出して、一団の者たちをその整備に任じ、自らは臼砲の火薬室の鋳造に努めた。

ファトゥフ・ハーンの接待

マフディー・ホージャがファトゥフ・ハーン・サルワーニーをフマーユーンの所から連れて来た。彼らはフマーユーンとはディルマーウーで別れたのである。私はファトゥフ・ハーンをよくもてなし、その父アーザム・フマーユーンの所領を与え、さらにそれ以上の諸地方を賜与した。一六〇〇万タンガの値打ちのある所領を与えた。

ヒンドゥスターンでは大いに功績をあげたアミールたちに終身の称号を与える習わしがあった。その一つが「アーザム・フマーユーン」である。別の一つが「ハーニ・ジャハーン」であり、また別の一つが「ハーニ・ハーナーン」である。この男の父親の称号がアーザム・フマーユーンであった。しかしながら「私の子の」フマーユーンがいるのに、この同じ名で他の者を呼ぶのは適当でないため、私はこの称号をやめた。そしてファトゥフ・ハーン・サルワーニーにハーニ・ジャハーンの称号を与えた。

サファル月八日水曜日（一一月一四日）、アンブリー樹の上手にある大きな貯水池の傍らに大天幕をたて宴会の準備を整え、ファトゥフ・ハーン・サルワーニーをワインの宴会に招待し、ワインを供し、私が身に着けていたターバンと衣服一式を与え、このようなもてなしによって敬意を表しその国に帰る許可を与えた。彼の子のマフムード・ハーンが常に私の側に仕えることが取り決められた。

バヤーナの降伏　〔これより先〕ムハッラム月二四日水曜日（一〇月三一日）、私はムハンマド・アリー・ハイダル・リカーブダールをフマーユーンのもとへと分遣し、「有難いことにプーラブの敵は逃亡した由。この使いの者が到着したら、ジャウンプルに向け幾人かの適当なベグたちを任命し、お前自身は軍を率いてただちに急ぎ私たちの所へ来るように。邪教徒ラーナー・サンガーが近くに眼の前に来ている。彼のことをまず考えよう」と伝えさせた。

軍がプーラブ方面に出発した後、私はクチュ・ベグの〔兄弟の〕タルディー・ベグ、その弟のシール・アフガン、そしてムハンマド・ハリール・アフタ・ベギをその兄弟および馬管理官らとともに、そしてルスタム・テュルクメンをその兄弟とともに、またヒンドゥスターン人の内からはラーオーイェ・サルワーニーを、バヤーナ近郊へ赴きその地を攻撃し略奪して来る任務に任命した。もしも懐柔によってその地の諸城の者たちを私たちの方へなびかせることができるのであればそのようにし、またもしそれができぬならば、攻撃し略奪して、敵を困らせるというのがその計画の骨子であった。

　このバヤーナにいるニザーム・ハーンの兄のひとりであるアーラム・ハーンという者が〔一〇五八年に造られたラージプターナのカラウリにある〕タハンガル城にいた。彼の部下が何度も私の所へ来て臣従と忠誠を申し出ていた。このアーラム・ハーンは自分の責任において「陛下から一隊を任命くだされば、すべてのバヤーナの箭筒士たちを懐柔〔という手段〕によってこちら側に来させましょう。そしてバヤーナ城を手に入れましょう」と表明していた。そのため、先に任命していたタルディー・ベグをはじめとする急襲隊の若党たちに、「アーラム・ハーンはこの土地の者である。このように臣従と奉仕を自分の務めだとしている。バヤーナの件については彼の助言・忠告どおりに行動せよ」という命令を出した。

　ヒンドゥスターン人はその内の若干の者は刀をふるうことができるが、ほとんどの者は兵士としてのふるまい方や将帥としての軍の動かし方についてはまったく無知・無能である。私たちの急派した軍がこのアーラム・ハーンに合流すると、彼は誰のいうことにも耳をかさず、事の善し悪しを考えもせず、この急襲隊を帯同してバヤーナ近くへ行った。そこへ行った私たちの軍は、テュルク人約二五〇～三〇〇人とヒンドゥスターン人とその周辺地帯の兵二〇〇〇人強であった。ニザーム・ハーンとバヤーナのアフガーン人の軍は四〇〇〇人以上の騎兵と一万人以上の歩兵であった。

ニザーム・ハーンはわが軍勢を見て〔少数であることを〕知ると、まさに今述べたところの騎兵・歩兵の軍を率いてただちにわが軍勢に向け出陣した。彼らはすぐにわが軍の所へ到達し、多数の兵が馬で襲いかかって即座にわが方の派遣軍を逃走させた。彼らはニザーム・ハーンの兄アーラム・ハーン・タハンガリーを落馬させ、その他五、六人をも捕虜にし、輜重《しちょう》の一部を奪わせた。

私は彼〔ニザーム・ハーン〕のこの行動にもかかわらず、彼を慰撫して前後の彼の罪を許し、いくつかの命令を送った。彼は邪教徒ラーナー・サンガーが来るという知らせがより切迫して到着するようになると、やむなく、サイイド・ラフィーを呼んで彼を仲介に立て城を私たちの兵に引き渡し、サイイド・ラフィーと一緒に来て、私に仕える光栄に浴した。私はミーヤーン・ドーアーブにある二〇〇万〔タンガ〕の地区を彼に賜与した。私はドースト・イシク・アーガーを仮にバヤーナへ派遣した。数日後、私はバヤーナをマフディー・ホージャに与え、その俸禄を七〇〇万と定めバヤーナへと出発させた。

グワーリヤルの征服

タータール・ハーン・サーラングハーニーはグワーリヤルにおり、その部下が〔私のもとに〕常に来て臣従と忠誠の誓いをしていた。邪教徒がカンダールを攻略し、バヤーナにかなり近い地点まで来た際、グワーリヤルのラージャらの一人であるダルマンカトともう一人のハーニ・ジャハーンという名の邪教徒がグワーリヤル近郊に来て、城取りを目的に混乱と騒乱を煽動し始めた。このためタータール・ハーンは自身〔私のもとに〕来て、グワーリヤルを〔私たちに〕引き渡すこととなった。

私たちのベグたち、近習たち、それにほとんどのすぐれた若党たちは、すべて〔フマーユーンに従って〕出征中であるか、各方面に派遣中であった。そこで私はラヒームダードに若干のベーラ人とヒンドゥスターン人、それに夜警のハスティーチをその兄弟とともに加え、今述べた者たちの所へ向け派遣した。ラヒームダードらにはグワーリヤルにある地区を〔所領として〕定めた。私はムッラー・アーパークとシャイフ・グーランをも派遣した。ラヒームダードをグワーリヤルに置いて帰って来るためであった。この者たちがグワーリヤル近くに到達すると、タータール・ハーンの気が変わり、この者たちをその城内に招き入れなかった。

グワーリヤル城

その間に、シャイフ・ムハンマド・ガウスがグワーリヤルの城内からラヒームダードのもとへと人を派遣して来て、「何とかして貴方自身が城に入るように努めてください。というのは、この男（タータール・ハーン）の気が変わって悪いことを考えておりますので」と伝えた。シャイフはダルウィシュで、非常によく修行し、多くの弟子や門弟を持っていた。

この知らせがラヒームダードのもとに届くと、彼はただちに「タータール・ハーンに向け」「城外にいる者たちは邪教徒たちですから危険です。私を数人とともに城に入れてください。その間、他の者たちは城外にとどまらせることにします」といい送った。何度も要求したため、タータール・ハーンはこれに同意した。ラヒームダードはかなり少数の者とともに入城すると、すぐに「この門の所に私たちの兵を立たせよう」といった。そしてハーティー・ポル（象門）[2]の所に自分の兵を置き、まさにその夜、この門から全部の兵を入城させた。翌朝までにタータール・ハーンは他にどうしようもなく、城を否も応もなく引き渡して出城した。彼はアーグラに来て私の前に伺候した。彼の俸禄はバヤーナ地方の内から二〇〇万分を与えることにした。

ドールプルの服属　ムハンマド・ザイトゥーンもやむなくドールプルを引き渡し、来て私の前に伺候した。彼に数十万分の地区を与えた。ドールプルを〔わが〕王領とし、シックダール（管理官）の職をアブル・ファトゥフ・テュルクメンに与えドールプルに派遣した。

アフガーン人らの鎮圧　ヒサーリ・フィールーザ近辺でハミード・ハーン・サーラングハーニーと一団のパニー・アフガーン人およびその周辺のアフガーン人たち三、四千人が集結して反抗・反乱の姿勢をとっていた。

サファル月一五日水曜日（一一月二一日）、私はチーン・ティムール・スルターンにアフマディー・パルワーナチ、アブル・ファトゥフ・テュルクメン、マリクダード・カッラーニー、ムジャーヒド・ハーン・ムルターニーをはじめとする者たちを加え、このアフガーン人らに向けて出征すべく任命した。彼らは行って、遠方から急行してこのアフガーン人らをよく破って多数を殺し、多数の首を送って来た。

サファヴィー朝からの使節

サファル月末（一二月初）、シャーフザーダ・タフマースブのもとへ、イラークへ使者として赴いていたホージャギー・アサドがスライマーンという名のテュルクメン人とともに帰って来て種々の贈物をもたらした。その中には二人の〔コーカサス地方の〕チェルケス人の娘も含まれていた。

バーブル毒殺未遂事件

ラビーゥ・ル・アッヴァル月一六日金曜日（一二月二一日）、思いもかけぬ出来事が起こった。それについては私がカーブルへ書き送った手紙の中に記したので、私はその手紙をそっくりそのまま増減なくここに書き写した。その手紙は以下のごとくである。

「九三三年ラビーゥ・ル・アッヴァル月一六日金曜日に起こった大事件の詳細は以下のごとくである。

不幸の星のもとに生まれた寡婦たるイブラーヒームの母が、私がヒンドゥスターン人の作った物を食べているということを聞き知った。これを説明すると、これより三、四カ月前、私はヒンドゥスターン料理をまだ見たことがなかったので、イブラーヒームの料理人たちを連れて来るようにといった。そして五〇～六〇人の内から四人を選んで私のもとに置いた。かの女はこのことを聞くと、エターワのアフマド・チャーシュニーギールのもとへ人を遣わし、彼を連れて来た。ヒンドゥスターン人は毒見役をチャーシュニーギールと呼ぶのである。そしてかの女はひとりの下女の手に四角い紙に包んだ一トゥーラの重量のある毒を渡した。アフマド・チャーシュニーギールに渡すためであった。トゥーラは前述したごとく（一一一頁参照）二ミスカールより少し重い。アフマドはその毒を私たちの所の厨房にいるヒンドゥスターン人の料理人に渡し、成功したら四地区を褒美として与える約束をして、何とかしてその毒を私の料理の中に入れさせようとした。かの女は、先の、毒をアフマド・チャーシュニーギールに手渡した下女の他に、もう一人の下女を料理人が毒を入れたかどうかを見るために彼のあとから派遣した。

うまいことに料理人は毒を鍋に入れずに皿に盛った。なぜかというと、かねがね私から毒見役たちにヒンドゥスターン人たちの誰かがいる時には、鍋の中の料理を調理する際にはヒンドゥスターン人らにまず毒見させるよう厳命してあったからである。料理が運ばれた時には、神の恵みを受けることのない私たちの毒見役たちが注意をおこたった。料理人は陶器の皿の上に薄いパンを置いた。パンの上にかの紙に包まれた毒の半分より少しだけ少ない量をふりかけた。毒の上に油で揚げた物をのせた。もし彼が揚げ物の上に毒をふりかけるか、鍋の中に投入していたら最悪であった。しかし彼はあわてて多い方の残りの半分をかまどの中に投げ捨てたのであった。

金曜日、午後の礼拝時をすぎておそく料理が運ばれた。私は野兎の料理をたくさん食べた。油で揚げた人参も食べた。このヒンドゥスターン人の毒の入った料理の上の部分も一、二口食べた。私は揚げ物を取って食べた。別に変な味もしなかった。乾肉を一、二口食べた。心臓がドキドキした。過日乾肉を食べた際、何か変な味がした。心臓がドキドキするのは乾肉のせいだと思った。私の心臓の動きがさらに速まった。心臓がドキドキして、二、三度、食卓の上に吐きかけた。もはやどうにもならぬと考えて立ちあがった。手洗いに着くまえに、途中でもう一度吐きかけた。手洗いに着いて大いに吐いた。

私はこれまで食事の後で吐いたことがなかった。飲んだ時ですらそうであった。何かおかしいと思った。そこで料理人を監視させ、その何かわからぬ物を犬に与えて、犬を見まもるようにと命じた。翌日の一パフル（午前九時）近くに、犬はやや具合が悪くなり腹がふくれた状態になった。皆がどんなに石を投げつけたりひっくり返したりしても起きなかった。正午までそのままの状態でいた。その後起きあがった。死ななかった。一、二名の小姓《こしょう》もこの料理を食べていた。翌日、彼らも大いに吐いた。その内の一人の状態はきわめて悪かった。しかし結局は皆よくなった。

　災厄来たれども無事過ぎ去りぬ。

神は私に新たに命をお与えになった。私はあの世から戻った。母から私は今生まれた。

毒殺未遂事件の後、回復して玉座に坐るバーブル

バーブルの回復祝いに向かう臣下たち

われ病み、死せんとす。されど生を得たり。

いま、アッラーのおかげにて生命の貴さを知れり。

私はスルターン・ムハンマド・バフシーに料理人を監視するよう命じた。拷問にかけると、これまで述べたようなことを一つ一つ白状した。〔次の週の〕月曜日（一二月二四日）、会議の日に、私は有力者や貴人たち、アミールやワズィールたちの出席を命じ、かの二人の男と二人の女を連れて来て訊問させることにした。彼らは状況を詳述した。私はかの毒見人を八つ裂きにさせた。料理人は生きたまま皮をはがせた。女の一人は象の下敷きにさせた。他の一人は銃で撃たせた。寡婦は監視下においた。あの女も自らの行為のとりことされ、その報いを必ず受けることになるであろう。

土曜日（二二日）、私はひと碗のミルクを飲んだ。

日曜日（二三日）、またひと碗のミルクを飲んだ。封ろうをアラク酒にとかして飲んだ。

月曜日（二四日）、封ろうと最高のテリアカ(3)をミルクに溶かして飲んだ。ミルクは私の身体の内部をよく濾過した。

火曜日（二五日）、つまりそのすぐ次の日、胆汁を煮つめたような真っ黒な物が出た。

有難いことに今はもう何ともない。生きているということがこれほどにすばらしいものだったとは知らなかった。次のような詩の一行がある。

死に目にあいし者、生命の価値を知る。

この出来事を想い浮かべるごとに私の心はかき乱される。私に新たに生命が恵み与えられたのは至高の神のご加護があったが故であろう。私はこの感謝の気持ちを言葉で表したい、さらに皆を心配させたくないと考え、起こったことをすべて詳述した。言葉ではとてもいい表せぬほどの恐るべき事件であったが。

神に感謝いたします。この眼で来たるべき日々を見る定めがなお私には残されていたのであろう。すべてうまくいった。お前たちがまったく心配しないようにと、ラビーゥ・ル・アッヴァル月二〇日火曜日（一二月二五日）、チャハール・バーグにいる時にこの手紙を書いた。」

これらの出来事から解放された後、この手紙をカーブルに送った。

イブラーヒームの一族の処置

このような大罪は、あの不幸な星のもとに生まれた寡婦によって引き起こされたので、私は彼女をユーヌス・アリーとホージャキー・アサドに命じて捕えさせた。その現金や諸物、奴隷や女奴隷を没収させた後、彼女をアブドゥッ・ラヒーム・シガーウルに委ねて注意深く監視させた。あの寡婦の孫であるイブラーヒームの子を私は大いに敬意を払って手元においていたが、このような企てがその一族によって引き起こされた以上、その子をここに置いておくことは不適当であると考えられたので、ラビーゥ・ル・アッヴァル月二九日木曜日（一五二七年一月三日）、カームラーンのもとから若干の公務のために来ていたムッラー・サルサーンに渡し、カームラーンのもとへと送った。

フマーユーンの戦いぶり

プーラブの敵のもとへ遠征していたフマーユーンは［バナーラス

（ベナレス）の西北方にある〕ジャウナプル（ジャウンプル）を征服し、〔バナーラスの東方、北寄りにある〕ガーズィープルのナスィール・ハーンに向け急行した。ナスィール・ハーンはそれを知ってガング川（ガンジス川）を渡った模様であった。フマーユーンはガーズィープルから〔ガンジス川とゴーグラ川が合流するバッリア地方の〕ハリードに向け進んだ。その地のアフガーン族らも、情報を得るとサルー川を渡ったらしい。兵士らはハリードを略奪しそこから戻った。フマーユーンは、私が決めておいたごとく、シャー・ミール・フサインとスルターン・ジュナイドを一団のすぐれた若党たちとともにジャウナプルに置き、カーズィー・ジーヤーをもこれらの者たちとともに任命した。アワドにシャイフ・バーヤズィードを任命した。

これらの重要事を片づけると、フマーユーンはカッラ、マーニクプル付近でガング川を渡り、〔ヤムナー川右岸の〕カールピー経由で進んだ。その際、ジャラール・ハーン・ジクハトの子アーラム・ハーンはカールピーにおり、私のもとへ書状を送って来てはいたが、自身は出向いて来ていなかった。フマーユーンはカールピーの前面に到着すると、人を派遣してアーラム・ハーンの心から心配をとりのぞき、彼を自分と一緒に私のもとへ連れて来た。

ラビーゥ・ル・アーヒル月三日日曜日（一月六日）、〔アーグラ近郊の〕ハシュト・ベヒシュトの園にフマーユーンが到着して、私の前に伺候した。その同じ日に、ホージャ・ドースト・ハーワンドもカーブルから到着した。

ラーナー・サンガー接近　その頃、マフディー・ホージャの部下の者が引き続き到着し始め、

「ラーナーの来攻が確かとなった。ハサン・ハーン・メーワーティーもラーナーに加わる意図を持っているらしい。これらの者たちのことを主として考えねばならぬ。もし本隊より先に一団の援兵がバヤーナに来てもらえると幸いである」と告げた。

私は出兵を決意して、私たちより先にムハンマド・スルターン・ミールザー、ユーヌス・アリー、シャー・マンスール・バルラース、カッタ・ベグ、キスマティー、ブージュカに率いられた者たちをバヤーナへと急派した。

ハサン・ハーン・メーワーティーのナーハル・ハーンという名の息子が、イブラーヒームとの戦いの際、捕虜になっていた。私たちは人質として私たちの所に置いていた。このため、その父親のハサン・ハーンが大っぴらに私たちとの間を往復し、常に息子を返還してくれるよう求めていた。何人かの者がハサン・ハーンを懐柔するために息子を返してやれば、ハサン・ハーンは大いに気をよくして、よく私たちに仕えるであろうとふと考えた。私はハサン・ハーンの子ナーハル・ハーンに誉れの長衣を着せ、種々の約束を与えて父のもとへ帰る許可を与えた。

この偽善者的な小物（ハサン・ハーン）は息子がそうなるのを待っていたらしい。息子が帰る許可を与えられたという知らせが届くとすぐに、まだ息子が到着する前に、〔デリーの西南、アーグラの西北にある〕アルワルを出て、進んでラーナー・サンガーのもとに来てトゥーダで合流した。このような時期に彼の息子に帰還の許可を与えたのは思慮に欠けていたと思われる。

その間、雨がよく降った。私はいつも宴会を開いた。宴会にはフマーユーンも参加した。彼は嫌がっていたが、その数日間、〔飲酒の〕禁を犯した。

バルフ、ウズベクの手に落ちる　この間に起こった奇妙な出来事の一つは次のごときものである。フマーユーンが〔バダフシャーンの〕カルア・イ・ザファルからヒンドゥスターン遠征に向かった際、途中でムッラー・バーバーイェ・パシャーガリーとその弟のバーバー・シャイフ（第2巻九二五年の出来事注21参照）が逃亡して、〔ウズベクの〕ケティン・カラ・スルターンの所へ行った。バルフにいた者たちは無力になっていた。バルフはケティン・カラ・スルターンの手に落ちた。この頭が空っぽの小物（ムッラー・バーバーイェ・パシャーガリー）はその弟とともにこの方面の公務を引き受けて、〔アフガニスタンのフルムとカフマルドの中間にある〕アイバク、フッラム、サール・バーグ近辺へ来た。

シャー・イスカンダルはバルフが降伏したため心もとなくなって、ゴーリー城をウズベクに引き渡した。ムッラー・バーバーとバーバー・シャイフが若干のウズベクの兵とともにゴーリーの城に来て入城した。

ミール・ハマの城は〔これに〕近かったため、やむなくウズベクに降伏した。数日後、バーバー・シャイフと若干のウズベクの兵が、ミールをその一党とともに移動させ、バルフ方面へ連れて行く目的で、ミール・ハマの城に到着した。ミール・ハマはバーバー・シャイフを城内に下馬させ、他の者たちにはここかしこにテントを与えた。ミール・ハマはバーバー・シャイフに襲いかかり、数人ともども捕虜にして、クンドゥズのテングリ・ベルディのもとへと人を走らせた。

テングリ・ベルディはヤール・アリーとアブドゥッ・ラティーフを若干のすぐれた兵士らとともに派遣して来た。ムッラー・バーバーはこれらの者たちが到着するまでにウズベクの兵とともにミール・ハマの城内に入り、戦闘をまじえる考えでいた。しかし何もできなかった。ミール・ハマらはテングリ・ベルディの兵に合流してクンドゥズへ行った。バーバー・シャイフの傷は重かったらしい。そのため、ミール・ハマは彼の首を切ってこの間に〔アーグラへ〕持って来た。私は丁重なもてなしで彼の鼻を高くさせ、その同等者中からぬきんでさせた。〔先に〕バーキー・シガーウルが〔バルフに向け〕出発した際（三九頁参照）、私はこの〔ムッラー・バーバーとバーバー・シャイフという〕二人の不幸な老人どもの首を取れば、一人につき一セール（一一一頁参照）の金を与えるという約束をしていた。そのため私は、上記のもてなしの他に、この約束どおりに一セールの金をミール・ハマに与えた。

バヤーナ分遣隊の行動　この間に、バヤーナに向け急行させていたキスマティーが数人の首を切って持って来た。キスマティーとブージュカが若干の勇猛な若党たちとともに情報を集めに出かけた際、二隊の邪教徒の襲撃隊を撃ち、七〇～八〇人を捕虜にした。キスマティーはハサン・ハーン・メーワーティーがたしかに来てラーナー・サンガーに合流したという情報をもたらした。

臼砲の試射　八日日曜日（一五二七年二月一〇日）、私はウスタード・アリー・クリーが前述

（一三六―三七頁参照）の巨大な臼砲で弾丸を放つ際にその見物に出かけた。この臼砲は鋳造の際、石室は大丈夫だったが、その後火薬室を手直しして完成していたものである。午後の礼拝が終わって弾丸が放たれた。弾丸は一六〇〇歩の距離を飛んだ。ウスタードに短剣付きのベルト、誉れの長衣、アラブ馬を賜与した。

バーブル、ラーナー・サンガーに向けアーグラを出発

ジュマーダーゥ・ル・アッヴァル月九日月曜日（二月一一日）、私は聖戦の意図をもって出発し、居住区を出て平原に下馬した。私たちは、三、四日間、兵を集結させ攻撃の手配を整えるためここに留まった。ヒンドゥスターン人たちはあまり信用できなかったので、ヒンドゥスターンのアミールたちにはあちらこちらの諸方面への遠征を割り当てた。アーラム・ハーンはグワーリヤルへと急行させた。行ってラヒームダードの援軍となるためである。マカン、カースィム・ベグ・サンバリーをハーミドおよびその兄弟とともに、加えてムハンマド・ザイトゥーンをサンバルへと急派した。

バヤーナ勢の敗北

まさにこのユルトにラーナー・サンガーが全軍を率いてバヤーナ近くまで出撃したという知らせが届いた。物見に出かけていた者たちは〔バヤーナ城内へ〕情報を伝えることも、というより城内に入ることすらもできなかった。城の者たちは城からかなり遠くまで、かなり不注意に出た。敵はかなりの勢力で来てこの者たちを潰走させた。サンガル・ハーン・ジャンジューハがそこで戦死した。戦闘の際、カッタ・ベグがまったく甲冑をつけずに

撃って出た。彼が一人の邪教徒を落馬させて捕えようとすると、その者はカッタ・ベグの従者の刀を取ってカッタ・ベグの肩を切りつけた。彼はひどい傷を負った。彼はラーナー・サンガーとの聖戦に参加できなかった。しばらくするとかなり良くなったが完治はしなかった。キスマティー、シャー・マンスール・バルラース、それにバヤーナから来た者たちは恐怖に陥ったのか、それとも皆に恐怖感を与えようとしたのかわからぬが、邪教徒の軍の勇猛さをさかんにほめ讃えた。

出征中の先のユルトから、私はカースィム・ミーラーフールを井戸掘り職人とともに派遣した。オルドが下馬する予定地であるマドハークール地区に多数の井戸を掘らせるためである。ジュマーダールゥ・ル・アッヴァル月一四日土曜日（二月一六日）、私はアーグラ近郊を発って、井戸の掘られているユルトに到着して下馬した。

翌朝（二月一七日）そこを発った。私はふと「この付近で水が豊富で、オルドの水の要求を満たしうる土地はスィークリーである。邪教徒が水を得て下馬する可能性がある」と考えた。このため右翼、左翼、中軍の隊伍を保ったままで進んだ。バヤーナに往復し、どの方面のことも見知っているダルヴィーシュ・ムハンマド・サールバーンとキスマティーを先に派遣して、スィークリー湖畔でユルトに適した場所を調べさせた。私はそこに到着してユルトに下馬し、マフディー・ホージャとバヤーナにいる者たちの所へと人を急行させ、すぐに来て合流するようにと伝えさせた。

フマーユーンの家臣のベグ・ミーラク・モグールを数人の若党とともに邪教徒についての情報を集めるため派遣した。彼らは夜出発して情報を集め、翌朝、情報をもたらした。敵軍はバサーワルから一クロフ前進して下馬したとのことであった。またこの日、マフディー・ホージャ、ムハンマド・スルターン・ミールザー、それにバヤーナにいた者たちが急行軍で到着し私たちに合流した。

前哨戦　ベグたちを順番に物見に任命した。アブドゥ・ル・アズィーズは、物見の順番に当たった時、前後を警戒することなく、スィークリーより五クロフ離れたカーヌワーハ(4)へと直行した。邪教徒らはさらに進んで下馬していたらしい。アブドゥ・ル・アズィーズらがこのように統制もなく前進して来たのを知ると、四、五千の兵がそれに向け急行して来た。アブドゥ・ル・アズィーズとムッラー・アーパークは一〇〇〇～一五〇〇ほどの軍勢であった。彼らは敵の数を数える間もなく戦闘となった。多数が捕えられ軍は潰滅した。

私たちのもとにこの知らせが届くと、私たちはただちにムヒッブ・アリー・ハリーファをハリーファの家臣らとともに派遣した。またムッラー・フサインと他の若干の者たちを急ぎばらばらにこの者たちの援軍として派遣した。後に私はムハンマド・アリー・ジャング・ジャングをも派遣した。

先に任命していたムヒッブ・アリーが彼らのもとに到達する前に、アブドゥ・ル・アズィーズは彼ら（敵）を潰滅させ纛《とう》（トゥグ。旗指物）を奪った。敵はムッラー・ニーマト、ムッラー・ダーウード、そしてムッラー・アーパークの弟、それに幾人かを捕えて殺害した。彼ら〔ムヒッブ・アリーら〕が到着するや否や、ムヒッブ・アリーの母方のおじのターヒル・タバリーが撃って出た。援ける者なく、敵はターヒルをまさにその場所で捕虜にした。戦闘中に敵はムヒッブ・アリーをも落馬させた。バールトゥーが反対側から進入して、ムヒッブ・アリーを脱出させた。敵は一クロフの地点まで彼らの後を追った。敵はムハンマド・アリー・ジャング・ジャングの軍勢が姿を現すと立ち止まった。

　私たちのもとに敵が接近したという情報が相次いで到着した。私たちは甲冑を身に付け、馬にも防具を付け、武装して全速で出発した。私は荷車を曳《ひ》いて来るようにと命じた。一クロフ進んだ。敵は退却した模様であった。

バーブル、軍営を固める　私たちの傍らに大きな湖があった。水の便を考えてこの地に下馬した。荷車を前方の固めとし鎖で荷車を結んだ。荷車と荷車の間隔は七、八カル（約三・五～四メートル）ほどで、そこに鎖が張られていた。ムスタファー・ルーミーがルーム方式で荷車を整えていた。まことに適切なすばらしい荷車であった。

　ウスタード・アリー・クリーがムスタファーに敵対する態度を見せていたので、ムスタファーを右翼のフマーユーンの前に任じた。荷車を配置できぬ地点にホラーサーン人とヒンドゥスターン人のすき掘り人夫と採掘職人を配置し壕《ごう》を掘らせた。

　この邪教徒らのこのような迅速な前進、バヤーナであった戦闘、シャー・マンスール、キスマティー、それにバヤーナから来た者たちの〔敵に対する〕賞讃の故に、兵士らの間には明らかに気力の減退が見られた。アブドゥ・ル・アズィーズの敗北が拍車となった。

私は人々の心をしずめ、兵士らの態度を力強くさせるため、荷車が届いていない地点に木の三脚のごとき物を置き、七、八カルほどの間隔がある各三脚の間に牛の生皮製のロープを張って固めた。これらの諸設備がすべて整うまでに二〇～二五日かかった。

不吉な星占い　まさにこの時、カーブルからスルターン・フサイン・ミールザーの娘の子であるカースィム・フサイン・スルターンとサイイド・ユースフの子アフマド・ユースフ、カワーム・オルド・シャー、それに何人かの私の知人、合わせておよそ五〇〇人が到着した。不吉を占う占星術師のムハンマド・シャリーフもこの者たちとともに到着した。ワインのためにカーブルに行っていた酌人のバーバー・ドースト・スーチも、ガズニーのまずまずのワインを三連のらくだに背おわせてこの者たちとともに到着した。

先に起こった出来事や状況、そして種々の噂や流言のため、前述のごとく、兵士らは大いに心配し大いに恐れていた。このような時に、不吉を占うムハンマド・シャリーフがたとえ私に対して何をいおうと大したことはなかった。しかし彼は会う人ごとに、「今、火星が西の空にある。この方面から戦いをしかける者は敗北するであろう」と強調していた。彼の述べたこのような不吉な前兆は、心くじけた者たちの心をさらに一層落ち込ませた。私たちは彼のこのようなでたらめな言葉には耳をかさず(5)、私たちの計画を変更せず、戦いのために懸命に準備を整えた。

メーワート方面の作戦　その月の二二日日曜日（二月二四日）、私はシャイフ・ジャマーリーを派遣して、ミーヤーン・ドー・アーブの箭筒士とデリーの兵を集めうる限り集め、メーワートの村々を攻撃して略奪し、できることはすべてするようにと命じた。彼らがあの方面について少しでも気持ちが残るところがないようにするためであった。カーブルから来ていたムッラー・テュルク・アリーに命じて、シャイフ・ジャマーリーに合流してメーワートを攻撃し破壊することに遺漏なからしめた。財務官のマグフールにも同様の命令を出した。彼らは行って、メーワートのいくつかの辺鄙な所にある村々を攻撃し略奪し捕虜を捕えた。しかしこの者たちは彼らの通過をさほどの損害とは考えなかった。

バーブル、断酒を思い立つ　ジュマーダーゥ・ル・アッヴァル月二三日月曜日（二月二五日）、私は散策のために馬で出発した。散策の間にふと次のようなことが頭に浮かんだ——いつも私の心の中には断酒しようかという心の迷いがあった。この非合法の悪行のために私の心は常に晴れることがなかった。私はいった、「おお、わが魂よ。

禁断の味をいつまで楽しもうというのか？
断酒の味もまた格別なもの、ためして見よ。
どれほどお前は聖法への違反で汚されて来たことか。
どれほどお前は禁断のただ中に安んじて来たことか。

どれほどお前はお前の欲望の下僕であり続けて来たことか。
どれほどお前はお前の人生を無駄にして来たことか。
お前は邪教徒の征服者たることをめざし進んで来たはずだ。
お前は自らの死を覚悟の上で来たはずだ。
死を自らのものと覚悟した者が
まさにこの時どうすべきかをお前は知っているはずだ。
その者は自らをすべての違反より遠ざけ、
その者は自らをすべての罪から清める」。
私は私自身のこの悪行を正し、
ワインを飲む習慣を断つことにした。
金銀のゴブレットやカップ、
宴会用のすべての器を、その時、
私は集めさせ、そのすべてを破壊させた。
酒を断ち私の心は安らかとなった。

私は破壊させたこれらの金銀のカップ類をそれにふさわしい人々や貧しい人々に分け与えた。断酒に賛成した最初の人物はアサスであった。彼は髭《ひげ》をそって、そのままにしておくことにも賛成していた。その夜と翌日、ベグ、近習の兵やその他の兵の内、三〇〇人近い者が断酒することにした。

私はそこにあったワインを流して捨てさせ、バーバー・ドーストが〔カーブルから〕運んで来たワインは塩を加えて酢にしてしまうようにと命じた。私はワインを流して捨てた場所に一つのワーイーン（階段付きの巨大な井戸）を掘らせた。私はこのワーイーンを石で造り、このワーイーンの傍らにバルコニー付きの建物を建てるよう要望した。〔後に〕九三五年ムハッラム月（一五二八年九／一〇月）、私はグワーリヤルに行き、その地を見てまわった後、帰途、ドールプルを経てスィークリーに来たが、その時にはこのワーイーンが完成していた。

これより先、私はもし私が邪教徒サンガーに勝つことができたら、イスラーム教徒たちのタムガ税（第2巻六五頁参照）を免除しようと考えていた。私が断酒した際、ダルヴィーシュ・ムハンマド・サールバーンとシャイフ・ザイン[6]がタムガ税免除のことを私に思い出させた。私は「よく思い出させてくれた。私たちの支配下にある諸地方でイスラーム教徒たちのタムガ税を免除することにする」と述べた。

私は書記たちを呼んで、決められたこの二つの重要な事柄を皆に知らせるために、勅令の起草を命じた。私はシャイフ・ザインの手をかりて〔ペルシア語の〕勅令を起草し、あらゆる地方へと送達した。シャイフ・ザイン起草の勅令は以下のごとくである。

ザヒールッ・ディーン・ムハンマド・バーブルの勅令

私たちは、悔いあらためる者を愛し、自ら清める者を好まれる「寛恕者」を讃えたてまつる。
私たちは、罪を犯せし者を導き、赦しを求める者を赦し給う「寛大者」に感謝したてまつる。
そして私たちは、かの被造物中の最良者ムハンマドとその貴重なる一族、そしてその清浄なる教友[7]たちのために神の祝福を祈りたてまつる。

知性もつ人々の思考の鏡——それ（鏡）は、諸物の心よき姿の美《うる》わしき顕現であり、真理と正義の真珠のごとき像の貯蔵庫である——は、以下の考えの美わしき花々の宝石のごとき像を結ぶであろう。つまり、人間の本性はもともと快楽を求めるものであり、そのような欲望を放棄できるのはただ神の導きと天の援助とによってのみである。人間の魂は悪への傾きから遠いところに存在するものではない。「そして私自身、潔白だなどとは思っていない。たしかに人の心は悪へと傾きがちなもの（『クルアーン』第一二章第五三節）」。そしてそれを避けられるのは、ただ多くを赦し給うお方の憐れみによってのみである。「それはアッラーのなさけである。彼はそれを求める者に与え給う。そしてアッラーは力強き恩恵の主であらせられる（『クルアーン』第五七章第二一節）」。

この文章を書き、この言葉を述べる目的は次のごときものである。人間の本性に従って、また諸王・諸君主の慣例や必要性に従って、さらに高い地位にある人々の慣行に従って、私たちは君主も兵士も、その青年期のさ中にいくつかの罪行やいくつかの悪行を犯してきた。しかし、しばらくすると、あらゆる後悔と残念の想いがめばえ、一つ一つ、あのような罪を犯すことをやめ、まことの後悔の念から、そのような罪行への門を閉ざしたのである。

しかしこの目標の内で最も重要で、最も必要なワインを絶つという件は、「すべての物事にはそれに適した時期がある」という言葉のヴェールのかげに隠されてその姿を現さなかった。しかし、この幸多き時代に、私たちが全力をかたむけ、聖戦の衣に身をかためため、栄光あるイスラームの兵士らとともに邪教徒と戦場で相対峙する時が訪れた。この時、私は「信ずる者たちが、アッラーを念じ、啓示された真理に身を低くする時はまだ来ないのか（『クルアーン』第五七章第一六節）」という、眼に見えぬ激励、疑う余地なき天上の声を聞いたのである。私は神への不服従の諸原因をとり除くため、私の力の限り悔悟の諸門を叩いた。「恩寵の案内者」は、「戸を叩く者は叩き続けよ」という言葉どおりに、承諾の門を開いてくださった。そしてこの聖戦を、それよりも重大なもう一つの魂への反逆という聖戦とともに始めるよう命じられたのである。

要するに、私たちは「おおわが主よ。私たちはわれとわが魂を損ないました（『クルアーン』第七章第二三節）」と真心をこめて口にし、「私は悔いあらため、あなたに帰依し、最初のイスラーム教徒となります（『クルアーン』第七章第一四三節）」という言葉を私の心の黒板に記した。そして、私は私の胸の宝庫に隠されていたワインを絶つという決意を公表した。堂々たる勝利をもたらすわが下僕たちは、幸せをもたらす命令に従って、その数と美しさで高き天空の星のごとくすばらしき宴席を飾り、栄光の聖なるイスラーム法をば卑しく粗悪なる大地へと投げすてた金銀のゴブレット、カップ、その他の諸器具を、至高のアッラーがもしお望みになるならば近々私たちが打ちくだくはずの諸偶像のごとくにこなごなに粉砕した。そしてその各片を困窮者や哀れな者たちに投げ与えた。神がこの対応可能の悔悛をお恵みくださったおかげで、宮廷の多くの側近の者たちが「人々は自分の君主の宗教に従う」という言葉どおり、まさにその席上で断酒を誓うという光栄に浴し、完全にワインを飲む意図を捨てた。そして今日もなお、彼らは神の命令と禁令に従いつつ一刻一刻を過ごすという光栄に浴している。

「善き行ないをしようと志した者は、それを実行した者と同じである」という言葉どおり、これらの行為の報いが、幸せを約束された皇帝の副官たちの繁栄せる日々に、私のもとへと向きを変えますように。そしてまたこの幸運の幸せによって、時々刻々、私の勝利が増大いたしますように。

そしてこの〔断酒の〕意図が成就され、この願いがかなえられた結果、私は次のごとき旨の世界が服する勅令を発した。すなわち、わが神に守護されたる王国の治下では――アッラーがわが王国を悪や危険から守り給わんことを――いかなる者も絶対に飲酒の禁を犯すな。酒を手に入れようとするな。酒を造るな。酒を売るな。酒を買うな。酒を所有するな。酒を持ち込むな。酒を持ち出すなと。「それを避けよ。そうすればおそらく成功するであろう〔『クルアーン』第五章第九〇節〕」。

この〔欲望との戦いにおける〕わが勝利に対する神への感謝の印として、またこの真の反省を受け入れてくださった神への捧げ物として、君主が与える恩恵の海は高潮に達し、世界の繁栄と人類の栄光の源である慈愛の波がここに出現したのである。

かくして、使徒たちの中の王子（ムハンマド）のシャリーアの法規にはずれていたにもかかわらず、長い間、他のスルターンたちの時代を通じて徴収し続けられ、その額は無限ともいうべき、諸州のすべてのタムガ税の徴収をムスリムたちのもとから撤廃したのである。そして次のごとき勅令が出されたのである。すなわち、いかなる都市、町、道、渡し、峠、港でも、タムガ税を徴収したり課税したりしてはならぬと。そして、この勅令の規定にいかなる変更も加えてはならぬと。「そしてそれを聞いた後にそれを変える者は、その改変の罪がその者に帰せられる（『クルアーン』第二章第一七七節、または一八一節）」。

君主の恩恵の庇護のもとに身を寄せている者たち、すなわちテュルク人であれタージーク人であれ、アラブ人であれアジャム人であれ、ヒンドゥー人であれファールシー人であれ、また一般民であれ軍人であれ、さらにすべての民族、すべての部族、すべてのアダムの子孫らの踏むべき道は、この神によって護られた知慧に身をよせ希望を託し、永遠の幸せが続くことを祈願し、幸せの究極へと導くこの命令の諸要項から逸脱したりそれに背いたりせぬことである。そして勅令どおりに行動し実行することが肝要である。そして偉大至高なる印璽《いんじ》の所まで至ったならば、それを真正のものと認めよ。

至高の命令によって書かれた。いと高きアッラーがこれを高め、この有効性を永遠に保たせ給わんことを。九三三年ジュマーダーゥ・ル・アッヴァル月二四日（一五二七年二月二六日）。

バーブル、軍を鼓舞　前述のごとく（一五八頁参照）、当時、わが軍の位の高き者も低き者もそれまでの出来事の故に大いに恐怖感と不安感を抱いていた。誰の口からも勇敢な言葉や勇猛な意見は聞かれなかった。策を述べるべきワズィールたち、国を支えるべきアミールたちの考え・意見も、一つとして勇敢なものはなかった。彼ら自身いかなる抱負も策も持ちあわせていなかった。この遠征でハリーファはよい働きをした。秩序を保ち指令を出すことに関して努力と勤勉さに欠ける点は皆無であった。

最後に、皆のこのような熱意のなさを尋ね知り、このような厭気を見てとると、一つの考えが私の頭に浮かんだ。私はすべてのベグと若党らを招集してこういった——「ベグたちよ！若党たちよ！

この世に生まれたすべての者はやがて死すべき定めの者。

永続して生き続ける者はただに神あるのみ。

生の集いに参加せるすべての者は、結局は死に時の盃を飲みほさねばならぬ。生の館に来たれるすべての者は最後には嘆きの館を過ぎ去らねばならぬ。悪名とともに生きるよりも、名声とともに死ぬ方がよい。

もし私が名声を得て死ねば私は満たされる。
私には名声こそ必要なもの、なぜなら身体は死の所有物なるが故に。

（フェルドウスィー『シャー・ナーマ（王書）』）

至高の神は、われわれが死して殉教者となるか、殺して聖戦の勝利者となるかの二者択一の立場にあるというこのような幸運と幸福をわれわれに恵み与えてくださった。全員が神の言葉にかけて誓わねばならぬ――誰ひとりこの戦いから顔を背けるという考えを心に抱いたりせず、またその肉体から魂が離れ去るまでこの猛烈な戦闘から離脱したりせぬと。

ベグも家臣も、貴賤を問わず全員が喜びとともに聖なる書（『クルアーン』）を手にとってまさにこの内容の誓いをたてた。これはよい思案であった。遠近を問わず、敵味方を問わず、それを見それを聞いた者への効果は絶大であった。

各地に反乱起こる

当時、各方面で騒乱と反乱が相次いで起こっていた。フサイン・ハーン・ヌーハーニーは進攻してラープリーを奪った。クトゥブ・ハーンの部下はチャンドワールを奪った。ルスタム・ハーンという小物はミーヤーン・ドー・アーブの箭筒士を集め、進んでコールを奪い、キチク・アリーを捕虜にした。ザーヒドはサンバルを捨てて出た。スルターン・ムハンマド・ダウラダイはカナウジュを放棄して到着した。グワーリヤルを土着の邪教徒らが来て包囲した。私がグワーリヤルへ援軍として派遣していたアーラム・ハーンはグワーリヤルへ行かず自分の領地へ行った。

毎日、各方面からよくない知らせが到着していた。兵の内、若干のヒンドゥスターン人らは逃亡し始めた。ハイバト・ハーン・カルグ・アンダーズは逃亡してサンバルに行った。ハサン・ハーン・バーリーワールは逃亡して邪教徒に加わった。私たちはこれらの者たちにはかまわず、まっすぐに前進した。

バーブルの軍勢前進　荷車と車付きの三脚といった諸用具・諸装置の用意が整うと、ジュマーダーゥ・ル・アーヒル月九日火曜日（一五二七年三月一三日）、〔イラン暦の〕正月元旦（ナウ・ルーズ）、私たちは出発した。右翼、左翼、中軍の隊列を整え、前方に荷車と車付きの三脚を進ませ、これらの後方にウスタード・アリー・クリーをすべての火縄銃の銃手らとともに任命し、歩兵たるこの者たちが荷車の後ろを離れずに隊列を整えて進むよう命じた。

各隊が定めの位置につくと、私はすべての各隊の部処へ急ぎ馬を進め、右翼、左翼、中軍のベグ、若党、兵士らを激励した。それぞれの部隊がどの位置に立ち、どのようにして進軍するかを取り決め、割り当てた後、私たちはまさにこのままで一クロフほど進み下馬した。

邪教徒の兵士らもそれを知ると、向こうからそれぞれ隊伍を整えて前進して来た。私は車と壕でオルドを設営した後、オルドとその前面を強固に固めた。この日は戦いを交えるつもりはなかったので、少数の軽装の若党たちが出撃して敵の兵と手合わせし、よき前兆を得た。彼らは何人かの邪教徒らを捕え、首を取って来た。マリク・カースィムも何人かの首を切って持って来た。マリク・カースィムはよくやった。まさにこれによって兵士らの心は高ぶった。人々の間にこれまでとは違った様子が現れた。

私たちは翌朝出発し、戦いを交えるつもりでいた。しかしハリーファと若干の味方の者たちが「以前に決めてあったユルトが近いので、そこに壕を掘って固め、その後に出陣した方が神のお恵みくださる幸運に適うのではないでしょうか」と上奏して来た。そこで壕の設営のためにハリーファが馬で出発し、壕を掘るべき場所を壕掘り人夫らに指令し監督者らを任命して帰って来た。

ジュマーダーゥ・ル・アーヒル月一三日土曜日（一五二七年三月一七日）、私は荷車を私たちの前に引かせ、右翼、左翼、中軍の隊列を整えて一クロフほど進み、決めてあったユルトに下馬した。若干の者がテントの設営を終わり、若干の者がなお設営中の時、敵の隊列が姿を現したという知らせが届いた。私はただちに出馬し、「右翼は右翼に、左翼は左翼に、それぞれ定めの位置に行き、荷車で隊列を固めよ」と命じた。

次の捷報《しょうほう》（8）からイスラーム軍の状況、邪教徒軍の軍容、諸部隊・諸軍団の配備、イスラームの民と邪教の民の戦闘の様が明瞭に知られる。それ故に、シャイフ・ザインが起草していたかの［ペルシア語の］捷報を一言一句増減することなくここに引用する。

ザヒールッ・ディーン・ムハンマド・バーブル・ガーズィーの勅令（捷報）

約束を守り、下僕らを助け、軍隊を強化し、敵を敗走させる、唯一者、他に何もなきお方、アッラーを讃えたてまつる。

おお！　正しき道を歩む神の友らを助け、イスラームの柱を高めるお方。反逆する敵を屈服させ、偶像の柱を倒すお方。「かくして、不義の徒は切り落とされてしまった。万世の主、アッラーを讃えたてまつる（『クルアーン』第六章第四五節）」。そしてかの被造物中の最もよき者にして、ガーズィーらと信仰の戦士らの君主たるムハンマドとその一族に、そしてまた最後の審判の日に至るまで正しき道を示す教友たちにアッラーの祝福のあらんことを。

絶えることなき神の恩恵は、神に対するたび重なる感謝と賞賛のより来たる所。そして神に対するたび重なる感謝と賞賛は、絶えることなき神の恩恵の原因である。一つ一つの恩恵に対して一つ一つの感謝の表現が定められており、一つ一つの感謝には一つ一つの恩恵が与えられるのである。必要な感謝をすべて捧げることは人間の力を越えており、有能な人々ですらその義務をはたすに足る力を持ってはいない。特に、この世でそれ以上の幸運はなく、またあの世でそれ以上の冥加《みょうが》はない次のごとき恩恵に対しては格別の感謝が必要である。

この恩恵とは「あの者たちは邪教徒、悪しき者ども（『クルアーン』第八〇章第四二節）」と彼らについて啓示がくだされている強力な邪教徒に対する勝利、富裕な邪悪者に対する制圧に他ならない。そしてこの恩恵は知慧ある者の眼にも、これ以上のものが写されることのないほどのすばらしき幸せである。

アッラーを讃えたてまつる。すなわち、「ゆりかごから今日に至るまで」、幸せを願う心と正しさを求める理性の根源的な希望であり、真からの願望であったかの最大の幸福と最高の恩恵が、今日、この幸ある時代についに全智の陛下の恩情の隠れ家からその姿を現したのである。宝庫の自《おのずか》らなる開門者であり、自由な大量の授与者は、新たに、勝利の鍵でその恩寵の門を、常に勝利に恵まれるわがナワーブ（バーブル）の希望の眼の前に開いてくださった。そして私たちの喜びに満ち満ちた兵士らの名高き名前が高貴なるガーズィーらの帳簿の中に書き記され、イスラームの旗は私たちの勝利を約束された兵士らの助けによって、その高揚の極点に掲げられたのである。

この幸運と幸福のあり様の説明は以下のごとくである。イスラームの守りたるわが兵士らの刀のきらめきが、ヒンドの国々を征服と勝利の光輝で輝かせた時、先の数々の捷報の中ですでに述べたように、神の恩恵の手はわが勝利の旗をデリー、アーグラ、ジャウンプル、ハリード、ビハール等々の諸国の上に高く掲げた。そして邪教徒にせよムスリムにせよ、ほとんどすべての諸部の首長たちはわが幸あるナワーブへの服従を選択し、臣従の道を誠実なる歩みで進んだのである。

しかし、以前にわが幸あるナワーブに臣従したことのある邪教徒サンガーは、今や、「反抗し、尊大となり、邪教徒らのひとりとなった（『クルアーン』第二章第三二節）」とあるごとき行動へと走り、悪魔のごとく首をもたげた。彼は呪われた軍隊の長となり、神によって拒否された兵士らの指揮官となり、呪われた数珠《じゅず》を首に巻き、反抗という不幸のいばらを足元に備えた人々を集結させた。そして、この呪われた邪教徒――「最後の審判の日に神は彼を見捨てるであろう（『クルアーン』第六九章第三五節）」――の権勢はヒンドの国できわめて強大であった。すなわち、わが君主の幸せの太陽が昇る以前、またわが主君のカリフ位が光り輝く以前には、この戦いに際して彼の命令に服した強大なラージャたちやラーイたちも、またこの会戦で彼の側についた反抗を常とする支配者や首長たちも、それまでのいかなる戦いでも彼に従うどころか同意したことすらもなく、またいかなる遠征にも彼と行をともにしたこともなかったのであった。それにもかかわらず、この広大な地域のすべてのすぐれたスルターンたち、例えばデリーのスルターン、グジャラートのスルターン、マンドゥーのスルターンらも、かの悪徳の者に対抗するには他の邪教徒らとの同盟なくしては無力であり、そのため、表面的に彼にへつらい彼に調子を合わせたのである。

邪教徒らの旗は、約二〇のイスラームの町々に立てられていた。モスクや礼拝所が破壊され、それらの諸都市や町々のムスリムの家族や子供らが捕虜にされていた。サンガーの権力はまったく強力なものとなっていた。ヒンドの不変の規則によれば、〔歳入〕一〇万〔タンガ〕の地方には一〇〇人の騎兵、一〇〇〇万の地方には一万人の騎兵がいるものと考えられる。かの邪教徒らの首長に制圧された諸都市は一億に達しており、それは一〇万人の騎兵を出しうる領域といえる。

当時、いかなる戦いでも、一人としてサンガーに加担したことのなかった多くの名だたる邪教徒らはイスラーム軍に対する敵意からかのあわれな軍に加担したのである。かくして、それまで常にまるで煙のごとくに反抗の首を高くもたげ、それぞれが各地方で邪教徒らの首長であった一〇人の君主らは、まるで鎖につながれたかのごとくに次々とかの恥知らずの邪教徒に近づいたのである。そしてかの一〇人の邪教徒らは、「よき知らせをもたらす一〇人」とは反対に、「彼らに将来の激しい苦悩を予告した（『クルアーン』第三章第二〇節）」みじめな旗を高く掲げたのである。

彼らは、多くの従者や兵士、そして広大な領地を所有していた。サラーフッ・ディーンは三万騎の領地を所有していた。ラーワル・ウーダイ・スィング・バーガリーは一万二〇〇〇騎、バミーダニ・ラーオは一万二〇〇〇騎、ハサン・ハーン・メーワーティーは一万二〇〇〇騎、バールマル・イードリーは四〇〇〇騎、ナルパト・ハーラは七〇〇〇騎、サトルヴィー・キーチーは六〇〇〇騎、ダルム・デーオは四〇〇〇騎、バルスィング・デーオは四〇〇〇騎、そしてスルターン・スィカンダルの子マフムード・ハーンは、領地は所有していなかったが、再び君主となることを期して、そのもとにおよそ一万騎を集めていた。つまり、平安と安らぎとは無縁のかの悪しき者どもの総計は、インドの諸領地に関する不変の規則によって算出すれば、［サンガーの一〇万騎を加えて］二〇万と一〇〇〇人ということになる。

要するに、内面的には道に迷い、表面的には盲目であるかの邪教徒は、暗黒世界の邪教徒らの冷酷な心を「一つの暗黒の上にさらなる暗黒が」というごとく、一つに一致させ、イスラームの徒に対する敵対と戦闘、人間の君主（ムハンマド）——彼に神の賞賛と祝福のあらんことを——の聖法の基盤の破壊という立場をとったのである。わが君主の軍の信仰のために戦う戦士らは、神の定めのごとくに、独眼のダッジャール(9)に襲いかかり、「定めの時が来ると眼には何も見えなくなる」という言葉の真の意味を教友らの所有する洞察力によってしかと理解した。そして「努力する者は、自分の魂のために努力するのである（『クルアーン』第二九章第五（六）節）」という高貴なる一句を心に抱き、「邪教徒や偽善者らと戦え」という絶対服従の命令を実行したのである。

九三三年ジュマーダーゥッ・サーニー月一三日土曜日（一五二七年三月一七日）——「アッラーはお前の土曜日を祝福された」の一句が、この日が神に祝福された日であることの証しである——イスラームの勝利の軍隊は宗教の敵の軍から二クロフの位置にある山の裾野、バヤーナ郊外のカーヌワーハ付近に幕営を築いた。イスラーム軍の軍勢とドラムの音が宗教の敵の軍と呪われた邪教徒らの耳に達すると、ムハンマドの宗教に対する敵対者たちは、「象の君主ら」がかつてイスラームの民のカーバを破壊すべくやって来たように、(10)巨大なること山のごとき象を頼りに、全員が一致団結してその自らの哀れな軍勢を集結させたのである。

悪しきヒンドゥー人らはかの幾多の象の故に、
「象の君主ら」のごとく誇り高くなりたり。
死の間近に迫りし夕べのごとく、その全員が不快にして汚《けが》らわしく、夜よりも暗く、星数よりも多かりき。
すべては火のごとく、否、煙のごとく、
敵意の頭を青き天空へともたげたり。
蟻のごとく左右から来たれり、
幾千幾千の騎士や歩兵が。
彼らは戦いを支えるべく、わが勝利のオルドへ向けて進んで来た。勇気の庭の木々であるイスラーム軍の戦士らはもみの木のごとく隊列を整えた。そして灼熱の太陽光線のごとくに光り輝くそのもみの木の先端（戦士らのヘルメット）を、「アッラーの道に努める者たち」の高揚した心のごとく、高き頂きへと掲げた。その隊列は、鉄製の「イスカンダルの壁」(11)のごとく、預言者の聖法の道のごとくまっすぐで堅固であった。その戦力の強固さは「彼らはあたかもセメントで固められた建物のごとくであった（『クルアーン』第六一章第四節）」。そして「彼らは彼らの主によって導かれた者であり、彼らは成功するであろう（『クルアーン』第二章第四節）」という句のごとくに、かの隊列の者たちは成功し勝利を得たのである。
その隊列に恐れよりする亀裂なし、
君侯の判断、確固たる信仰のごとく、
その軍旗はすべて年を経たるじゅうたんのごとく、
その兵士らはすべて、「われは汝にたしかに勝利を与えたり（『クルアーン』第四八章第一

節）」と記された、

〔アラビア文字の、直立した〕アリフの文字（ı）のごとき堂々たる者たちなりき。

慎重に注意を払い、ルーム（オスマン・トルコ）のイスラーム戦士の方式を採用して、軍の前面にいる火縄銃の銃手や砲手を保護すべく一列に並べた荷車を配置し、その各々を鎖で連結した。要するにイスラーム軍は、古老の知慧もいと高き天空も、そのいずれもがこの軍隊の統率者・指揮官を賞讃した見事な秩序と堅固さを皆の前に示したのである。

このような軍の見事な整列や強固さの確保、秩序ある隊列の形成には、スルターン陛下の側近でハーカーン国家の信頼を集めるニザームッ・ディーン・アリー・ハリーファダードが努力の限りを尽くした。そして彼のすべての考えは賞讃に適い、彼のすべての指揮・統率は輝かしき神の判断に合致していた。

わが君主の偉大なる座所は中軍の中に定められた。中軍の右翼には、最も光栄ある最も正しき兄弟、幸運に恵まれ、皆がお助けを求めたてまつる君主（神）の恩寵を受けるにふさわしきチーン・ティムール・スルターン、最も光栄ある最も正しき息子、尊敬される神によって選ばれたスライマーン・シャー、正しき道へと人々を導き、聖者の域に達したるホージャ・カマールッ・ディーン・ドースト・ハーワンド、スルターン国家の信頼を集め、最高の門の管理者であり、君主の側近にして、特に選ばれたる近臣たるカマールッ・ディーン・ユーヌス・アリー、側近らの支柱、完璧な友情の持ち主たるジャラールッ・ディーン・シャー・マンスール・バルラース、側近らの支柱、特に選ばれたる友たるニザームッ・ディーン・ダルヴィーシュ・ムハンマド・サールバーン、側近らの支柱、まことの友情の持ち主たるシハーブッ・ディーン・アブドゥッラー・キターブダールとニザームッ・ディーン・ドースト・イシク・アーガーが、それぞれその位置を定められた。

中軍の左翼には、スルターン権の帰所、カリフ権の在りか、人々が助けを求める君主（神）の特別の寵愛を受けたスルターン・アラーウッ・ディーン・アーラム・ハーン・イブン・スルターン・バフルール・ローディー、上述せるスルターン陛下の側近、寵愛を受けたサドルたちの中の最上位にあり、すべての人々の頼り先であり、イスラームの強化者たるシャイフ・ザイン・ハーフィー、上述せるスルターン陛下の側近（ニザームッ・ディーン・ハリーファ）の子で、側近らの支柱、完璧なる友情の持ち主たるカマールッ・ディーン・ムヒッブ・アリー、側近らの支柱で故クチュ・アフマドの兄弟たるニザームッ・ディーン・タルディー・ベグ、偉大なる有力者たちの支柱、偉大なるハーンたる、前述の故クチュ・ベグの子アーラーイシュ・ハーンとシール・アフガン、人間らの内で最も偉大なるワズィールらの先頭に立つホージャ・カマールッ・ディーン・フサイン、そしてすべての偉大なる財務官たちはそれぞれの定められた位置に立っていた。

右翼には、最も光栄ある、最も正しき、幸運に恵まれ幸せの友であり、創造主たるお方の恩寵にあずかり、王権と幸運の宮の星であり、カリフ権と王権の天空の太陽であり、奴隷・自由人が口をそろえて讃えるスルターン国家、カリフ国家で最も光栄あるムハンマド・フマーユーン・バハードゥルが座を占めた。

かの王権の帰所たるお方（バーブル）のご子息（フマーユーン）の幸運に満ち栄光にあふれた右手には、判事らの王（神）の恩寵を受けるにふさわしきカースィム・フサイン・スルターン、側近らの支柱ニザームッ・ディーン・アフマド・ユースフ・オグラクチ、王権の依り所であり完璧な忠誠心を持つジャラールッ・ディーン・ヒンドゥー・ベグ・カウチン、王権の依り所であり忠誠心に信を置かれるジャラールッ・ディーン・ホスロー・キョケルタ（ダ）シュ、王権の依り所たるキワーム・ベグ・オルド・シャー、側近らの支柱、完璧な信頼を寄せられるワリー・ハーズィン・カラ・コズィ、側近らの支柱ニザームッ・ディーン・ピール・クリー・シースターニー、人間らの内のワズィールらの支柱ホージャ・カマールッ・ディーン・パフラワーン・バダフシー、側近らの支柱ニザームッ・ディーン・アブドゥッ・シュクール、貴人らの支柱、イラーク使節スライマーン・アカーとシースターン使節フサイン・アカーが任命された。

上述のお方の幸運なるご子息の勝利の衣を身につけた左手には、サイイド家に属し高貴なるムルタザー（ムハンマドの女婿で、第四代正統カリフのアリー）の一族につながるミール・ハマ、側近らの支柱、完璧な忠誠心の持ち主たるシャムスッ・ディーン・ムハンマディー・キョケルタ（ダ）シュとニザームッ・ディーン・ホージャギー・アサド・ハーンダールが任命された。さらに右翼には、ヒンドのアミールらの内、王権の支柱にしてハーン中のハーンたるディラーワル・ハーン、貴人らの支柱たるマリクダード・カッラーニー、貴人らの支柱、シャイフ中のシャイフたるシャイフ・グーランがそれぞれ命じられていた場所に立った。

イスラーム軍の左翼には、高位に立ち、高貴性の住みか、高位性の仕事場、ター・ハー（『クルアーン』第二〇章の章名）およびヤー・スィーン（『クルアーン』第三六章の章名）の一族の飾りであり、使徒らのサイイドの子孫らのモデルたるサイイド・マフディー・ホージャ、最も光栄ある最も正しき兄弟、創造主の恩寵に恵まれたるムハンマド・スルターン・ミールザー、王権の帰所であり、カリフ権に関わり持つ、皆が助けを求める君主（神）の恩恵を受けるにふさわしきアーディル・スルターン・イブン・マフディー・スルターン、王権の依り所であり、完《まった》き忠誠心を持つムイッズッ・ディーン・アブドゥ・ル・アズィーズ・ミーラーフール、王権の依り所であるシャムスッ・ディーン・ムハンマド・アリー・ジャング・ジャング、側近らの支柱、完き忠誠心を持つジャラールッ・ディーン・クトゥルク・カダム・カラウル、側近らの支柱、完き忠誠心を持つジャラールッ・ディーン・シャー・フサイン・ヤールキー・モグール・ガーンチーとニザームッ・ディーン・ジャーン・ムハンマド・ベグ・アテケが整列していた。ここには、ヒンドのアミールらの内、スルターンらの子孫たるカマール・ハーンとジャラール・ハーン――ともに前述のスルターン・アラーウッ・ディーンの子――、貴人らの支柱たるアリー・ハーン・シャイフザーダ・ファルムリー、貴人らの支柱たるニザーム・ハーン・バヤーナが任命されていた。

旋回攻撃のためには、側近らの支柱、完き忠誠心を持つタルディーカとマリク・カースィム――バーバー・カシュカの兄弟――を一隊のモグールとともに右翼に任命し、側近らの支柱、その忠誠心に信を置かれるムーミン・アテケと側近らの支柱ルスタム・テュルクメンを指揮官とする一隊の特別親衛隊を左翼に任命した。

側近らの支柱、完き忠誠心を持ち、抜きん出た者らの精髄たるニザームッ・ディーン・スルターン・ムハンマド・バフシーはイスラーム戦士らの内の貴顕・大人らを定めの位置に整列させ、自らは余の命令を聴取する光栄に浴した。そして彼は、トゥワチやヤサーウルらを各方向へと派遣し、軍や兵の配列・整列についての余の絶対服従の諸命令を、高位のスルターンたちや偉大なるアミールたち、すべてを破壊するその他のイスラーム戦士らに伝えた。

軍の指揮官らが定めの位置を占め、各人が自らの位置につくと、服し従うべき命令が公布された――「何びとも命令なくして自らの位置を離れてはならぬ。許可なくして戦いを始めてはならぬ」と。

そして前述の日の一パース分の時（三時間）が流れた時、相対峙した両軍は互いに接近し、戦闘の火ぶたが切られた。両軍の中軍がまるで光と闇のごとく相対峙した。右翼と左翼では、大地をゆるがす地震、いと高き天空にこだまする響きのごときすさまじい戦闘が行なわれた。悪しき定めの邪教徒らの左翼は、イスラームのしるしを身につけた軍隊の右翼に向け進軍し、ホスロー・キョケルダシュとバーバー・カシュカの兄弟のマリク・カースィムに襲いかかった。

最も光栄ある最も正しき兄弟たるチーン・ティムール・スルターンは命令に従って彼らの救援に赴いた。彼は勇ましい戦いを開始し、邪教徒らを後退させ、彼らをほとんど敵の中軍の背後にまで追いやった。褒賞がこの高貴な兄弟を名ざしして与えられた。

そして世紀の驚異たるムスタファー・ルーミーは、最も光栄に満ち、最も強力にして、創造主の恩恵の庇護下にあり、「禁じ命じ給う君主（神）の特別の愛情に恵まれた」ご子息ムハンマド・フマーユーン・バハードゥルの指揮する中軍から荷車の隊列を前進させ、邪教徒らの戦列を火縄銃とザルブ・ザン砲で彼らの心のごとく粉砕した。戦いの最中に、最も光栄あり、最も正しき兄弟たるカースィム・フサイン・スルターン、側近らの支柱ニザームッ・ディーン・アフマド・ユースフとキワーム・ベグは、命令を受け彼らの救援に急ぎ赴いた。刻々と邪教徒の諸軍団が相次いで自軍の救援に到着したので、われわれも、王権の信頼を受けたジャラールッ・ディーン・ヒンドゥー・ベグを、そしてその後から側近らの支柱ムハンマディー・キョケルタ（ダ）シュとホージャギー・アサド・ハーンダールを、さらにその後に、いと高き王権の信頼を得、至高の宮廷でも信用される、側近中の選ばれたる者カマールッ・ディーン・ユーヌス・アリー、側近らの支柱、全き忠誠心の持ち主ジャラールッ・ディーン・シャー・マンスール・バルラース、側近らの支柱シハーブッ・ディーン・アブドゥッラー・キターブダールを、さらに彼らの後から、側近らの支柱ドースト・イシク・アーガーとシャムスッ・ディーン・ムハンマド・ハリール・アフタ・ベギを援軍として派遣した。

邪教徒らの右翼は、何度もイスラーム軍の左翼の方面に攻撃をしかけ、自由の獲得者たるイスラーム戦士らに襲いかかった。しかしそのたびごとに、偉大なるイスラーム戦士たちは、敵の何人かを、勝利を約束された矢の傷で「破滅の館」、「彼らが焼かれる最悪の住みか（『クルアーン』第一四章第二八―二九節）」へと送った。そしてその部隊を退却させた。側近らの内で信頼を得たるムーミン・アテケ、ルスタム・テュルクメンは邪悪の住みかたる邪教徒の闇黒の軍隊の背後に向かった。そして側近らの内で信頼を得たる、真の忠誠心の持ち主たるホージャ・マフムード・アリー・アテケに率いられた家臣たち、スルターン権の友であり、ハーカーン政府の信を寄せられるニザームッ・ディーン・アリー・ハリーファを前述の者たちの援軍に派遣した。そして最も光栄ある、最も正しき兄弟ムハンマド・スルターン・ミールザー、王権の帰所アーディル・スルターン、国家が信を寄せるムイッズッ・ディーン・アブドゥ・ル・アズィーズ・ミーラーフール、ジャラールッ・ディーン・クトゥルク・カダム・カラウル、シャムスッ・ディーン・ムハンマド・アリー・ジャング・ジャング、側近らの支柱シャー・フサイン・ヤーラキー・モグール・ガーンチーが戦闘を開始し力強く持ちこたえた。われわれは、人々の内からワズィール中の最も範とすべき者ホージャ・カマールッ・ディーン・フサインを一団の財務官たちとともに彼らの援軍に派遣した。

すべての聖戦の徒らは聖戦遂行の決意を実行すべく、熱意に満ち満ちて戦闘に突入し、「云え！　お前は二つのよきこと（勝利と殉教）の内の一つ以外のものがわれわれに起こることを期待しているのか？（『クルアーン』第九章第五二節）」という句の意味を自らの眼で見すえ、死に物狂いで戦い、殺戮の旗を高く掲げたのである。

戦闘と激突が長く続いた時、次のごとき絶対服従の命令が出された――「陛下の特別親衛隊の、まるで鎖につながれたライオンのごとく荷車の背後にいる若き戦士たち、同色の森のライオンらは、中軍の右翼・左翼から外へ出よ。火縄銃の銃手らのための場所を間に確保せよ。そして左右両側から戦いに突入せよ」と。

彼らは、まるで地平線の大天幕から真の朝がその顔を外に見せたかのごとく、荷車の背後から躍り出た。そして不幸な邪教徒らのあけぼのに似た紅の血を天空に似た戦場にて流し、多くの頑強な者たちの首をまるで消え去る星々のごとくに存在の天空から没せしめたのである。

そして時代の奇蹟たるウスタード・アリー・クリーは自らの部下らとともに中軍の前に立っていた。彼は勇敢な行動をとり、敵の戦列の鉄の衣をつけた城に向け巨大な弾丸を放ち、この弾丸とザルブ・ザン砲と火縄銃の攻撃とによって、多くの邪教徒らの堅固な肉体を破壊した。もしこの巨大な弾丸を、〔最後の審判で〕人の行動が量られるかの天秤の皿に載せれば、その持ち主は「天秤が重く下がった者は心楽しき生活を過ごすであろう（『クルアーン』第一〇一章第五節）」という句の意義をますます高めることになるであろう。またもしこの巨大な弾丸を堅固な山、高峻な岳に向け発すれば、山は「毟《むし》られた羊毛のごとく（『クルアーン』第一〇一章第五節）」根こそぎにされるであろう。

陛下の中軍の火縄銃の銃手たちは命令どおり荷車の背後から戦場へと出て、その一人一人が多くの邪教徒らに死の毒を味わわせた。歩兵たちは最も危険な場所へと進み、自らの名を勇猛な森の獅子、勇敢な戦場の勇者の列に明白に列ねたのである。

この時、「中軍の荷車を前進させよ」とのハーカーン陛下の命令が伝達された。そして陛下の高貴なる魂は、勝利と幸運を右手に、繁栄と勝利を左手に従えて、邪教徒の軍勢に向け出動されたのである。これが勝利を恵まれた軍のすべてによって理解されると、勝利の軍のすべての満潮の海は巨大な波をたて、その海のすべてのわにの勇猛さが可能性から真実の行動へと導かれ、黒雲のごとき土ぼこりの闇が戦場を覆い、輝く刀のきらめきはいなずまの光輝をも圧した。巻き上がった土ぼこりは、太陽の顔からまるで鏡の裏面のごとくその光を失わせた。切る者と切られる者、勝者と敗者が渾然として混ざりあい、それらを区別する方法が人の目から隠された。時という魔術師は、遊星といえばただ矢のみ、恒星といえばただ確固たる軍団のみ、という夜を出現させた。

戦いの日、上にまた下にと行きぬ、
血のしずくは魚に(12)、土ぼこりは月にと。
かの広き平原の馬のひづめにより、
大地は六に、天は八となりたり(13)。

血に飢えた者のごとく懸命に戦っていたガーズィーらは、姿の見えぬ叫号者の「あきらめるな。なげくな。汝は高められるであろうから（『クルアーン』第三章第一三三節）」というよき声を聞いた。そしてまた無謬の伝達者から「アッラーから助けが来る。勝利は近い。信徒らにとって形勢は有利だ（『クルアーン』第六一章第一三節）」というよい知らせを聞いた。彼らが喜び勇み大いに奮戦したため、天の最高者らの集いに属する聖者たちから賞讃の声がかけられ、神の側近たる天使らは、まるで蝶のごとく彼らの頭の周りをひらひらと飛び回った。

第一回目と第二回目の礼拝時の間に戦いの炎は赤々と燃えあがり、炎はかの［イスラームの］旗を天高く掲げた。イスラーム軍の右翼と左翼は悪しき定めの邪教徒らの左翼と右翼を圧迫してその中軍の所へと一カ所に追いつめた。名高き聖戦の戦士らの勝利とイスラームの旗の高揚のしるしが明白になった時、かの呪われたる邪教徒ら、かの宗教なき邪悪者らはしばし途方にくれていた。しかし彼らは最後に絶望的になり、わが中軍の右翼・左翼に攻撃をしかけた。左翼に対する攻撃がより強力で、彼らはかなり先まで進んだ。しかし勇敢な聖戦の戦士らは褒賞を心に描きつつ、矢の若木を敵の各々の胸の大地に植えた。そしてすべての者をその黒き運命どおりに打倒した。この時、勝利と幸運のそよ風がわが幸多きナワーブ（バーブル）の幸運の牧場の上を吹き渡り、「げにわれわれは汝に明白な勝利を授けた（『クルアーン』第四八章第一節）」というよき知らせをもたらした。その世界を飾る美しさが「アッラーは力強き援助で汝を助ける（『クルアーン』第四八章第三節）」という揺れ動く小環で飾りたてられている勝利の証したるお方は、ヴェールの蔭に隠されていた幸運をわれわれに恵み給い、勝利を現実のものにしてくださったのである。

悪しきヒンドゥー人らは状況の困難さを見てとると、「梳《す》かれた羊毛のごとく（『クルアーン』第一〇一章第四節）」に四散し、「飛び散った蛾のごとく（『クルアーン』第一〇一章第三節）」潰走した。多くの者が殺されて戦場に倒れた。そして多くの者が戦いをやめ、放浪の荒野へと向かい、からすやトビの餌食となった。死者の幾多の丘が出現し、首でいくつかの塔が建てられた。

ハサン・ハーン・メーワーティーは火縄銃の銃弾で死の運河へと転落した。同様に、それぞれ諸部の長であった多くの正道をはずれた反抗者たちに矢と火縄銃の弾丸が命中し、彼らはその生涯をとじた。その内には、ラーワル・ウーダイ・スィング・バーガリーがいた。彼はドゥンガルプル州の長であり、一万二〇〇〇騎を所有していた。また四〇〇〇騎を所有していたラーイ・チャンドラパーン・チョウハーン、前述のサラーフッ・ディーンの子でチャンデーリーの支配者で六〇〇〇騎を所有していたブーパト・ラーオ、各々四〇〇〇騎を所有していたマーニク・チャンド・チョウハーンとディルパト・ラーオ、各々三〇〇〇騎を所有していたガングーとカルム・スィングとドゥングルスィー、それにそれぞれが偉大な指揮官であり、輝かしく堂々とした首長であった別の人々も地獄への道を歩んだ。そしてこの泥の館から最も低い坑《あな》へと移された。

敵国の道路は途上で死んだ負傷者でまるで地獄のごとくに満ちあふれていた。そして最も低い坑は、その命を地獄の魔王に委ねた偽善者たちで満たされた。イスラーム軍のどの者であれ、彼らが急行した各方面で一歩ごとに尊大な者たちが死んでいるのを見出した。名高きオルドが逃亡者らのあとを追って移動するごとに、どの一歩一歩といえ敵の強力な者たちの打ちひしがれた姿を見ぬことはなかった。

すべてのヒンドゥー人らは殺されぬ、弱者も勇者も、
火縄銃の弾丸により、「象の君主ら」のごとく。
彼らの遺体にて多くの山が出現し、
その山々には血の流れの泉あり。
堂々たるわが隊列の矢を怖れ、
豚のごとき彼らは野や山へと逃がれ行きたり。

彼らは背後へと逃走した。アッラーの命令は必ずそのとおりに実現されるもの。全聴者、全智者たるアッラーを讃えたてまつる。なぜなら勝利への助けは全能全智のアッラーの側からのみもたらされるものなれば。(14)

九三三年ジュマーダーゥ・ル・アーヒル月二五日（一五二七年三月二九日）に書かれた。

バーブル、ガーズィーの称号を名乗る

この勝利より以後は、私は花押《かおう》（一種の署名）にガーズィー（第1巻九〇〇年の出来事注2参照）と書いた。捷報の花押の下に、私は次の四行詩を記した。

われイスラームがため荒野をさまよいぬ。
邪教徒ヒンドゥーらとの戦に備えぬ。
殉教者たることを覚悟せり。
されどアッラーのおかげにて、われガーズィーとはなりぬ。

勝利の紀年銘　シャイフ・ザインはこの勝利の年号を示す紀年銘として、「イスラームの皇帝の勝利（ファトヒ・パーディシャーヒ・イスラーム）」という〔九三三年を示す〕言葉を考え出した。カーブルから来ていた者たちの内の一人であるミール・ギースーもこれと同じ言葉の紀年銘を考えつき、四行詩を作って送って来ていた。偶然の一致である。シャイフ・ザインとミール・ギースーが四行詩で考えついた紀年銘はかなりよかったので、まさに彼らが考案した言葉を私はここに示した。さらにもう一度、ディーパールプルを征服した時、シャイフ・ザインは「ラビーゥ・ル・アッヴァル月中旬（ヴァサティ・シャフル・ラビーゥ・ル・アッヴァル）」という〔九三〇年を示す〕紀年銘を考案した。ミール・ギースーもまさにこれと同じ言葉を考え出していた。[15]

勝利直後の行動　私たちは敵を破ると野営を重ねつつ移動した。邪教徒のキャンプは私たちのオルドから二クロフの所にあった。私は敵のオルドに達すると、ムハンマディー、アブドゥ・ル・アズィーズ、アリー・ハーン、それに若干の者たちを邪教徒らの後を追うべく派遣した。彼らは少しぐずぐずしていた。部下に期待などせずに私自身が行くべきであった。私が邪教徒のキャンプを一クロフほど過ぎた時、夜になった。そのため引き返し、就寝の礼拝の時刻にオルドに戻った。

占星術師のムハンマド・シャリーフ――彼はどんな不吉な言葉で私をいらだたせて来たことか！――がただちに祝福にやって来た。私は非常に腹立たしく思ったが心を無にした。彼は邪教徒的で不吉を口にし、非常に尊大でまことに不快な人物であったが、よく仕えたこともあったので、私の領地内に留まらぬよう一〇万〔タンガ〕を賜与し出発の許可を与えた。

反乱の鎮圧　翌日、私はこの同じユルトに留まった。私はムハンマド・アリー・ジャング・ジャングとシャイフ・グーランとアブドゥ・ル・マリク・コルチを多くの軍とともにイルヤース・ハーンに向け派遣した。イルヤース・ハーンはミーヤーン・ドーアーブで反乱を起こし、コールを占領し、キチク・アリーを捕虜にしていた。わが軍勢が到着すると彼は戦うことができなかった。彼の軍は崩壊し各方面へと四散した。彼は私がアーグラに着いて数日の後、捕えられて連行されて来た。私は生きたままその皮をはがせた。

首の塔　オルドの前面にあり、戦いがその山の前面で行なわれたクーフ・バッチャ山の山上に邪教徒らの首で首の塔を建てるようにとの指令が出された。

バヤーナに向かう　私は、一宿の後、このユルトからバヤーナに向かった。バヤーナまで、というよりアルワルとメーワートまで、邪教徒たちや反抗者たちの死骸が無数に横たわっていた。私は行ってバヤーナを見てまわった。私はオルドに帰るとテュルク人、ヒンドゥー人のアミールたちを召集しこの邪教徒の国（ラーナー・サンガーの国、ラージュプターナ、ラージャスターン）に進む相談をした。しかし道中の水の欠乏と高温の故にこの進軍はあきらめた。

メーワート制圧に向かう　〔デリーの西南、アーグラの西北にある〕メーワート地方はデリーの近くにあり、およそ三、四カロールの歳入がある。ハサン・ハーン・メーワーティーの一族が、先祖代々、一〇〇年から二〇〇年近くメーワートで絶対的な権威をもって統治し続けて来ていた。彼らはデリーのスルターンたちになかば服従していたようである。ヒンドのスルターンたちは、彼らの地方が広大であるためか、または機会が限られていたためか、またはメーワート地方が山国であるためか、この方向に向かわず、この地方に統治権を確立しようとしなかった。そしてまさに先のような服属の形態で彼らに統治を委ねていた。

ヒンド征服後、私たちも先のスルターンたちのやり方に従って、ハサン・ハーンに恩恵をほどこして来た。しかし、前述（一一八、一五一頁参照）のごとく、この恩義を知らぬ邪教徒的な不信心者は私たちの与えた恩情・恩恵を無視し、私たちの保護・恩恵に感謝しようとしなかった。彼こそがすべての混乱の煽動者であり、すべての悪行の原因であった。

かの進軍（ラーナー・サンガー追及のための進軍）を中止したので、私たちはメーワート制圧のため出発した。途中四泊して、メーワートの統治者の治所であるアルワル城から六クロフの所にあるマーナス・ニー川の岸辺に下馬した。ハサン・ハーン以前の祖先らは〔アルワルとデリーの中間にある〕ティジャーラを首都としていたらしい。私がヒンドゥスターンに向かい、〔ローディー朝の〕パハール・ハーンを破ってラーホールとディーパールプルを奪った〔九三〇年（一五二四）〕年（第2巻四六頁、九三三年の出来事注15参照）、ハサン・ハーンは私に対する警戒心から、先を見越してこの城（アルワル）の建設に着手したのである。

ハサン・ハーンのカルム・チャンドという名の腹心の部下は、ハーンの息子がアーグラにいた時にも私の所へ来ていたが、彼は、ハーンの息子のもと、アルワルから私のもとに来て和を乞うた。私はアブドゥッ・ラヒーム・シガーウルを彼につけて、ねぎらいの書簡を持たせて派遣した。彼は行って、ハサン・ハーンの息子ナーハル・ハーンを連れて来た。私は再び恩恵をほどこし、数十万の地区を彼のワジュフ(16)として与えた。

論功行賞　戦いでホスローがいかによい働きをしたかを考慮して、私は彼のワジュフを五〇〇万としアルワルを指定した。しかし不幸にも、彼は大きくかまえて受け取らなかった。しかし後に、その働きはチーン・ティムール・スルターンがしたことであることが判明した。私は褒賞をスルターンの名で行ない、メーワートの首都であるティジャーラの町を賜与し、ワジュフを五〇〇万とした。サンガーとの戦いで右手の旋回攻撃隊に属したタルディーカは他の者よりよい働きをした。私は彼の俸禄を一五〇万とし、アルワル城を賜与した。アルワル城の財宝庫を、その中身ともども、フマーユーンに賜与した。

アルワルを訪れる　ラジャブ月一日水曜日（一五二七年四月三日）、私たちはそのユルトを発って、アルワルから二クロフの地点に到着した。私はアルワル城に行ってそこを見て回った。

その夜はそこで過ごし、翌日〔四月四日〕オルドに帰った。

臣下らに帰国を許す　邪教徒との聖戦の前に、前述のごとく、[17] 身分の高き者、低き者たちに誓約を与えた際、次の事柄も記述しておいた。すなわち、この戦いの勝利の暁には義務は皆無である。去ることを望む者は誰であれその許可を与えられるであろうと。

フマーユーンの家臣らはほとんどがバダフシャーン人とかの方面〔中央アジア方面〕の出身者であった。彼らは一、二カ月間も出征したことがなかった。すでに戦いの前に気力を失っていた。あのような約束もしてあった。カーブルも軍隊を欠いていた。このため彼らにカーブルへの出発の許可を与えることにした。

このように決定して、ラジャブ月九日木曜日〔四月一一日〕、私はアルワルを発ち、四、五クロフ進んで、マーナス川の河畔に下馬した。

マフディー・ホージャも大いに苦労したのでカーブルへ帰る許可を与えた。バヤーナのシックダールの職をドースト・イシク・アーガーに与えた。以前エターワをマフディー・ホージャに指名していたので、〔後に〕クトゥブ・ハーンがエターワを捨てて逃走した時〔一九六頁参照〕、マフディー・ホージャの代わりに、その子ジャーファル・ホージャをエターワに派遣した。

私はフマーユーンを出発させるため二、三日間このユルトに留まった。このユルトからムーミン・アリー・トゥワチを捷報とともにカーブルへ派遣した。

ピールーズプルの泉とクーティラ湖の見物　私は〔アルワルの東方にある〕ピールーズプルの

クーティラ湖中の台座に坐るバーブル

泉と〔ピールーズプルの丘の麓にある〕クーティラの大きな湖の評判を聞いていた。一つにはフマーユーンを見送りがてら、また一つにはこれらの土地を見物するため、日曜日（四月一四日）、オルドをそこに置いたまま、オルドから馬で出発した。その日、ピールーズプルとその泉を見物しながらマージューンを服用した。泉水が出ている谷には一面に西洋キョウチクトウの花が咲き乱れていた。なかなかによい所ではあるが評判ほどではない。私はこの谷の中で流れが広くなっているすべての場所に石を切って一〇〔ガズ〕平方の貯水池を造るよう命じた。

その夜はその谷の所にいて、翌日（四月一五日）乗馬して進み、クーティラ湖を見物した。四周は山の裾野であった。マーナス・ニー川がこの湖に流入しているらしかった。巨大な湖で、こちらの岸から対岸がよく見えぬほどであった。湖の中央に一つの丘があった。湖岸には多数の小舟があった。周辺の村人たちは、騒ぎや騒動がもち上がった際には、これらの舟に乗ってその身を守るという話であった。私たちが行った時も若干の人々が舟に乗って湖の真ん中へ行った。

アーグラに向かう　私は湖を見物して帰り、フマーユーンのオルドに下馬した。そこで休息をとり、食事をし、ミールザーとベグたちに誉れの長衣を身につけさせ、就寝の礼拝の時刻にフマーユーンと別れ、馬で出発し、途中のとある場所で眠り、その後乗馬して、あけぼの時に〔アルワル南東約二五キロの〕クフリー地区を過ぎ、また少し眠り、その後〔アルワルの南方、ジャイプルの東方にある〕トゥーダに下馬していたオルドに帰った。

トゥーダを発ってスーンクラーに下馬した時、私がアブドゥッ・ラヒームにあずけていたハサン・ハーン・メーワーティーの子のナーハル・ハーンが逃亡した。

私たちはここを発ち、途中一泊して、ブサーワルとチャウサの間にある山の山鼻の所にある泉の所に下馬し、テントを張りマージューンを服用した。

軍がここを通過した際、タルディー・ベグ・ハークサールがこの泉のことを賞讃していた。私は行って馬上で見物しつつそこを通過した。よい泉である。流水路のないヒンドゥスターンでは人々は泉以外に何を求められよう。時折ここで見られる泉は、大地から間歇泉《かんけつせん》の水のように少しずつしみ出し、かの地（中央アジア方面）の泉のようにこんこんと湧き出てはこない。この泉の水はほぼ半基の水車を動かせるほどの水量である。水は山の麓から湧き出ている。周囲はすべて牧地で大いに気に入った。私はこの泉の上にみがいた石で八角形の貯水池を造るよう命じた。泉の所でマージューンが効いていた時、タルディー・ベグは終始ごきげんで、何度も〔ペルシア語で〕「ここが気にいった。名前をつけるべし」といっていた。アブドゥッラーが「《タルディー・ベグお気に入り王立泉》というべし」といった。この言葉を聞いて皆が大笑いした。

ドースト・イシク・アーガーがバヤーナからこの泉の所に来て私の前に伺候した。私たちはここを発ち、またバヤーナに行き見物した後、スィークリーに到着し、私が以前に造営を命じてあった庭園の傍らに下馬し、二日間そこに留まり、庭園の造営を監督して、ラジャブ月二三日木曜日（四月二五日）、アーグラに到着した。

チャンドワールとラープリーを回復　前述（一六七頁参照）のごとく、先の騒乱の際に、反乱者たちはチャンドワールとラープリーを占領していた。私はムハンマド・アリー・ジャング・ジャング、クチュ・ベグの兄弟のタルディー・ベグ、アブドゥ・ル・マリク・コルチ、それにフサイン・ハーンをダルヤー・ハーンの一党の者たちとともにチャンドワールとラープリーに向け派遣した。彼らがチャンドワール付近に到着すると、城内のクトゥブ・ハーンの部下たちはその知らせを聞いて城外に出て逃走した。

わが軍勢はチャンドワールを入手するとラープリーに向かった。フサイン・ハーン・ヌーハーニーの部下たちは街路の端で少人数で戦う考えで来た。しかし、わが軍が攻撃して彼らに迫ると、彼らはもちこたえられず逃走した。フサイン・ハーンは象に乗って数名とともにジューン川に入ったが、そこで溺死した。

この知らせを聞くと、クトゥブ・ハーンもエターワを捨てて少人数とともに逃げ去った。エターワは最初マフディー・ホージャの領地と指定してあった。それで私はその息子のジャーファル・ホージャをマフディー・ホージャの代わりにエターワへ派遣した。

領地の分配　前述（一六七頁参照）のごとく、邪教徒サンガーの反乱に際し、ほとんどのヒンドゥスターン人やアフガーン人が背き去り、その全員が地区やヴィラーヤトを領有した。

〔ラクナウーの西北、ガンジス川右岸の〕カナウジュを捨ててこちらに来ていたスルターン・ムハンマド・ダウラダイは、恐れの故か恥を思っての故か、カナウジュに行くことを受諾せず、カナウジュの三〇〇万を〔パンジャーブの〕スィフリンドの一五〇万と交換した。私はカナウジュをムハンマド・スルターン・ミールザーに与え、ワジュフを三〇〇万とした。〔サンバルの東南ガンジス川左岸の〕バダーウーンをカースィム・フサイン・スルターンに与えて、〔彼を〕ムハンマド・スルターン・ミールザーにつけた。

ビバン、ラクナウーより逃走　さらにテュルク人アミールらの内からマリク・カースィム・ババー・カシュカをその兄弟並びにモグールらとともに、またアブル・ムハンマド・ニーザバーズを、またムアイヤドをその父の家臣らとともに、またフサイン・ハーンをダルヤー・ハーンの一党とともに、またスルターン・ムハンマド・ダウラダイの家臣らとともに、さらにヒンドゥー人のアミールらの内からアリー・ハーン・ファルムリーとマリクダード・カッラーニーを、またシャイフ・ムハンマド・シャイフ・バッカーリーとタータール・ハーン・ハーニ・ジャハーンをムハンマド・スルターン・ミールザーにつけ、邪教徒サンガーの反乱の際に来て、ラクナウーを包囲して奪取していたビバンに向け派遣した。この軍団がガング川を渡った時、ビバンはそれを知って輜重を捨てて逃走した。この軍団はその後を追ってハイラーバードに行き、数日間そこに留まった後戻って来た。

軍をいったん解散　私はすでに財宝庫を分配していた。領地を分配しようとしていた時、邪教徒との重大事が勃発した。邪教徒に対する聖戦から解放されて私は領地を分配した。雨季が近づいていたので、各々自分の地区へ行き、武器を整え、雨季が終わったら参集することに決めた。

フマーユーンの不行跡　この間、フマーユーンがデリーに行き、デリーにある財宝庫の内の数庫を開き、許可なく財宝を所有しているという知らせが届いた。私は彼がそのようなことをするとはおよそ考えていなかった。私は非常につらい想いをした。非常に厳しい叱責の手紙を書いて送った。

イラークへ使節を派遣　シャーバーン月一五日水曜日（五月一七日）、イラークへ使節として赴き、スライマーン・テュルクメンとともに帰って来ていたホージャギー・アサドを再びスライマーンにつけ、〔サファヴィー朝の君主〕シャーフザーダ・タフマースプのもとへ適切な贈物とともに使節として派遣した。

タルディー・ベグ去る　私がダルヴィーシュとしての生活をやめさせ軍人にし、かなりの年月私に仕えていたタルディー・ベグ・ハークサールが、再びダルヴィーシュ生活への復帰の想いがつのり、私に出発の許可を求めた。私は許可を与え、カームラーンのもとへ使節として送り、また三〇万の財宝をもカームラーンに送った。

インドを去った友への断片詩　私は昨年去った者たちの状況にふさわしい一つの小さな断片詩（キトア、第2巻九一一年の出来事注42参照）を作っていた。私はその詩をムッラー・アリー・ハーンの名あてで、タルディー・ベグを通じて彼のもとに送った。以下がその断片詩である。

おお！　おのれにかかる困難・辛苦を知ってこのヒンド国を去られたお方よ。

あなたはカーブルとその地の快適さを懐かしみ、かの時、灼熱のヒンドを去られた。

あなたはそこで喜びとともに優雅な生活を見出されたでありましょう。

私どももアッラーのおかげで幸い死なずにおります――多くの苦しみや限りないつらさを
　経験しましたが。

精神の喜びと肉体の苦しみは、あなたからも私からも、もはや去りましたね。

ラマザーン月明けを祝う　私はこの〔断食月である〕ラマザーン月（六月一日―六月三〇日）をハシュト・ベヘシュト庭園で過ごした。〔断食月の就寝時の礼拝の後に行なう二〇回ないしそれ以上のひざまずきの行為である〕タラーウィーフを行なうごとに沐浴をした。私は十一歳の時この方、二年つづけてラマザーン明けの祭日を一つの同じ場所で迎えたことがなかった[18]。昨年の祭日はアーグラで迎えた。「この慣行を改悪せぬように」といって、月末日曜日（六月三〇日）の夕刻、祝いをするためにスィークリーへ行った。スィークリーに造った勝利の園（バーギ・ファトフ）の西北に石の台座が整えられており、その台座の上に白いテントを立ててそこでお祝いをした。

トランプを送る　私はアーグラから馬で出発した夕刻、ミール・アリー・コルチをシャー・ハサンのもと、タッタへ派遣した。シャー・ハサンはトランプ[19]が大好きで、トランプを送ってくれるよう希望して来ていた。私はトランプを送った。

気分すぐれず　ズィー・ル・カーダ月五日日曜日（八月三日）、私は気分が悪くなった。一七日間続いた。

各地を見物　同月二四日金曜日（八月二二日）、私は〔アーグラ南方の〕ドールプルへ見物に出かけた。その夜は途中のある場所で眠り、翌朝（八月二三日）、スルターン・イスカンダルのダムの所へ到着して下馬した。ダムより少し下手、山が切れている所に赤い色の建築に使える一個の岩があった。私は石工のウスタード・シャー・ムハンマドを連れて行って、「もし一枚岩のまま一つの建物を切り込むことができるならそのようにせよ。もしも壊れたら、建物のために平らにした岩の所に一枚岩でできた貯水池を掘れ」と命じた。

私はドールプルからバーリーを見物に出かけた。翌朝、バーリーを馬で発ち、バーリーとチャンバルの間にある山を過ぎ、チャンバル川を見物して戻った。私たちはこの途中にある山々で黒檀の木を見た。その果実をティンドゥーと呼んでいた。黒檀の木の白いのもあるという話であったが、ここの山々でもほとんどが白檀《びゃくだん》であった。

私たちはバーリーからスィークリーに行き、そこを見物して、同月二九日水曜日（八月二七日）、アーグラに帰った。

シャイフ・バーヤズィードについての疑い　その頃、シャイフ・バーヤズィード〔・ファルムリー〕についてよくない知らせが届いていたので、私はスルターン・アリー・テュルクを〔報告の期限を〕二〇日以内と日を限ってシャイフ・バーヤズィードのもとへ派遣した。

宗教的行為と詩作の練習、再び気分すぐれず

ズィー・ル・ヒッジャ月二日金曜日（八月三〇日）、私は〔健康回復を祈願して〕四一回読む『クルアーン』の一節の読誦を始めた。まさにその同じ時期に、私は次の私の詩の一行を五〇四通りのリズムで作りなおしてみた。私はこれについて小論文[20]を用意した[21]。

かの人の眼、眉、言葉、言いまわしについてお話ししましょうか？
かの人の体つき、ほほ、髪、腰についてお話ししましょうか？

この日、私はまた気分が悪くなった。九日間続いた。

コールとサンバルに出かける

ズィー・ル・ヒッジャ月二九日（九月二五日）、私は〔アーグラの東北方にある〕コールとサンバルの見物に馬で出かけた。

九三四年（一五二七年九月二七日―二八年九月一五日）の出来事

コールとサンバルを訪れる

ムハッラム月一日土曜日（一五二七年九月二七日）、私たちはコールに下馬した。フマーユーンはダルヴィーシュとアリー・ユースフをサンバルに置いていた。彼らはクトゥブ・サルワーニーと幾人かのラージャたちを、一つの川を渡って戦って大いに破った。彼らは多くの者たちを殺し、いくつかの首と一頭の象を私たちに向け送り、それらは私たちがコールに滞在中に到着した。私たちは二日間コールを見て回った後、シャイフ・グーランが招待したので彼の家に下馬した。彼は歓待し献上品を差し出した。私はそこを発ちアウトゥルーリーに下馬した。

水曜日（一〇月一日）、私はガング川を渡って、サンバルの村々で一宿した。

木曜日（一〇月二日）、私はサンバルに下馬した。二日間サンバルを見てまわり、土曜日（一〇月四日）の早朝、サンバルを発った。

日曜日（一〇月五日）、私たちは〔サンバルの西方、河間地方のブランドシャフルの北西一七キロの」スィカンダラのラーオー・サルワーニーの家に下馬した。彼は食事を出して私たちをもてなした。夜明け前に私はそこを発った。途中、言訳をもうけて皆と別れ、ギャロップでアーグラから一クロフの所まで一人で来た。皆はその後、あとから来て合流した。正午の礼拝の時刻にアーグラに下馬した。

高熱に苦しむ　ムハッラム月一六日日曜日（一〇月一二日）、高熱で身ぶるいした。何度も悪寒が襲ってきた。二五、六日も続いた。薬を飲んだ。結局は治った。寝られないのと渇きに非常に苦しい思いをした。この病気の間に、私は三、四の四行詩をつくった。その内の一つがこれである。

熱が日々私の体内で勢いを増す。
夜の訪れとともに眠りが私の眼から離れ去る。
この両者（熱と眠り）は、私の苦しみと私の辛抱強さのごとく、
一方が増大するにつれ他方が減少する。

親族の到着　サファル月二八日土曜日（一一月二三日）、おばのファフル・ジャハーン・ベギムとハディージャ・スルターン・ベギムが到着した。私は舟で行き、スィカンダラーバードの上手でお会いした。

臼砲《きゆうほう》の事故　日曜日（一一月二四日）、ウスタード・アリー・クリーが巨大な臼砲で弾丸を発射した。弾丸は遠くまで飛んだが、臼砲はこなごなになった。一片が周りの人々に当たり、

その内八人が死んだ。

スィークリーを見物　ラビーゥ・ル・アッヴァル月七日月曜日（一二月一日）、私はスィークリーを見るため馬で出発した。湖の中に造るよう命じてあった八角形の台座が完成していた。私たちはそこへ舟で行き、天幕を建てさせてマージューンを服用した。

チャンデーリーに向け出発　スィークリー見物から戻り、ラビーゥ・ル・アッヴァル月一四日月曜日（一二月八日）の夜、聖戦を行なう目的で〔マールワ地方の町で、グワーリヤルの南約一七八キロの〕チャンデーリーに向かって出発し、三クロフほど進んで〔アーグラとアンワールの中間にある〕ジャリーサルに下馬した。二日間、皆が武器やその他の準備を整えるためここに留まり、木曜日（一二月一一日）に出発してアンワールに下馬した。私たちはアンワールから舟に乗り、チャンドワールで下船した。

その後、宿を重ね、その月の二八日月曜日（一二月二二日）、カナールの渡しに下馬した。ラビーゥ・ル・アーヒル月二日木曜日（一二月二六日）、私は川を渡った。四、五日間、向こう岸やこちらの岸で兵士らが渡河するのに時間がかかった。私はその数日間、連日船上でマージューンを服用した。チャンバル川の合流地点はカナールの渡しから一、二クロフ上流にあった。

金曜日（一二月二七日）、私はチャンバル川を舟で行き、合流地点を過ぎてオルドに到着した。

シャイフ・バーヤズィードに向け派兵　シャイフ・バーヤズィードの敵対の明白な証拠はな

かったが、日頃の行動から、彼が敵対の意志を持っていることはほぼ明らかであった。このため私は、ムハンマド・アリー・ジャング・ジャングを本隊から引き離し、〔別働隊として〕派遣した。ムハンマド・スルターン・ミールザーとカナウジュ付近にいるカースィム・フサイン・スルターン、ビーフーブ・スルターン、マリク・カースィム、クーキー、アブル・ムハンマド・ニーザバーズといったスルターンやアミールたちをマヌーチフル・ハーンとその兄弟ら、ダルヤー・ハーンの一党とともに集結させて、カナウジュからサルワールにいる反乱者アフガーン人らに向け進軍させるためであった。

さらに、シャイフ・バーヤズィードを呼集し、もし彼が忠誠心を示し来て合流すれば一緒に進軍し、もし来なければまず彼を攻撃させるためであった。

ムハンマド・アリーは数頭の象を要求したので一〇頭ほどの象を与えた。私はムハンマド・アリーに出発の許可を与えた後、バーバー・チュフラにも行って彼らに合流せよとの命令を発した。

チャンデーリー遠征中の出来事　私はカナールから一夜を舟で過ごして到着した。

ラビーゥ・ル・アーヒル月八日水曜日（一五二八年一月一日）、私は〔ヤムナー川右岸にある〕カールピーから一クロフの地点に下馬した。〔カーシュガルの〕スルターン・サイード・ハンの同母弟であるスルターン・ハリール・スルターンの子のバーバー・スルターンがこのユルトに来て私に仕えた。彼は昨年、その兄（正しくは父の兄、おじ）の所から逃亡して来たが、アンダラーブの境域[2]からまた後悔して引き返し、カーシュガル近くまで行ったところ、ハンが〔ハンの臣下で『ターリーヒ・ラシーディー』の著者〕ハイダル・ミールザーを彼に向け派遣し、こちらへと引き返させたのであった。

翌日（一月二日）、私はカールピーでアーラム・ハーンの家に下馬した。彼はヒンドゥスターン流に従って、食事を供し贈物を献上した。

同月一三日月曜日（一月六日）、私はカールピーから出発した。

金曜日（一月一〇日）、私たちは〔ベートワ川右岸の〕イーラチュに下馬した。

土曜日（一月一一日）、バーヤズィード（ジャンスィ東北のバンデル？）に下馬した。

同月一九日日曜日（一月一二日）、私は六、七千の軍勢をチーン・ティムール・スルターンに率いさせ、チャンデーリーに向け私たちより先に派遣した。先鋒隊として出発したのは、バーキー・ミング・ベギ、クチュ・ベグの〔弟〕タルディー・ベグ、アーシク・ブカーウル、ムッラー・アーパーク、ムフスィン・ダウラダイとヒンドゥスターンのベグらの内からシャイフ・グーランであった。

同月二四日金曜日（一月一七日）、私はカチュワ[3]の近くに下馬した。カチュワの人々を慰撫した後、カチュワをバドルッ・ディーンの子に与えた。

カチュワはかなりよい土地である。四周には非常に小さな山々がある。カチュワの東南の山と山の間にダムが造られている。大きな湖ができている。周囲の長さは五、六クロフであろう。

この湖がカチュワの三方を取り囲んでいる。西北側の土地は水がなく、町の城門はまさにこの側にある。この湖にはかなり小さな舟が浮かんでいる。詰め込めば三、四人が乗れる程度の大きさである。人々が逃げる時には、これらの舟に乗って湖上に逃れるのである。カチュワに到達するまでの二カ所にも同様に山と山の間にダムを造り、湖を造設している。しかしカチュワ湖より小さい。

カチュワに一泊して、活動的なムハッスィルと多数のすき掘り人夫らを道の凸凹を直し密林を切り開き、荷車や臼砲が苦労せずに通れるようにするため任命した。カチュワとチャンデーリーの間は密林である。

私たちはカチュワの後、途中一泊して、チャンデーリーから三クロフの所にある〔ベートワ川の支流の〕ブルハーンプル川を渡って下馬した。

チャンデーリーに向かう　チャンデーリーの内城は山上にある。(4) 外城と市街は山の間にある。荷車が通れる平坦な道は外城の下を通っている。私はブルハーンプルを発って、荷車を通すため、チャンデーリーより一クロフ下手を進んだ。

途中一泊して、同月二八日火曜日（一月二一日）、バフジャト・ハーンの貯水池の傍ら、ダムの上の所に下馬した。

私は翌朝（一月二二日）出発し、外城の周りにいる中軍、右翼、左翼にそれぞれの位置を指示した。ウスタード・アリー・クリーは弾丸を発射するため一つの庭園の中の平坦な場所を選んだ。臼砲を設置する場所を整えるためムハッスィルとすき掘り人夫を任命した。全軍に城取りの用具である高い楯、梯子、家臣用の盾を準備するよう命令を出した。

チャンデーリーは、以前はマンドゥーの君主らに属していたらしい。〔マールワのハルジー朝の君主〕スルターン・ナースィルッ・ディーン（在位一五〇〇—一〇年）の死後、現在マンドゥーにいる彼の一子スルターン・マフムードがマンドゥーとその周辺地域を領有していた。もう一人の息子のムハンマド・シャーという名の者がチャンデーリーを手に入れ、〔ローディー朝の〕スルターン・イスカンダルの保護下に入った。スルターン・イスカンダルも多数の兵を派遣し彼の保護者となった。

スルターン・イスカンダルの死後、スルターン・イブラーヒームの時代にムハンマド・シャーは死去した。アフマド・シャーという名のかなり幼い息子が残った。スルターン・イブラーヒームはアフマド・シャーを追い出し、代わりに自分の部下を置いた。

ラーナー・サンガーがイブラーヒームに向け進軍しドールプルに到達した際、イブラーヒームのベグたちが背いた。その際、チャンデーリーはサンガーの掌中に落ちた。彼はこの地を彼が非常に信頼している〔ハルジー朝の君主スルターン・マフムードの宰相を務めたラージプート人の〕ミドニー・ラーオという名の邪教徒に与えた。

この時点ではミドニー・ラーオが四、五千人の邪教徒とともにチャンデーリー城にいた。アーラーイシュ・ハーンが彼の知己であったので、(5)私は彼とシャイフ・グーランを派遣し私の好意と恩情を表した言葉を伝えさせた。私はチャンデーリーの見返りに〔ガンジス左岸、ファーティフガルフの東方にある〕シャムサーバードを約束した。一、二名の彼の近臣が城を出て来た。しかし彼がわれわれを信用しないのか、城を頼りにしているのか、私にはわからなかったが、事は思うように運ばなかった。

ジュマーダーゥ・ル・アッヴァル月六日火曜日（一月二八日）の朝、私はチャンデーリー城を攻撃するためバフジャト・ハーンの貯水池を発ち、城の近くにある中央貯水池の傍らに下馬した。

悪い知らせ　この同じ朝、進んで来る間に、ハリーファが一、二通の書簡を持って到着した。手紙の内容はプーラブに向け任命してあった軍勢が成算もなく進軍し戦って敗北を喫し、ラクナウーを捨ててカナウジュに来ているというものであった。私はハリーファがこのため非常に悩み心配しているのを見てとった。私は、「悩んだり心配したりすることは何もない。ただ神が定め給うたことのみが起こるのだ。この仕事が目前にある時にこの件（敗北の件）については一言もすべきではない。明日は城の攻撃にとりかかる。その後に、何が起こるか見ることにしよう(6)」と告げた。

チャンデーリーを攻撃　敵は内城を固めていたようである。外城にはその守備のために一、二人ずつ行っていたようである。この夜、各方面からわが軍の兵士らが外城にせまった。そこには少数の兵しかおらず、彼らはさして戦うこともせず逃亡して内城に入った。

ジュマーダーゥ・ル・アッヴァル月七日水曜日（一月二九日）の朝、兵士らに「武装して定めの位置へ赴き大いに奮戦せよ。私が太鼓、軍旗を持って出馬するのを合図に各地点から総攻撃をしかけよ」という命令を発した。私は戦いが酣《たけなわ》になるまで、太鼓と軍旗を控えさせ、ウスタード・アリー・クリーが弾丸を発射するのを見て楽しむために出かけた。彼は三、四発を発射した。しかし土地に傾斜がなく、城壁がきわめて堅固ですべて石で造られていたため効果がなかった。

前述したごとく、チャンデーリーの内城は山上にある。一方面に、水のために、二列の側壁付きの水道が造られていた。この水道の側壁は山より下方にあった。攻撃をしかけられるのはこの一地点のみであった。中軍の右翼、左翼、特別親衛隊がここに配置されていた。わが軍は各方面から戦いをしかけたが、この地点からする攻撃が最も強力であった。邪教徒らは上からかなりの石を投じ火を投げ戻して来た。しかしこの若党たちは退かなかった。ついに、外城の城壁とこの水道の側壁とが合する地点で、シャーヒーム・ヌール・ベギが登るのに成功した。さらに二、三カ所でも若党らが争って登った。その水道の所にいた邪教徒たちは急ぎ逃走した。この水道が占領された。

チャンデーリーの落城　上の城ではこれほどの戦いはなかった。敵は急ぎ逃走した。多くの兵がよじ登って上の城に入った。しばらくすると、邪教徒らは全員甲冑を付けずに出て来て戦いを始めた。わが兵士らは敵の多くの人々を逃走させ、城壁から飛びおりさせた。何人かを大

チャンデーリー城の征服

いに切って殺した。城壁の上から急ぎ彼らが来た理由は、おそらく、彼らはもはや攻略されたと判断し、妻や麗人たちをすべて刀にかけ、自らは死を覚悟して甲冑も付けずに戦いに参じたためであったらしい。結局、わが軍はそれぞれの部所から攻撃をしかけ、城壁の上から身を投じさせたのであった。

二〇〇～三〇〇人の邪教徒らはミドニー・ラーオの館の内庭に入った。この内庭でほとんどの者がお互いにお互いの命を断った。彼らの内のひとりが一本の刀を手に持って立ち、ほとんどの他の者たちは、それぞれ自らの希望に基づいてその首を差しのべて立っていたのである。このようにしてほとんどの者が地獄へと赴いた。

神のご加護によりかくも名高い城を、軍旗と太鼓を持ち出すこともなく、猛烈に戦うこともなく、わずか二、三ガリー（四八～七二分）の間に征服したのである。私はチャンデーリーの西北にある山の上に邪教徒らの首で首の塔を建てさせた。この勝利の紀年銘として〔九三四年を示す〕「争いの館（敵国）に対する勝利（フトゥヒ・ダール・ル・ハルブ）」という句が案出された。私は次のように作詩した。

しばしチャンデーリーの館は、
邪教徒に満ち満ちた争いの館なりき。
われ戦いもてその城を征服せり。
「争いの館に対する勝利」、紀年銘となれり。

チャンデーリーの描写

チャンデーリーはすばらしい地方である。その周囲には流水が豊富である。内城は山上にあり、その内部に石を開鑿《かいさく》して巨大な貯水池を造っている。さらに別の巨大な貯水池がある。それはそこから私が攻撃をしかけて征服した二列の側壁付きの水道の所にあった。一般の人々や貴人らの家はすべて石で造られている。有力者たちの館は何と見事に彫刻された石で出来ていることか。零細な人々の家も石造りであるが、彫刻はほどこされていない。それらは土のタイルの代わりに石の板でおおわれている。城の前に三つの巨大な貯水池がある。周辺の地域に以前の支配者たちがダムを造営し貯水池を造っていたのである。土地は高い所にある。

ビートヴィーという小さな川がある。チャンデーリーから三クロフの所にあり、ヒンドゥスターンではその水がよく、うまいことで知られている。よい小川である。川の中央には岩が所々にあって建築材として適切である。アーグラからチャンデーリーまでは南方に向かって九〇クロフの道程である。チャンデーリーでは北極星の高度は二五度（北緯二五度）である。

木曜日朝（一月三〇日）、私は城の周辺から出発して、マッルー・ハーンの貯水池の傍らに下馬した。

予定変更

私がチャンデーリーに来た目的は、チャンデーリーの征服後、邪教徒らの地方であり、邪教徒サラーフッ・ディーンに服属している〔ボーパルの東の〕ラーイスィング、〔ボーパル北東の〕ビルサーン、〔ボーパル西方、やや北寄りの〕サーラングプルに進み、これらを征服した後、サンガーに向けチトールへと進撃することであった。しかし先のような〔東方派遣軍の敗北という〕よくない知らせが到着したので、私はベグたちを招集して相談し、これらの煽動者・敵対者らの反抗・反乱を討つために進軍することが最も適当であり、まずとるべき行動であると判断した。

私は前述のスルターン・ナースィルッ・ディーンの孫アフマド・シャーにチャンデーリーを与えた。チャンデーリーから五〇〇万を王領地とし、シックダールの職をムッラー・アーパークに委ね、二、三千人のテュルク人とヒンドゥスターン人をアフマド・シャーの援軍として残した。

私たちはこれらの件を処置した後、ジュマーダーゥ・ル・アッヴァル月一一日日曜日（二月二日）、〔北方への〕帰還の意図をもってマッルーー・ハーンの貯水池を発ちブルハーンプル川の河畔に下馬した。

次の日曜日（二月九日）、私はバーンディールから、カールピーの舟をカナールの渡しに回させるために、ヤッカ・ホージャとジャーファル・ホージャを派遣した。

同月二四日土曜日（二月一五日）、カナールの渡しに下馬し、兵士らに渡河を開始せよとの命令を出した。

その頃、分遣隊として派遣していた者たちがカナウジュをも捨ててラープリーに来ているとの知らせが入った。シャムサーバード城をアブル・ムハンマド・ニーザバーズが固めていたはずであった。しかし敵の大軍が来てシャムサーバード城を攻略した。

軍が渡河を完了するのに、あちらこちらで三、四日かかった。私たちは川を渡り、移動を重ねてカナウジュに向けて進み、どの隊にも属さぬ若党らを敵についての情報蒐集のために先行させた。カナウジュまで二、三宿を残す地点で、彼らは、マールーフの息子がこの情報蒐集に赴いた者たちの強壮ぶりを見てカナウジュから逃亡したという知らせをもたらした。ビバン、バーヤズィード、マールーフは私たちについての情報を得ると、ガング（ガンジス）を渡り、カナウジュの対岸である東岸に渡河を阻止する考えで留まっていた。

ガンジスに橋を設ける

ジュマーダーゥ・ル・アーヒル月六日木曜日（二月二七日）、私はカナウジュを過ぎ、ガングの岸辺、西岸に下馬した。わが若党らは進んで敵の若干の舟を攻撃して奪った。彼らは上流・下流から大小三〇〜四〇隻の舟を持って来た。私は筏《いかだ》使いのミール・ムハンマドを、橋を設けるに適当な場所を見つけ、橋のための諸用具を準備させるべく派遣した。彼はオルドが下馬した所から一クロフほど下流の地点を気にいって帰って来た。私は精力的なムハッスィルらを任命した。

橋を設ける地点の近くに、ウスタード・アリー・クリーが臼砲を置き弾丸を発射するために気にいった場所を選び、弾丸の発射に従事した。ムスタファー・ルーミーは橋を設けた地点の下流の所で大砲をのせた荷車を一つの島に渡し、その島からザルブ・ザン砲の砲撃を開始した。橋より上流の所に陣地が設置されていた。その陣地の上から火縄銃の銃手らが見事に銃撃した。

一、二度、マリク・カースィム・モグールと数名の若党たちが舟で渡河してきわめて少人数でよく戦った。バーバー・スルターンとダルヴィーシュは一〇〜一五人とともに同じように大胆に、採算もなく、夕べの礼拝の時刻に舟で渡河したが、戦うこともなく何をすることもなくまた戻って来た。私は彼らのこの渡河を厳しく叱責した。最後に、マリク・カースィムが大胆にも少数の者たちとともに敵の軍営を攻撃し、大いに矢を放って圧迫した。敵は大勢で一頭の象とともに来て攻撃しこれらの者たちを退却させた。マリク・カースィムらは舟に乗り、舟を出そうとしたが、象が来て舟を沈めた。マリク・カースィムはこの戦いで死んだ。

　ここ数日、橋が設置されるまで、ウスタード・アリー・クリーは見事に弾丸を発射した。一日目は八発、二日目は一六発の弾丸を発射した。三、四日間、まさにこのように弾丸を発射した。これらの弾丸を《ガーズィー砲》で発射した。この臼砲は邪教徒サンガーとの戦いの際に使用されたあの臼砲である。そのため《ガーズィー（邪教徒の征服者）》と呼ばれていた。さらに別のより巨大な臼砲もあり、一度だけ弾丸を発射したが壊れてしまった。火縄銃の銃手らも大いに銃撃し多くの人や馬を倒した。彼らは怖がって逃げる奴隷たちをはじめ、働いている者や旅行中の人や馬をも射た。

　橋の仕事がほとんど完成に近づいたので、ジュマーダーゥ・ル・アーヒル月一九日水曜日（三月一一日）、私たちは移動して橋の上に到着した。アフガーン人たちは橋の完成を先のことと考えて、あざ笑っていたらしい。

木曜日（三月一二日）、橋が完成した。少人数の歩兵とラーホール人らが橋を渡り少し戦った。

アフガーン人との戦闘開始

金曜日（三月一三日）、中軍の特別親衛隊、同じくその右翼、左翼の若党たち、火縄銃の銃手たちが徒歩で橋を渡った。アフガーン人たちは全員が甲冑を身につけ、馬で象を連れて来て攻撃を加えて来た。敵の一翼がわが左翼の兵を壊滅させた。しかしわが中軍とその右翼の兵士らは踏みとどまって戦い、敵を退却させた。

敵の二名が皆よりも早く突出して馬を走らせて来た。その内の一人をまさにその場所で落馬させ捕虜にした。もう一人の馬とその男を何度も切った。馬は蹴って引き返したが、自身の味方の者たちの所で倒れた。その日、七、八人の首が取って来られた。敵の多くの者が矢傷や鉄砲傷を負った。

戦闘は午後の礼拝時を過ぎて続いた。夜、私は橋を渡っていた全員を戻らせた。もし土曜日の夜（三月一三日から一四日にかけての夜）、全軍を渡河させていたならば、敵の大半を手中に収め得る可能性があった。しかし私の心に次のことが浮かんだ——去年、私たちは火曜日、〔イラン暦の〕正月元旦（ナウ・ルーズ）にスィークリーからサンガーとの戦いに向け出発し、土曜日に敵を破った。今年は水曜日、正月元旦にこれらの敵との戦いに向け出発した。もし日曜日に敵に勝利すれば、珍しい出来事の一つとなるであろうと。(7) このため私は軍を渡河させなかった。

土曜日（三月一四日）、敵は戦いに出陣して来ないで、遠くに隊列を整えて留まっていた。この日、私は荷車を渡河させた。

アフガーン人ら逃亡　この同じ日のあけぼの時、皆に渡河を命じた。時を告げる太鼓の時刻に、物見の者から敵が逃走していったという知らせが入った。チーン・ティムール・スルターンに軍を率いて敵を追うようにとの命令を出した。ムハンマド・アリー・ジャング・ジャング、ヒサームッ・ディーン・アリー・ハリーファ、ムヒッブ・アリー・ハリーファ、クーキー・バーバー・カシュカ、ドースト・ムハンマド・バーバー・カシュカ、バーキー・タシュケンディー、ワリー・クズルをはじめとする者たちを追跡隊に任命した。〔チーン・ティムール・〕スルターンと一体となりスルターンの指示どおりに行動するよう命じた。

スンナ（ごく早朝の礼拝）の時刻に私も渡河した。らくだはより下流で見つけてあった渡しで渡河するよう命じた。その日、日曜日（三月一五日）、私は〔カナウジュの南東、ビルグラーム河畔にある〕バンガルマーウーから一クロフの所にある澄んだ川の傍らに下馬した。追跡隊に任命してあった者たちはよく進んでいなかった。彼らはバンガルマーウーに下馬していたらしい。彼らはこの日の正午の礼拝の時刻にここを発った。

翌朝（三月一六日）、私はバンガルマーウーの前にある湖の岸辺に下馬した。この日、私のおじ小ハン（モグールのスルターン・アフマド・ハン）の子のトフタ・ブガ・スルターンが来て、私の前に伺候した。

ジュマーダーゥ・ル・アーヒル月二九日土曜日（三月二一日）、私はラクナウーを見物して、グーイ川（グーマティー川）を渡って下馬した。この日、グーイ川で沐浴した。私の耳に水が入ったのか、気候の影響によるものか私にはわからなかったが、右耳が痛かった。しかし数日でたいしたことはなくなった。

〔ラクナウーの東方、ファイザーバードのすぐ東の〕アワド（アヨーディヤ）まで一、二宿という地点で、チーン・ティムール・スルターンの所から人が派遣されて来て、「敵がサルー川の向こう岸にいる。援軍を派遣されたし」という言葉を伝えた。私はカラクに率いられた一〇〇〇人ほどの若党を中軍の中から援軍として分遣した。

ラジャブ月七日土曜日（三月二八日）、私はアワドから二、三クロフ上流の、ガガルとサルーの合流地点に下馬した。この日までシャイフ・バーヤズィードはアワドの向かいの、サルーの向こう岸にいたらしい。彼は書簡を送ってスルターンと相談していたらしい。しかしスルターンは彼の策略を見抜き、正午の礼拝時にカラチャの所へ人を派遣し、渡河することにしていた。カラチャがスルターンに合流すると彼らはただちに渡河した。五〇人ほどの騎兵が三、四頭の象とともにいたらしい。彼らはもちこたえられず逃走した。わが軍は敵の数人を落馬させ、首を切って送って来た。ビーフーブ・スルターン、タルディー・ベグ、バーバー・チュフラ、クチュ・ベグ、バーキー・シガーウルはスルターンより後に渡河した。この者たちより前に最初に渡河した者たちはシャイフ・バーヤズィードを夕べの礼拝の時刻まで追跡した。しかしシャイフ・バーヤズィードは森に逃げこんで脱出した。

チーン・ティムール・スルターンは、夜、澄んだ川の傍らに下馬し、夜半出発して敵のあとを追った。四〇クロフほど進み、彼（シャイフ・バーヤズィード）の家族や関係者（?）のいた場所に到達した。しかし彼らは逃亡していたらしい。ここから各方面に急襲隊が分遣された。バーキー・シガーウルは数人の若党らとともに敵のあとを追い、その家族や関係者らに追いつき、アフガーン人の少数を連行して来た。

私たちは、数日間、アワドとその付近の秩序の確立のためこのユルトに留まった。人々は、アワドから七、八クロフ上流の、サルー川の沿岸の地を狩り場といって称えていた。私は筏使いのミール・ムハンマドを派遣した。彼はガガル川とサルー川の渡し場を見て帰って来た。

同月一二日木曜日（四月二日）、私は狩りをするため馬で出発した。(8)

九三五年（一五二八年九月一五日―二九年九月五日）の出来事

アスカリー、ホーンダミールら到着　ムハッラム月三日金曜日（一五二八年九月一七日）、チャンデーリーの戦いより以前にムルターンの処置のために私が呼んであった〔バーブルの三男〕アスカリーが到着し、私邸で私の前に伺候した。

翌日（九月一八日）、歴史家ホーンダミール[1]、謎々作家マウラーナー・シハーブ[2]、ユーヌス・アリーの親族でカーヌーン奏者のミール・イブラーヒームが到着して、私の前に伺候した。彼らはずっと以前に、私に伺候する目的でヘラートを出発していたのである。

グワーリヤル見物に出発　同月五日日曜日（九月一九日）、午後の礼拝の時刻に、私は書物にはガーリユールと記されているグワーリヤルを見物する目的でジューン川を渡り、アーグラ城に入り、この二、三日の内にカーブルに向け出立する予定になっていたファフル・ジャハーン・ベギムとハディージャ・スルターン・ベギム（二〇三頁参照）に別れの挨拶をして出発した。ムハンマド・ザマーン・ミールザーは出発の許可を求め、アーグラに留まった。その夜、私たちは三、四クロフの道程を進み、大きな湖の岸辺で下馬し眠った。

私たちは礼拝を早めにすませて出発した。〔ドールプル西方の〕ガムビール川の傍らで昼休みをとり、正午の礼拝時にそこを発ち、途中でムッラー・ラフィーが用意した粉を、元気をつけるため〔つぶしてあぶった小麦でできた〕タルカンに混ぜて飲んだ。非常にまずくいやな味がした。午後の礼拝時すぎにドールプルから一クロフの所、西の方の、かねて造営を命じてあった庭園と建物の所に下馬した。

ドールプルでの造営　この庭園と建物の造営を命じた土地は一つの山の山鼻の突端にあった。この山の山鼻の端はがっしりした赤い建築用の石から成っていた。私はこの山を開鑿《かいさく》して平らにするように命じた。もしその一つのがっしりした石が、それで建物を切り込めるに十分の高さがあれば建物を切り込み、もしそれだけの高さに足りないようなら、この一つの石の平らにされた台地に貯水池を掘り込むよう命じた。その一つの石は建物を切り込むには高さが不十分であった。それで石工のウスタード・シャー・ムハンマドに命じて、この一枚の石で出来た台地の上に屋根付きの八角形の貯水池を造築させることにした。石工らに懸命に仕事をするよう命じた。

この一枚の石で貯水池を造るよう命じた土地の北側には多くの樹木が茂っていた。マンゴー、ムラサキフトモモ（ジャーマン）、それにあらゆる種類の樹木があった。私はこの木々の間に一〇〔ガズ〕四方の井戸を掘るよう命じていた。その井戸も完成間近になっていた。この井戸の水が先の貯水池に流入するのである。この貯水池の西北にスルターン・イスカンダルがダムを造営していた。ダムの上にはいくつかの建物が造られていた。ダムの上流には雨季の雨水が集まって大きな湖を形成していた。この湖の東側に庭園があった。私は湖の東岸にも一枚の岩で台座を刻むよう命じた。西岸にはモスクの建立を命じた。

火曜日（九月二一日）と水曜日（九月二二日）、私はこれらの件の処理のためドールプルに留まった。

グワーリヤルへの旅を続行

木曜日（九月二三日）、私たちは出発し、チャンバル川を渡り、正午の礼拝をその岸辺ですませ、〔正午と午後の〕二つの礼拝の間にチャンバルの岸辺から移動し、夕べの礼拝と就寝時の礼拝の間の時間に〔ドールプル南方の〕クワーリー川を渡って下馬した。雨のため川が増水しており、馬を泳がせ舟で渡河した。

翌朝、金曜日（九月二四日）、アーシュール（ムハッラム月一〇日）(3)、私はそこを発ち、途中ある村で昼休みをとり、就寝時の礼拝の時刻にグワーリヤルから一クロフ北の、昨年私が造営を命じておいたチャール・バーグに到着して下馬した。

翌朝（九月二五日）、私は正午の礼拝時の後に出発して、グワーリヤルの北側の丘やナマーズ・ガーフ（屋外の集団礼拝場）を見物し、進んでグワーリヤルの、ラージャ・マーン・スィングの建物が隣接しているハーティー・ポル（象門）という名の門から入り、〔マフディー・ホージャの父方の甥で、グワーリヤルの支配権を与えられていた〕ラヒームダードが滞在していたラー

グワーリヤル城に入るバーブル

ジャ・ビクラマージートの建物におそく午後の礼拝時に到着して下馬した。

この夜、私の耳が痛かったので、また月光が皓々と冴えわたっていたので、[4] 阿片を服用した。

ラージャらの建物を見物

翌朝（九月二六日）、阿片の二日酔いで大変苦しんだ。私は大いに吐いた。二日酔いにもかかわらず、私はマーン・スィングとビクラマージートの建物群をすべて見物した。すばらしい建物群である。乱雑で、整然としてはいなかったが、すべて磨かれた石で出来ていた。すべてのラージャたちの建造物の中でマーン・スィングの建造物が最もすばらしく、最も高層である。

マーン・スィングの建物の壁面の一つが東側の壁面である。この壁面は他の面よりもはるかに精巧に造られている。高さは約四〇～五〇カルである。すべて磨かれた石で出来ている。表面を漆喰《しっくい》で白塗りにしている。四階建ての部分もある。下の二つの階は非常に暗い。しばらくじっとしていないと何も見えない。私たちはここを、蠟燭を持って見物した。

この建物のどの面にも五つの小塔がある。これらの小塔の間にきわめて小さなヒンドゥスターン式の真四角の小塔がある。この五つの大きい小塔の上に金メッキをした銅板をはめている。この諸壁面の外側には緑色のタイルが敷かれている。全面、緑色のタイルで料理バナナの木を表現している。

東の方の面の塔の所にハーティー・ポルがある。象を〔ヒンディー語で〕《ハーティー》といい、門を《ポル》という。この門の出口の所に一頭の象の姿を浮彫りにしている。象には二人

ラージャらの建物を見物

の象使いも乗っている。まったく象そっくりである。このためハーティー・ポルというのである。

四階建ての建物の最下層には、この巨大な象に向かって窓が開かれている。そこから象を間近に見ることができる。この建物の最上階が前述の諸小塔である。二階が居室である。これらの居室も穴のような所にある。ヒンドゥスターン人がいろいろと住みやすいよう配慮していたが、快適な場所とはいえぬ。

マーン・スィングの子ビクラマージートの建物群は城の北側の中央にある。子の建物群はその父の建物群ほどではない。一つの巨大なドーム付きの建物が造られている。非常に暗く、しばらくじっとしていてはじめて物が見えるようになる。この巨大なドーム付き建物の下方に一つのやや小さな建物がある。これにはどこからも光が入ってこない。

ラヒームダードの建造物

この巨大なドーム付きの建物の上に、ラヒームダードが一つのかなり小さな東屋《あずまや》を造っている。彼はビクラマージートの建物群に暮らしていた。このビクラマージートの建物群から一つの通路が作られている。それはその父の建物群に通じている。外部からはまったくわからない。内部からもそれがどこにあるのか見分けがつかない。数カ所から光が入りよい通路である。

ラヒームダードのマドラサと小庭園

私たちはこれらの建物を見物した後、出発して、ラヒームダードが造ったマドラサを見て回った。ついで城の南側の一つの大きな貯水池の傍らにラヒームダードが造営した小庭園を楽しんだ後、おそくオルドが下馬しているチャール・バーグに帰った。

この〔ラヒームダードの〕小庭園には多数の花が植えられている。美しい赤色のキョウチクトウがこの小庭園には多い。この地域（アーグラ方面）のキョウチクトウは花が桃の花のようである。グワーリヤルのキョウチクトウは真っ赤な美しい色をしている。私は幾株かの赤いキョウチクトウをグワーリヤルからアーグラの庭園に運んで植えさせた。

この庭園の南に一つの大きな湖がある。雨季の水がこの湖に集められる。この湖の西に一つの高いヒンドゥーの神殿がある。〔デリーを都とした奴隷王朝初期のスルターン〕スルターン・シャムスッ・ディーン・イレトミシュ(5)はこの神殿の傍らに一つの中央モスクを造営した。このヒンドゥーの神殿はきわめて高層で城内にこれより高い建物はない。ドールプルの山からグワーリヤル城とこの神殿を望見できる。この神殿の石はすべてかの大きな湖から切りとって運んで来たものだという。この小庭園に木造の東屋が造られている。かなり低く均斉もあまりよくとれていない。小庭園の門の所にヒンドゥスターン式のまずい形のイーワーンを造っている。

ウルワーの谷　翌朝（九月二七日）、私たちは正午の礼拝時にグワーリヤルのまだ見ていない所を見物する目的で出発し、マーン・スィングの城の外にあるバーダルガルという名の建物を見た後、ハーティー・ポル門から入ってウルワーという所へ行った。

このウルワーという所は城の西側にあり、谷間になっている。この谷間は山の上に造られている一つの城壁の外にある。谷間の入口の所に二層の高い城壁が造られている。この城壁の高さは三〇～四〇カルに近く、内側の城壁がより長く、かつより高い。この城壁は谷のこちら側とあちら側にある城の城壁に連結している。

この城壁の中央にこれよりも低い別の城壁が環状に接している。この城壁は端から端まである城壁ではなく、通水路のために造られたものであろう。この城壁の内部に水を取るためにワーイーン〔階段付きの大井戸〕を造っている。一〇～一五段で水面に達する。この大きい城壁の、井戸のある城壁へと出る門の上に、スルターン・シャムスッ・ディーン・イレトミシュの名を石に刻み込んでいる。年号は六三〇年（一二三二／三三年）である。この外の城壁の底部、城の外に大きな湖がある。おそらく〔時期によって〕水量の少なくなる湖ではない。この湖の水が通水路の所へ通じている。

このウルワーの内部にさらに二つの大きな湖がある。城の人々はこれらの湖の水を他の水よりも好んでいる。このウルワーの三方はずっと山である。石の色はバヤーナの石のように赤くはなく、やや色彩に乏しい。

このウルワーの周囲にある一枚板の岩を刻んで大小の神像を浮彫りにして描き出している。南側に一つの大きな神像がある。高さはおよそ二〇カルもある。これらの神像はすべて裸で、隠すべき所を覆わずそのまま見せている。ウルワーの内部にある二つの大きな湖の周囲に二〇～二五個の井戸が掘られている。これらの井戸から水を引いて野菜作りをしたり花や木を植えたりしている。ウルワーは悪い土地ではない。よい土地である。欠点は周辺にある神像である。私はそれらの神像をも破壊するよう命じた。

私はウルワーから再び城に登り、邪教徒らの時代以来閉じられたままであったスルターニー・ポルの座所を見物し、夕べの礼拝時にラヒームダードが造った小庭園に着いて下馬した。その夜はそこにいた。

ラーナー・サンガーの次男との交渉　同月一四日火曜日（九月二八日）、母親のパドマーワティーとともに〔ドールプルの西南、ジャイプルの東南にある〕ランタンボール城にいたラーナー・サンガーのビクラマージート[6]という名の次男のもとから人々が到着した。私がグワーリヤルに向け出発する以前にも、ビクラマージートが大いに信頼していたアスークという名のヒンドゥー人のもとから人々が到着し服従と臣従の意思を表明し、自分のためには七〇〇万の俸禄を要求して来ていた。私はランタンボールを彼に委ね、要求どおりの地区を下賜することに決定し、その者たちに退去の許可を与えた。

私はグワーリヤルに行くところであった。私たちは彼らにグワーリヤルで会う約束をした。彼らの到着は約束の日より数日おくれた。このヒンドゥー人のアスークはビクラマージートの母パドマーワティーの近しい親族であったらしい。彼はこの状況を、母と子にも話していた。彼ら（母と子）もこのアスークに同意して、私の味方につき私に仕えることを承知していたのである。

サンガーが〔一五一九年にハルジー朝の支配者〕スルターン・マフムードを破り、スルターン・マフムードが邪教徒（サンガー）の捕囚となった時、サンガーは名高い王冠と冠《かぶ》り物と金帯を手に入れ、スルターン・マフムードを釈放していた。その王冠と冠り物と金帯はビクラマージートの所にあったらしい。その兄のラタンスィーンは現在父に代わってラーナーとなり(7)チトールを占領していたが、王冠と冠り物と金帯を弟に渡すよう要求していた。しかし彼はこれを与えなかった。ビクラマージートはこれらの私のもとに来ている者たちを通じて、王冠と冠り物と金帯のことを私に告げさせていた。

彼はランタンボールの代わりにバヤーナを要求していた。私は、バヤーナは問題外であることを彼らに覚らせ、シャムサーバードをランタンボールの代わりに与える約束をした。その同じ日、私はこの来ている者たちに誉れの長衣を身につけさせ、九日の間にバヤーナに来るという約束で出発の許可を与えた。

グワーリヤルの神殿を見物

私はこの小庭園を発ちグワーリヤルの神殿を見てまわった。若干の神殿は二階建て、三階建てで、各階はかなり低く古風である。土台まわりには、すべて巨大な像が石刻されている。若干の神殿はマドラサ風でポーチコ（柱廊玄関）には大きな高いドームがあり、マドラサの小部屋のごとくである。そこにある各部屋の上にはきわめて狭いドームが石で造られている。下の各部屋には巨大な石で神像を刻んでいる。

私はこれらの建物を見物した後、グワーリヤルの東門から出て、グワーリヤル城の南側を見て回り、その後ハーティー・ポルの前にあるラヒームダードが造ったチャール・バーグに到着して下馬した。ラヒームダードはこのチャール・バーグに宴会のための食事を準備していた。彼はすばらしい食事を供し多くの贈物を献上した。金品合わせて四〇万の贈物であった。私はこのチャール・バーグを発って、おそく自分の庭園に帰った。

滝の見物　同月一五日水曜日（九月二九日）、私はグワーリヤルの東南六クロフの所にある滝の見物に出かけた。しかし私はここからかなりおそく出発したようである。私たちは正午の礼拝時すぎに滝の所へ到達した。〔馬のつなぎ綱の長さである〕一アルガムチ（約六～七メートル）の高さのある岩から、一基の水車を動かせるほどの水量の水がさらさらと落下している。この水が流れ落ちる所の下方には大きな水たまりができている。この滝の上の巨大な岩の上からこの水は流れて来ている。この水の下は巨大な石である。流れ落ちるすべての場所に水たまりができている。この水の傍らには巨大な別々の石がある。まるで坐るための場所のような形をしている。しかし水はいつも流れているというわけではないらしかった。

私たちは滝の上に座を占めてマージューンを服用した。滝の上流へと進み、水源地まで見て回ったあと戻り、一つの高みの上に登ってしばしそこに坐っていた。楽士たちが楽器を演奏し、読誦者たちが何がしかを読誦した。私はヒンドゥー人がティンドゥーと呼んでいる黒檀の木をそれまで見たことのなかった者たちに教えた。私たちはそこから引き返し山を下り、夕べの礼拝と就寝時の礼拝の中間の時刻にその地を出発した。二パース（午前〇時）近くにある場所に着いて睡眠をとった。昼の一パフル時（午前九時）にチャール・バーグに着き下馬した。

サラーフッ・ディーンの誕生地

同月一七日金曜日（一〇月一日）、私は〔ラーナー・サンガーの娘の義父である〕サラーフッ・ディーン(8)が生まれ過ごしたスーフジャナという村と、その村より上方の山間の谷間にあるレモンとサダーフィルの園を見物し、一パフル時（午前九時）に帰着してチャール・バーグに下馬した。

ドールプル城などを見る

同月一九日日曜日（一〇月三日）、私たちは日の出前にチャール・バーグを発ち、クワーリー川を渡った後、昼休みをとった。正午の礼拝時、そこを発ち、日没の時刻にチャンバル川を渡り、夕べの礼拝と就寝時の礼拝の時刻の中間の時刻にドールプル城に入り、蠟燭の光を頼りにアブル・ファトゥフが建設した公共浴場を見た後、そこを発ち、新たにチャール・バーグを造営している土地のダムの所に着いて下馬した。

翌日（一〇月四日）、造営を命じておいた地区を歩いて見て回った。一枚岩の所に造営を命じていた屋根付きの貯水池の底面を一様に完成できないでいた。私は石工を多数連れて来て、貯水池の底を、水を流し、水流の力であたりを同じ高さにするために調整するよう命じた。午後の礼拝時より少しおそく、貯水池の底面が一様に整えられた。私は水を満たすよう命じた。皆は水流の力であたりを同じ高さにして平らにするよう努めた。私はこの際、もう一つの貯水池をも一枚岩の所に刻み込むよう命じた。またその内部の小さな貯水槽をも一枚岩で掘り込むよう命じた。

〔六日間分の記事が欠落(9)〕

月曜日（一〇月一二日）、マージューン・パーティーがあった。

火曜日（一〇月一三日）もそこに留まった。

水曜日の夜(10)（一〇月一二日）、断食をやめて何かを食べ、スィークリーへ行くため出発した。二パフル（午前〇時）に近く、ある場所に下馬して眠った。寒さのせいかどうかはわからぬが、それに似た感じで、私の耳がこの夜非常に痛み、眠れなかった。

あけぼの時（水曜日の早朝）にここを発ち、一パフル時（午前六―九時）にスィークリーに造営した庭園に着いて下馬した。庭園の壁と井戸の建物が希望していたようになっていなかったので、監督者たちを叱り罰した。

午後の礼拝と夕べの礼拝の中間の時刻にスィークリーを発ち、マドハークールを過ぎ、ある場所に下馬して眠った。

アーグラに帰着　〔木曜日〕そこを発ち、一パフル時（午前六―九時）にアーグラに着き、城内でハディージャ・スルターン・ベギムにお会いした。ベギムは、ファフル・ジャハーン・ベギムの出立後も、いくつかの仕事のために残っておられたのである。私はジューン川を渡りハシュト・ベヘシュトの園に着いた。

サファル月三日土曜日（一〇月一七日）、おばの大ベギム（年長のベギム）の内、〔ティムール朝の君主であったスルターン・アブー・サイード・ミールザーの娘である〕三人のベギムたち、すなわちガウハル・シャード・ベギム、バディーゥ・ル・ジャマール・ベギム、アク・ベギム、そして小ベギム（年少のベギム）の内、スルターン・マスウード・ミールザーの娘ハンザーダ・ベギム、スルターン・バフト・ベギムの娘、私の母方のおばちゃん、つまりザイナブ・スルターン・ベギム[12]の孫が来て、トゥータを過ぎ、居住区の傍ら、川岸に下馬していた。私はそこに赴き、午後の礼拝と夕べの礼拝の中間の時刻にこの人たちに会った。そこからは舟で戻った。

ランタンボールに使節派遣　サファル月五日月曜日（一〇月一九日）、私はビクラマージートの前の使者と後の使者に、古参の臣下でベーラ出身のヒンドゥー人の一人であるディーワの子のハームースィーを加えて派遣した。この派遣の目的は、〔ビクラマージートが〕ランタンボールを私たちに委ねる件、そして私たちに仕えることを受諾する件について、彼ら流のやり方で誓約をし、赴いたこの私たちの部下がその状況を見て、知って、信じて、帰って来んがためであった。彼（ビクラマージート）がもしその約束を守り通すならば、私も、もし神が正義をもたらされるなら、彼の父の代わりに彼をラーナーの位に即《つ》け、チトールに置くであろうという誓約を与えた。

〔三日間の記事を欠く〕

ワジュフ・ダールに課税　その頃、デリーとアーグラのイスカンダルとイブラーヒームの財宝庫が使いつくされた。そのため、軍の武器、砲手や火縄銃の銃手の火薬や糧食のために、サファル月八日木曜日（一〇月二二日）、私は、すべてのワジュフ・ダール[13]はそのワジュフ[14]の三〇パーセントを財務庁に入れ、この諸用具・諸物のために使用せよという命令を出した。

使者をヘラートに派遣　同月一〇日土曜日（一〇月二四日）、かつて一度ホラーサーンの人々の所へ激励の手紙を運んでいったことのあるスルターン・ムハンマド・バフシーの〔配下の〕シャー・カースィムという名の歩兵を私はヘラートに派遣した。彼が運んだ手紙の要旨は、「ヒンドゥスターンの東と西の敵や邪教徒らについては、神の恩恵によって、私たちの心はおだやかとなった。この春、もし神が正義をもたらされるならば、私たちは必ず何としてでも〔ヘラートに〕赴くつもりである」というものであった。私はアフマド・アフシャール[15]にも手紙を送り、その欄外に自筆で〔弦楽器の〕コブズ奏者のファリードゥーンを派遣してくれるよう依頼した。

〔一一日間の記事を欠く〕

この日の昼、[16]私は〔下剤として使われた〕水銀の服用を始めた。

カームラーンらから上奏が到着　同月二一日水曜日（一一月四日）、一人のヒンドゥスターン人の歩兵が〔バーブルの次男〕カームラーンの上奏文とホージャ・ドースト・ハーワンドの上奏文を持って来た。

ホージャ・ドースト・ハーワンドは、〔去年の〕ズィー・ル・ヒッジャ月一〇日（一五二八年八月二六日）、カーブルに行き、〔その後にバダフシャーンの〕フマーユーンの所へ行ったらしい。〔チャーリカールの北方、ヒンドゥー・クシュ越えの峠の一つである〕フービーヤーンでカームラーンの部下がホージャの所へ来て、「ホージャ様、おいでくだささい。命令の出ていることは何であれお伝えくださ い。お会いして〔私と〕言葉を交わされた後、〔兄フマーユーンの所へ〕おいでください」という〔カームラーンの〕言葉を伝えた。カームラーンはズィー・ル・ヒッジャ月一七日（九月二日）にカーブルに来た。彼はホージャと言葉を交わし、ホージャをズィー・ル・ヒッジャ月二八日（九月一三日）、〔バダフシャーンの〕カルア・イ・ザファルへと見送った。

到着した上奏文にはよい知らせが記されていた。〔サファヴィー朝の君主〕シャーフザーダ・タフマースプがウズベクの撃退を決意し、ウズベク人リーニシュを〔イラン東北部、エルブルズ山脈南麓にある〕ダームガーンで捕えて殺し、その部下を皆殺しにした。ウバイド・ハンはクズルバシュについての確かな知らせを得ると、ただちにヘラート周辺を発ってマルヴに行き、サマルカンドとその周辺にいたスルターンたちを召集した。マー・ワラー・アン・ナフルにいたスルターンたちは全員マルヴに援軍として赴いた。

この同じ歩兵はフマーユーンの男児がヤードガール・タガーイーの娘から生まれたこと、カームラーンもカーブルで家長となること、彼が母方のおじスルターン・アリー・ミールザーの娘をめとることをも伝えて来た。

同じ日、私は甲冑職人のサイイド・ダクニー・シーラーズィーに誉れの長衣を着けさせ恩恵をほどこし、全智をかたむけて飲み水のための井戸を完成させるようにと命じた。

『ワーリディーヤ・リサーラス』を韻文化　同月二三日金曜日（一一月六日）、私の身体に熱が出た。集団礼拝をモスクで苦しみながらやっとすませたほどであった。正午の礼拝を、図書室に行って、そこで少したって、ようやくにしてすませた。

二日後の日曜日（一一月八日）、熱が出て少し震えがきた。

サファル月二七日火曜日の夜（一一月九日月曜日の日没後）、私の心に、〔ナクシュバンディー教団の首長〕ホージャ・ウバイドゥッラー猊下《げいか》の(17)〔猊下がその父のためにナクシュバンディー教団の教義をペルシア語で説明した〕『ワーリディーヤ・リサーラス』を韻文化しようという考えが浮かんだ。猊下の霊におすがりしつつ、私の心に次のような考えが浮かんだのであった。すなわち、もしこの韻文がかの猊下に受け入れられるならば、ちょうど『カスィーダ・イ・ブルダ』の著者の(18)カスィーダ（頌詩）が受け入れられ、彼自身、麻痺の病から解放されたように、私もこの病から救われ、それが私の韻文が受け入れられたことの証しとなるであろうと。

私はこの意図のもとにマウラーナー・アブドゥッ・ラフマーン・ジャーミーの『スブハ(19)』にも使用されている、最終脚が時にアブタル、時にマフブーネ・マフズーフである「ラマレ・ムサッダセ・マフブーン」の韻律(20)を用いて、『リサーラ』の韻文化に着手した。その夜も一三のバイト(21)を作った。日に一〇バイト以下しか作らぬなどということのないようにという義務のごときものを自分に課した。せいぜい一日休んだのみであった。昨年、というよりいつであれ、このような病にかかった時は病が少なくとも一カ月ないし四〇日続いた。神の恩恵と猊下の恩愛によって、二九日木曜日（一一月一一日）に少し具合が悪かった以外は、この病から解放された。

ラビーゥ・ル・アッヴァル月八日土曜日（一一月二〇日）、『リサーラ』の文章を韻文化する仕事が完成した。一日に四二バイトを作った。

出兵の予定を通告

サファル月二八日水曜日（一一月一一日）、私は諸方の軍に命令を送達し、「近々、神がそのように望まれるならば出兵の予定である。軍は武器を整えて急ぎ集結せよ」と伝えた。

〔九日間の記事を欠く〕

フマーユーンから使者が到着

ラビーゥ・ル・アッヴァル月九日日曜日（一一月二一日）、ベグ・ムハンマド・ターリークチが到着した。彼は昨年のムハッラム月の末（一五二七年一〇月末）にフマーユーン[22]のもとへ誉れの長衣と馬を届けに行っていたのである。

同月一〇日月曜日（一一月二二日）、ヴァイス・ラーガリーの子ベッギネとともに、バヤーン・シャイフという名のフマーユーンの家臣がフマーユーンのもとから到着した。ベッギネはフマーユーンの息子の誕生の吉報を伝えるために来た。その子の名をアル・アマーンとしていた。シャイフ・アブル・ワジュドは誕生の紀年銘として〔九三四年を示す〕「幸運なる君主（シャヒ・サアーダトマンド）」を案出した。

バヤーン・シャイフはベッギネよりはるかに後に出発していた。彼はサファル月九日金曜日（一〇月二三日）、〔バダフシャーンの〕キシムの下方のドーシャンバという所でフマーユーンと別れていた。彼はラビーゥ・ル・アッヴァル月一〇日月曜日（一一月二二日）にアーグラに到着した。はやく到着したものである。また一度、このバヤーン・シャイフはカルア・イ・ザファルからカンダハールまで一一日で着いたことがあった。

タフマースプがウズベクを破ったとの知らせ

このバヤーン・シャイフはシャーフザーダの到来とウズベクの敗北の報をもたらした。その詳細は以下のごとくである。

シャーフザーダ・タフマースプは、イラークから四万の兵とともにルーム方式で火縄銃と荷車を整えて急行軍で進み、ビスタームとダームガーンでウズベク人リーニシュを捕えその部下ともども殺害し、急ぎこの地を通過した。クズルバシュ（サファヴィー朝）の兵はケペク・ビーの子カンバル・アリーをも破った。彼は少数とともにウバイド・ハンのもとへ来た。ウバイド・ハンはヘラート近くに留まることを得策と考えず、すべてのバルフ、ヒサール、サマルカンド、タシュケンドにいるハンやスルターンたちのもとに指令を持たせて使者を急行させ、自らはマルヴに行った。

彼らはきわめてはやく集結した。タシュケンドからスユンチェク・ハンの長子ではなく小さい方の息子バラク・スルターン、サマルカンドとミーヤーン・カールからキュチュム・ハン、アブー・サイード・スルターン、プラド・スルターン、そしてヒサールからジャーニー・ベグ・スルターンの息子たちとともに、ハムザ・スルターンとマフディー・スルターンの息子たち、バルフからケティン・カラ・スルターン、それにすべてのスルターンたちが大急行軍で進み、マルヴでウバイド・ハンに合流した。一〇万五〇〇〇の軍勢となった。

彼らについての物見が以下のごとき情報をもたらした。すなわち、シャーフザーダはウバイド・ハンがヘラートの近くに少数の兵とともに滞留しているといって、四万の兵とともに急行軍で進んで来たが、今、この集結についての情報を得て、「イラン東北部、トゥースの西北方にある」ラードカーンの牧地に壕《ごう》を構築して滞留していると。

ウズベクらはこの情報を得ると、敵のことは考えずに相談して次のごとく決定した。すなわち、「すべてのハン、スルターンはマシュハドに滞留することにする。若干のスルターンらを二万の兵とともに任命し、クズルバシュのオルド近くに進み、その頭を出させないようにする。天蠍宮《てんかつ》が出現したら、ヤダ石使いらに命じてヤダ石の呪法（第1巻八九九年の出来事注92参照）を行なわせることにする。この作戦で敵を弱体化させ制圧することにする」と。

彼らはマルヴから出発した。シャーフザーダもマシュハドを出て、ジャームと「イラン東部、アフガニスタンとの国境に近いクーヒスターンのハーフの南方にある」ハルギルド近郊で対戦した。(23)ウズベク側が敗北した。多くのスルターンらが捕えられ殺害された。一つの書簡には、「キュチュム・ハン以外のどのスルターンが脱出に成功したかは正確には不明である。軍とともにいた者の内、誰一人なお帰還していない」と書かれていた。ヒサールにいたスルターンたちはヒサールを捨てて去った。本名をイスマーイールという、イブラーヒーム・ジャーニーの子チャルマはヒサール城にいたらしかった。

バーブル、フマーユーンらに書簡を送る

私はこのバヤーン・シャイフにフマーユーンとカ

ームラーンあての書簡を託して急ぎ引き返させることにした。

同月一四日金曜日（一一月二六日）、これらの書簡その他が整ったので、それらをバヤーン・シャイフに託し、出発させることにした。

一五日土曜日（一一月二七日）、彼はアーグラを発った。

フマーユーンあてに私が書いた書簡の草稿は次のごとくである。(24)

フマーユーンあて書簡の写し

「フマーユーンへ。

お前に会いたいとお前のことを想いながら、挨拶の言葉を送ります。

さて、ラビーゥ・ル・アッヴァル月一〇日月曜日（一五二八年一一月二二日）、ベッギネとバヤーン・シャイフが来ました。書状と上奏から、あの方面この方面の諸状況がよくわかりました。

有難きかな！　神はお前に一子を授け給うた。

お前にとっては息子を、私にとっては孫を。

至高の神がこのような愛情を常に私とお前にお恵みくださらんことを！　アーメン、世界の主よ！　お前はその子の名をアル・アマーンと付けたそうだね。神様が祝福されんことを。しかし、お前自身が「アル・アマーンと」書いているが、一般的には、人々はアラマとかエル・ア

バーブル（右）と長男フマーユーン

マーンという名を付けることはあるけれども、それ以外では、このようなアリフ、ラームの付いた名前は珍しいということにお前は気づいていないようだね。神がその子の名と身体とを幸せにしてくださらんことを！　神が私とお前のために幾千幾万年もアル・アマーンを幸運と幸福とを以てお支えくださらんことを！(25)

また、至高の神は、その御身におのずから備わった慈愛と慈悲とによって、私たちの諸事業をお進めくださっておられる。このようなことはどの時代にも稀なことなのだよ。

また、一一日火曜日（一一月二三日）、バルフの人々が〔バーブルの側の人物である〕クルバーンを招いてバルフに入城させたという誤った情報が到着しました。

また、カームラーンとカーブル在住のベグたちに「行ってフマーユーンに合流し、ヒサールとかサマルカンドとか、どの方面であれ、もしそれが国益になるようなら進め。神のご加護を得て、敵を破り国を取り、友を喜ばせ敵を逆さにしてやれ」という命令を出してあります。もし至高のアッラーが望まれるならば、いまこそお前たちが意を決して刀をふるうべき時なのだよ。眼の前にある仕事を誤らないようにしなさい。躊躇・逡巡は君主の責務にふさわしくないものです。

世界征服の事業に閑暇なし、
世界は急ぐ者の手中に収められるもの。
すべては結婚のために

休止される――君主の仕事を除いては。(26)

もし神の恩恵によってバルフとヒサール地方を征服できたならば、ヒサールにお前の部下を置き、バルフにカームラーンの部下を置くようにしなさい。もし神の恩恵によってサマルカンドをも制圧できたなら、サマルカンドでお前が統治しなさい。ヒサール地方は、もしアッラーが望まれるなら、王領地とする予定です。もしカームラーンがバルフでは不足だといったらそのことを報告しなさい。もしアッラーが望まれるなら、私がその不足分をかの諸地方から補ってやるつもりです。また、お前自身が承知しているように、六部分がお前のものになれば、五部分がカームラーンのものになるという定めが守られてきましたね。いつもこの定めを守って違《たが》うことのないようにしなさい。

また、お前の弟（カームラーン）と仲良く暮らしなさい。年長の者が重荷を背負わねばならぬものです。お前が彼とよい関係を保ってくれることを望んでいます。彼もシャリーア（イスラーム法）を守るよい若者に育っています。彼がお前に仕え、お前に忠実であるという点で誤ることのないようにと願っています。

また、お前に少しだけ小言があります。ここ二、三年この方、お前の所の者が一人としてこちらに来ていません。私が派遣した者も、やっと一年もたった後に帰って来ました。そうではなかったかな。

また、お前はお前の手紙の中で「淋しい、淋しい」と書いていますね。しかし孤独は、次の詩にも記されているように、君主の務めにそぐわないものです。

もし足かせをはめられたら、あきらめることを考えよ。
もし単騎で進むこととなれば、あくまで自らの道を進め。

（サーディー『ブースターン（果樹園）』第一章）

君主の務めほど大事な務めは他にはないのです。淋しがることは君主の務めにそぐわないのだよ。

また、私がいったように、お前はこれらの手紙を書いてよこしましたね。でもお前は読み返していないね。というのは、お前がお前の手紙を読み返すつもりになって、読み返したとしても、読めなかったはずだからです。読み返そうとしなかったら、どうしてお前は〔おかしいところを〕訂正できるだろうか。お前の手紙は苦労して読めばまあ何とか読めます。しかし文章が非常に不明瞭です。〔韻文学の一ジャンルである〕「謎々（ムアンマー）[27]」の散文など誰も見たことがありません。お前の綴りは悪くありません。もっとも非常に正しいというわけでもないが。お前は التفات を ط の文字を使って書いています[28]。また قولنج を ی の文字を使って書いていますね[29]。お前の字は四苦八苦すればやっと読めます。しかしこの不明瞭な言葉づかいからお前のいいたいことを完全に理解することは不可能です。たぶんお前が手紙を書く時に十分に注意を払わないのもその原因の一つでしょう。お前は文章に凝りたいといっていますが、そのために文意が不明瞭になっているのです。今後は凝らずに、わかりやすい明快な言葉を使って書きなさい。

そうすればお前の苦労も少なくてすむし、読む者の苦労も少なくてすむはずです。

また、お前は大事な仕事に赴くのだから、経験豊かなしっかりした意見や判断力を持つベグたちと相談して、彼らの意見に従って行動しなさい。もしお前が私の賛同を得たいと望むなら、独りきりでいたり、皆と少ししか会わぬといった生活の仕方をやめなさい。毎日二度、お前の弟とベグたちを勝手にさせず、お前のもとに呼んで、何であれ大事なことがあれば相談し、この味方たちの意見一致を見た上で最後の決定を下すようにしなさい。

また、ホージャ・カラーンは私とは親類づき合いの親密な交際を続けてきました。お前も、私がホージャ・カラーンとつき合って来たように、まったく同様に彼と交際しなさい。もし神の恩恵を得て、そちらの仕事が少し片づいたら、そしてカームラーンを必要としなくなったら、カームラーンにはバルフにしっかりした部下を置かせ、彼自身は私のもとへ来るようにさせなさい。

また、このような征服や勝利は私がカーブルにいる時に達成されました。そのため、私はカーブルを縁起のよい土地と考えてそれを王領地としました。お前の部下の誰であれカーブルを望むことのないようにさせなさい。

また、お前はよくやって、［バダフシャーンの有力者］スルターン・ヴァイスの心をつかみましたね。彼をお前の側《そば》に来させ彼の意見に従って行動しなさい。彼は物のよくわかった人物です。兵をよく準備してから進軍するように。口頭で伝えるべき指令についてはバヤーン・シャイフが承知しています。彼が知らせてくれるでしょう。
お前に会いたいと想いつつ、では元気で、さようなら。
ラビーゥ・ル・アッヴァル月一三日木曜日（一一月二五日）に書いた。」

カームラーンとホージャ・カラーンにも同様の内容の手紙を自筆でしたためて送った。

〔一六日日曜日から一八日火曜日までの三日間の記事を欠く〕

東方への遠征を決定　同月一九日水曜日（一二月一日）、私はミールザーたち、スルターンたち、テュルク人、ヒンドゥー人のアミールたちを招集して会議を持ち「今年中に必ずどこか一方面へと進軍する必要がある。私たちより先に〔バーブルの三男の〕アスカリーがプーラブに進軍する。ガング川の向こう岸のスルターンたちやアミールたちは、その軍とともにアスカリーのもとに来て合流し、国益になるどの方面であれそこへ向けて進軍する」と決定した。私はこのことを手紙に書いて、同月二二日土曜日（一二月四日）、一六日間で集結するという期限を定めて、ギヤースッ・ディーン・コルチをスルターン・ジュナイド・バルラースをはじめとするプーラブのアミールたちのもとへと急行させた。

口頭で伝えるべき指令の内容は以下のごとくであった――「ザルブ・ザン砲と荷車と火縄銃が戦いの諸設備・諸用具である。これらが整う前に、私は私たちより先にアスカリーを先発させた。私はガングの対岸にいるすべてのスルターンたちとアミールたちに、「アスカリーのもとに集結して、一つの方面に、もしそれが国益になるならば、神のご加護を得て進軍せよ。かの方面にいる味方の者たちと相談せよ」と命じた。もし私にもその必要が生じるなら、約束の期日を伝えに行った者が帰って来たら、ただちに、もし至高のアッラーが望まれるなら、私も出馬するつもりである。もしバンガーラ人が味方としての友好的な立場を保ち、またその間に私を必要とするようなことが起こらなければ、そのことを詳細に報告せよ。私は傍観していないで別の方面へと進軍するつもりである。諸兄は味方の者たちと相談し、アスカリーを伴って進み、かの地の諸務を至高の神の恩恵を得て片づけよ」。

〔二三日から二八日までの六日間の記事を欠く〕

アスカリーを司令官に任命　ラビーゥ・ル・アッヴァル月二九日土曜日（一二月一一日）、アスカリーに金をちりばめたベルト付きの短剣と君主にふさわしい長衣を身に付けさせ、軍旗、纛《とう》（旗指物）、太鼓、一連（ひとつなぎ）のアラブ馬、一〇頭の象、一連のらくだ、一連のラバ、君主にふさわしい諸用具・諸設備を賜与した。さらに会議の先頭に座を占めるよう命じた。彼のムッラーと二人の後見人にはボタン付きの上衣を、また他の家臣らには九つでひと揃いの衣服三組を賜与した。

スルターン・ムハンマド・バフシー宅を訪問　同月末日日曜日（一二月一二日）、私はスルターン・ムハンマド・バフシーの家へ出かけた。彼は道路にカーペットを敷き祝いの品を持って来た。金品合わせて二〇万以上を献上した。食事と贈物がすむと、私たちは別の部屋へ行って坐りマージューンを服用した。その後、三パフル時（午後三時）に出発して、川を渡り私邸に帰着した。

〔三日間の記事を欠く〕

アーグラ―カーブル間の駅站《えきたん》を設置

ラビーゥ・ル・アーヒル月四日木曜日（一二月一六日）、次のごとく決めた――すなわち、アーグラからカーブルまでの道のりをチクマク・ベグがシャーヒー・タムガチを書記として測量する。九クロフごとに、高さが一二カル（約六メートル）で上に四面に開かれた小部屋を持つ塔を設置する。一八クロフごとに六頭の駅馬(30)をつなぐ。駅員と馬丁のための糧食と馬のための飼料を定める。以下のごとく命ずる。もし駅馬をつないでいる場所が、もしどれかの王領地に近ければ、前述の必要の品々をそこから調達せよ。そうでなく、駅が誰かのベグの地区内にあれば彼に責任を持たせよと。この日、チクマクとシャーヒーがアーグラを出発した。私はこれらのクロフをミールに合うように定めた。『ムバイイン』(31)（バーブルの著作）の中で次のように記したごとくである。

一ミールはカダム(32)で四〇〇〇。ヒンド人はこれを一クロフと呼ぶ。知れよ。

彼らは一・五カル(33)を一カダムという。各カルは六トゥタム(34)である。知れよ。

一トゥタムは四エリク(35)、そして一エリクは六個の穀物の幅、この知識を知れ。

私は測量の綱の長さを、前述の一歩を一・五カル――すなわち九トゥタム――とする換算方法によって四〇カルと定めた(36)。つまりこの綱一〇〇の長さが一クロフとなる(37)。

祝宴を開く

同月六日土曜日（一二月一八日）、祝宴（トイ）が開かれた。クズルバシュ、ウズベク、ヒンドゥー人の使節らがこの祝宴に出席した。

クズルバシュの使節らは、右手、七〇～八〇カルほど離れた所に天幕をたてて坐らせ、ベグたちの内からユーヌス・アリーにクズルバシュと同席するよう命じた。左手も、同様にウズベクの使節らを坐らせ、ベグたちの内からアブドゥッラーに彼らと同席するよう命じた。

私は新しく建てた八角形の、〔甘い香りのする草の根である〕ハスの日除けで覆われた部屋の北側に座を占めた。

私の右手には、五、六カルの所に〔モグールのスルターン・アフマド・ハンの第一〇子〕トフタ・ブガ・スルターン、アスカリー、ホージャ猊下の子孫のホージャ・アブドゥッ・シャヒード、〔ホージャ・ヤフヤーの孫で、バーブルの親友であるホージャ・カラーンとは同名異人の〕ホージャ・カラーン、ホージャ・チシュティー、ハリーファ、そしてサマルカンドから来たホージャたちの従者のハーフィズやムッラーたちが座を占めた。

私の左手には、五、六カルの所に、ムハンマド・ザマーン・ミールザー、タング・アトミシュ・スルターン、[38] サイイド・ラフィー、サイイド・ルーミー、シャイフ・アブル・ファトゥフ、シャイフ・ジャマーリー、シャイフ・シハーブッ・ディーン・アラブ、サイイド・ダクニーが座を占めた。

すべてのスルターンたち、ハンたち、貴人たち、アミールたちは食事の前に、金貨、銀貨、

諸国からの使節も出席したインド征服の祝宴を開く

銅貨や布地や物品の祝いの品を持参した。私は私の前に小さなカーペットを敷くよう命じた。金貨と銀貨がその上にばらまかれた。布地や白生地や貨幣のつまった布の包みがこの金貨、銀貨の傍らに積み上げられた。

食事の前、祝いの品が運ばれて来ている間に、猛り狂うらくだと象を向かいの島で戦わせていた。幾頭かの牡羊も戦わせた。その後、レスラーたちがレスリングをした。

牡羊を戦わせる

品数の多い食事が供された後、私はホージャ・アブドゥッ・シャヒードとホージャ・カラーンに、らくだの毛で編んだ表地の付いた、綿で出来た甲冑を、それぞれにふさわしい誉れの長衣とともに身につけさせた。ムッラー・ファッルフとハーフィズをはじめ一緒に来た者たちには上着を身につけさせた。〔ウズベクの支配者〕キュチュム・ハン(39)の使節と〔サファヴィー朝からの使節〕ハサン・チェレビ(40)の弟にも、絹製の冑《かぶと》と、ボタン付きの布で出来た甲冑を、それぞれにふさわしい長衣とともに賜与した。〔キュチュム・ハンの子〕アブー・サイード・スルターン(41)、〔キュチュム・ハンの妃〕ミフル・バーン・ハニム、その子プラド・スルターンのそれぞれの使節たちに、またシャー・ハサンの使節にはボタン付きの上着と絹のコートを賜与した。

二人のホージャと二人の重要な使節たち、つまりキュチュム・ハンの家臣とハサン・チェレビの弟には、銀の石の重さの金と金の石の重さの銀を量って賜与した。金の石は五〇〇ミスカールで、カーブルの石では一セールに当たる。銀の石は二五〇ミスカールで、カーブルの半セールに当たる。

ホージャ・ミール・スルターンとその息子たち、ハーフィズ・タシュケンディーとムッラー・ファッルフをはじめとするホージャの従者たち、それにその他の使節らにも金銀を箙《えびら》（矢を入れて背負う道具）とともに賜与した。ヤードガール・ナースィルにはベルト付きの短剣を賜与した。

また、筏使いのミール・ムハンマドはガング川に巧みに橋を作ったので賜与に値する者となっていた。このミール・ムハンマドと火縄銃の銃手たちの内、第一人者のハージー・ムハンマド、第一人者のバフルール、それにワリー・パルスチに短剣一振りを賜与した。ウスタード・アリー・クリーの二人の息子にも短剣を賜与した。またサイイド・ダーウード・ギャルムスィーリーにも金銀を賜与した。

また、私の娘マースーマと私の息子ヒンダルの家臣らにボタン付きの上着と絹の長衣を賜与した。

また、アンディジャーンからと、私たちが領地もなく故郷もなく放浪していた土地や〔アンディジャーンのイスファラ地方の〕スーフとフシュヤール(42)から来た者たちに、上着、絹の長衣、金銀、布地や諸物品を賜与した。クルバーンとシャイヒーの家臣らと、〔ヒンドゥー・クシュ山中の町でサイガーンの北方にある〕カフマルドの平民たちにも同様に賜与した(43)。

軽業師たち　食事が供された後、私はヒンドゥスターン人の軽業師たちに来て技を見せるよう命じた。軽業師たちが来て技を見せた。ヒンドゥスターンの軽業師たちはかの地方（中央アジア方面）の軽業師たちが見せたことのないいくつかの技を見せた。

その内の一つは、七つの輪を一つを額の上、二つを膝にのせ、さらに残りの四つの輪の内二つを両手の指で、他の二つを両足の指で素早く滞《とどこお》りなく回すものである。

別の一つは、くじゃくの身ごなしを真似て一本の手を大地に置き、もう一本の手と両足で三つの輪を素早く滞りなく回すというものである。

もう一つは、かの地方の軽業師たちは二本の木を足に結わえて竹馬にして道を進むが、ヒンドゥスターンのこれらの軽業師たちは一本の木を竹馬にして道を進むというものである。彼らはその木を足に結わえることもしない。

もう一つは、かの地方では二人の軽業師が支えあって二回宙返りをするが、ヒンドゥスターンの軽業師たちはお互いに支えあって三、四回宙返りを行なうというものである。

もう一つは、六、七カルの木の下端を一人の軽業師がその腰の所で支え、木を垂直に保って立ち、もう一人の軽業師がこの木に登って木の上で演技するというもの。

もう一つは、一人の小さな軽業師が別のもう一人の大きな軽業師の頭上に登りまっすぐに立つ。下の軽業師があちらこちらと速く歩きながら技を見せる間に、この小さい方の者はかの軽業師の頭上に登ってまっすぐに動かずに立ち、彼もまた技を見せるというものである。多数の踊り子も来て踊りを見せた。

夕べの礼拝時近くに、私は金貨、銀貨、銅貨を多数ばらまいた。叫び声や押し合いで大変な騒ぎになった。夕べの礼拝と就寝時の礼拝との間の時間、私は五、六人の昵懇《じっこん》の者を私の傍らに坐らせた。私は一パフル（三時間）以上坐っていた。

翌朝（一二月一九日）、二パフル時（正午）に、私は舟に乗ってハシュト・ベヘシュトに戻った。

アスカリー、東方へ出発　月曜日（一二月二〇日）、すでに行軍を開始し、町を出ていたアスカリーが到着し、公共浴場で出発の許可を得て、東方へと出発した。

バーブル、ドールプルへ行く　火曜日（一二月二一日）、私は〔アーグラ南方の〕ドールプルで建設を命じておいた貯水池と井戸の建物を見に出かけた。一パフル一ガリー（午前九時二四分）に庭園から出発した。夜の第一パースの五ガリーとなった時刻（午後七時四〇分）、私はドールプルの庭園に着いた。

同月一一日木曜日（一二月二三日）、石造の井戸、二六本の石の管、石の柱、一枚岩に掘り込んだ水路の準備が完了し、この日の三パフル（午後三時）から井戸の水の汲み上げを開始した。ドールプルで働いていた石工、大工、それにすべての労働者たちに、アーグラの棟梁や労働者たちの規準に従って賜与を行なった。井戸の水に臭みがあったので、用心のため一五昼夜休まず水車を回して水を汲み上げ続けるよう命じた。

金曜日（一二月二四日）、第一パフルの一ガリー前（午前五時三六分）に私はドールプルを発った。日没前に川を渡った。

〔三日間の記事を欠く〕

クズルバシュ対ウズベク戦の目撃談　同月一六日火曜日（一二月二八日）、クズルバシュ（サファヴィー朝）とウズベクの戦いに参加していたデーヴ・スルターンの家臣が到着した。彼は次のごとく述べた。すなわち、ジャームとハルギルドの近くで、アーシュールの日（ムハッラム月一〇日）、テュルクメンとウズベクの戦いが行なわれた。あけぼの時から正午の礼拝時まで戦いが続いた。ウズベク軍は三〇万人であったと彼は述べた。テュルクメンは四、五万人であったらしい。彼はその軍勢を一〇万と見積もった。しかし、ウズベクは自軍を一〇万六〇〇〇といっていた。

クズルバシュの兵はルーム方式によって荷車、大砲、火縄銃の銃手を整え、自軍を固めて戦った。二〇〇〇台の荷車と六〇〇〇人の火縄銃の銃手がいたらしい。シャーフザーダとチョーハ・スルターンは二万のすぐれた若党らとともに荷車の内側に立っていた。他のベグたちを荷車の外側に右翼・左翼として配列した。ウズベクらは攻め来たるや否や、外側の兵を破り次々に落馬させて捕え移動した。彼らは背後に回ってらくだと輜重《しちょう》を捕獲した。最後に荷車の内側にいた者たちは鎖をといて出撃した。ここでも激戦が行なわれた。彼らはウズベクを三度撤退させた。至高の神の恩恵によってウズベクを打ち破った。

キュチュム・ハン、ウバイド・ハン、アブー・サイード・スルターンをはじめとする九人のスルターンが捕虜となった。ただアブー・サイード・スルターンのみが生存していたという。他の八人のスルターンは殺された。ウバイド・ハンの身体は見つかったが、首は見つけられなかった。ウズベクの五万人、テュルクメンの二万人が殺された(44)。

〔ここに記事が欠けている可能性がある(45)〕

西方への遠征の準備　また、この同じ日(46)、一六日という集結の期限を手にジャウナプル（ジャウンプル）に行っていたギヤースッ・ディーン・コルチが帰って来た。スルターン・ジュナイドらはハリードに出征していた。このため期限に間に合うことができなかった。スルターン・ジュナイドは口頭で伝えるべき報告として「有難いことに神の恩恵によってこの方面では陛下にご出馬いただくほどの状況は見当たりません。もしミールザー（アスカリー）が来られ、この近辺のスルターンやハンやアミールらにミールザーの指揮のもとに進軍せよと命ぜられるなら、すべては容易に処理されることが期待できます」と伝えた。スルターン・ジュナイドのもとからはこのような答えが到着したが、皆は、邪教徒サンガーとの戦いの後、バンガーラ

（インド東部のベンガル）へ使者として派遣してあったムッラー・ムハンマド・マズハブが今日明日の内に到着するといっていた。私は彼の報告をも待った。

同月一九日金曜日（一二月三一日）、私がマージューンを服用し、数人の昵懇の者たちと私邸に坐っていた時、ムッラー・ムハンマド・マズハブが土曜日の夜（金曜日の午後六時以降）おそくに到着して私のもとに伺候した。私たちはかの方面の諸状況を逐一たずね、バンガーラ人が忠実で表裏のない立場にあることを知った。

日曜日（一五二九年一月二日）、私たちはテュルク人、ヒンドゥー人のアミールたちを私邸に召集して相談した。その結果、次のごとき議論がなされた。すなわち、バンガーラ人は使者を送って来た。彼らは忠実で表裏なき立場にあると思われる。バンガーラに出征すること自体、不適当である。バンガーラに出征しないとすれば、かの方面には兵士の助けになるような財宝庫のある土地は他にない。西方には、近いうえに財宝庫もあるいくつかの土地がある。

富はいと多く、人は邪教の民、道程は短し。
東方はかなたなれど、こはいと近し。

結局、次のごとく決定した——西方に向け出征する。西方遠征は道程が短い。そのためここに数日間留まり、東方について心を休めて後、出征することができる、と。

再びギヤースッ・ディーン・コルチを二〇日での集結の期限を持たせて、プーラブのアミールらのもとへ命令書を届けるべく急行させた。命令書の内容は、ガング川の向こう岸にいるすべてのスルターン、ハーン、アミールたちはアスカリーのもとに集結し、〔ローディー朝のアフガン人らとそれを支援するビバン、バーヤズィードなど〕これらの敵に向け出征せよというものであった。ギヤースッ・ディーン・コルチには、これらの命令書を届けた後、そこにあるあらゆる情報を蒐集して、それを期限内に届けに戻るよう命じた。

バルーチ攻撃に軍を派遣　この頃、ムハンマディー・キョケルダシュからバルーチ(47)が再び来攻して、いくつかの地域を荒らしまわったという報告書が届いた。このため、私はチーン・ティムール・スルターンを任命し、〔パンジャーブの〕スィフリンドと〔デリーの北方、やや西寄り、パティアラの西南にある〕サーマーナの彼方にいるベグたち、すなわち、アーディル・スルターン、スルターン・ムハンマド・ダウラダイ、ホスロー・キョケルダシュ、ムハンマド・アリー・ジャング・ジャング、アブドゥ・ル・アズィーズ・ミーラーフール、サイイド・アリー、ワリー・クズル、カラチャ、ハラーヒル、アーシク・ブカーウル、シャイフ・アリー、カッタ、グジュール・ハーン、ハサン・アリー・スワーディーをはじめとする人々は〔チーン・ティムール・〕スルターンのもとに集結し、六カ月分の装備を備えてバルーチに向け進軍するようにと命じた。また彼らには、スルターンの点呼・指令に出頭し、彼の適切な、慣習に基づく命令に違《たが》わぬよう命じた。この命令書を送達するためアブドゥ・ル・ガッファール・トゥワチを任命した。

次のごとく定められた。すなわち、彼はまずチーン・ティムール・スルターンのもとへこの命令書を届ける。ついで、前述のベグたちに命令書を示し、その地がいずこであれ、チーン・ティムール・スルターンが決めた場所に全員を軍とともに出頭させる。アブドゥ・ル・ガッファール自身もこの軍に加わる。誰であれ怠慢や不注意な態度を見せたらそれを報告書にして提出する。そのような過誤を犯した者はその地位・身分を剝奪し領地を没収する、と。私はこれらの命令書を委ね、口頭で伝えるべき命令を伝え、アブドゥ・ル・ガッファールに出発の許可を与えた。

ドールプルにおける造営　同月二八日日曜日（一月九日）の夜（土曜日の午後六時以降）、第三パフルの六ガリー時（午前二時二四分）、私たちはジューンを渡ってドールプルの「蓮華の園（ニールファル・バーギ）」に向かった。日曜日、昼の三パフル（一月九日午後三時）近くに園に到着した。園の周囲にベグたちや近習たちに土地やユルトをあてがい、それぞれ各自のために建物や庭園を造営させることにした。

ジュマーダーゥ・ル・アッヴァル月三日木曜日（一月一三日）、園の東南の方向に公共浴場のための土地を定め、その土地が平らに整備された。私はこの整備した土地にまず公共浴場の柱礎を設置した後に公共浴場の設計をするよう命じた。この公共浴場の一室に一〇（ガズ）四方の風呂を造るよう命じた。

アーグラに帰りプーラブ遠征を決定　同じ日、カーズィー・ジーヤーとナル・サング・デーオの報告書をアーグラからハリーファが送達して来た。［ベンガルの西北に隣接する］ビハールをイスカンダルの子マフムード[48]が奪取したということであった。この知らせが届くと、私は出征を決意して、翌金曜日（一月一四日）、六ガリー（午前八時二四分）に「蓮華の園」を発ち、夕べの礼拝時にアーグラに帰着した。〔ティムール朝末期の君主バディーウッ・ザマーン・ミールザーの子で、バーブルの娘婿である〕ムハンマド・ザマーン・ミールザーはドールプルに行っていたらしい。途中で出会った。チーン・ティムール・スルターンも同じ日アーグラに来たらしい。

翌土曜日（一月一五日）、会議に加わるベグたちを招集して、一〇日木曜日（一月二〇日）、プーラブ方面へ出発することを決定した。

バダフシャーン方面の情勢　またこの同じ土曜日、カーブルから書状と情報が到着した。それらによれば、フマーユーンがかの方面の兵を集め、スルターン・ヴァイスを自軍に加え、四、五万の兵とともにサマルカンドに向かった。ヒサールにはスルターン・ヴァイスの弟シャー・クリーが行って入城した。タルスーン・ムハンマド・スルターンはティルミズから進み、〔北方からアームー川に注ぐカーフィルニハーン、ヴァフシュ両河の河間地帯にある〕カバーディヤーンを占領し援軍を求めていた。フマーユーンはテュレク・キョケルダシュとミール・フルドを多数の兵とともに、そしてそこにいたモグールらとともに、タルスーン・スルターンのもとへ援軍として派遣し自らも彼らの後から進んでいた。

バーブル、プーラブに向け出征　ジュマーダーゥ・ル・アッヴァル月一〇日木曜日（一月二〇日）、三ガリーの後（午前七時一〇分頃）に私はプーラブをめざして出征し、ジャリーサルの村よりやや上流の地点で、舟でジューンを渡り、ザラーフシャーンの園に到着した。纛、太鼓、厩舎、そしてすべての兵士は庭園の対岸の川の向こう岸に留まって野営するよう命じた。私に謁見に来る者は舟で渡って来るよう命じた。

土曜日（一月二二日）、バンガーラの使節であるイスマーイール・ミーターがバンガーラ人の贈物をたずさえて来て、ヒンドゥスターン式の流儀で私に挨拶した。すなわち、まず彼はゲズ矢一射程距離分の所に来て敬意を表して戻った。ついで人々は彼にスィール・ムーイネと呼ばれる定めの長衣を身につけさせて連れて来た。彼は、われわれの流儀に従って三度ひざまずいた後、進み、〔ベンガルの支配者〕ヌスラト・シャー(49)の報告書を提出した。彼は運んで来た贈物を置いて戻った。

月曜日（一月二四日）、〔ナクシュバンディー教団の聖者〕ホージャ・アブドゥ・ル・ハック(50)が到着された。私は舟で川を渡り、ホージャのテントに赴いて挨拶した。

火曜日（一月二五日）、ハサン・チェレビが到着して挨拶に来た。兵の攻撃の手配を整えるために、数日間、私はチャール・バーグに留まった。

バーブル、アンワールに到着　同月一七日木曜日（一月二七日）、三ガリー後（午前七時一〇分頃）にそこを発った。私は舟に乗って進んだ。私はアーグラから七クロフの所にあるアンワールの村に下馬した。

日曜日（一月三〇日）、私はウズベクの使節らに出発の許可を与えた。キュチュム・ハンの使

ベンガルからの使節を引見するバーブル

節アミーン・ミールザーにベルト付きの短剣、錦のチョッキ、七万タンガを賜与した。アブー・サイード・スルターンの家臣ムッラー・タガーイーに、そしてミフル・バーニー・ハニムとその子プラド・スルターンの家臣らにボタン付きの上着と絹の誉れの長衣を身に付けさせた。彼らにはそれぞれの位に応じて貨幣を賜与した。

翌朝（一月三一日）、ホージャ・アブドゥ・ル・ハックにアーグラで滞在するための、そしてウズベクのハンとスルターンらのもとから使節として来ていたホージャ・ヤフヤーの孫ホージャ・カラーンにサマルカンドへ出発するためのそれぞれ許可を与えた。

フマーユーンの息子の誕生祝いとカームラーンの結婚祝いのため、ミールザーイェ・タブリーズィーとミールザー・ベグ・タガーイーに祝いの品として一万シャールヒー銀貨を持たせて派遣した。私は、私自身が身に付けていたコートと短剣を二人のミールザーらに送った。ムッラー・ベヘシュティーを通じて、ヒンダルに金をちりばめたベルト付き短剣、金をちりばめた筆箱、真珠貝をちりばめた椅子、私が着用していた短い上着と絹の腰帯、〔バーブルがアラビア文字をもとに新たに作成した〕バーブル文字(51)の文字一覧表とこの文字で書いた断片を送った。フマーユーンに私がヒンドゥスターンに来てから作った翻訳〔『リサーラ・イ・ワーリディーヤ』〕と詩を送った。ヒンダルとホージャ・カラーンにも翻訳と詩を送った。ミールザー・ベグ・タガーイーを通じまたカームラーンにも翻訳とヒンドに来て以来作った詩とバーブル文字で書いた宛名書きを送った。

火曜日（二月一日）、カーブルへ行く者たちに手紙を書いて託し出発を許可した。またアーグラとドールプルで建築している建物のことを思い出し、ムッラー・カースィム、石工ウスタード・シャー・ムハンマド、ミーラク・ミール・ギヤース、石工ミール、すき掘り人夫シャー・バーバーをこれらの完成のための責任者に任命し出発させた。

バーブル、アンワールを出発

一パフル（午前九時）近くに私はアンワールを発った。結局、正午の礼拝時に、チャンドワールから一クロフの所にあるアバープルという名の村に下馬した。

木曜日（二月三日）の夕刻、私はアブドゥ・ル・ムルーク・コルチをハサン・チェレビに加え(52)シャーのもとへ、またチャプクをウズベクの使節らとともにハンらとスルターンらのもとへ派遣した。

夜が明けるまでまだ四ガリーある時刻（午前四時三〇分頃）にアバープルを発ち、あけぼの時にチャンドワールの近くを経て進み、舟に乗った。就寝時の礼拝の時刻に〔アーグラとエターワの中間、ヤムナー川左岸にある〕ラープリーの前で舟をおりオルドに到着した。オルドはファトゥフプルに下馬していた。

私たちはファトゥフプルに一日滞在して、土曜日（二月五日）の早朝、浄めをした後出発し、ラープリーの近くであけぼの時の集団礼拝を皆とともに行なった。マウラーナー・マフムード・ファーラービーがイマーム（導師）を務められた。陽が昇ると私はラープリーの大曲がりの下流の所で舟に乗った。

私はさまざまな書体で翻訳（53）（『リサーラ・イ・ワーリディーヤ』）を書くために、今日、一一行分のミスタル（54）を作成した。同じ日、アッラーの民（ホージャ・アフラール）のお言葉が私の心に警告を与えた。

私たちは、ラープリー地方のジャーキーンという名の地区の向かいで舟を岸に寄せ、その夜は舟で過ごした。

あけぼのの前に、そこから舟を進め、途中であけぼのの時の礼拝を行なった。私が舟中にいた際、スルターン・ムハンマド・バフシーが〔カーブルにいるバーブルの親友〕ホージャ・カラーンの家臣のシャムスッ・ディーン・ムハンマドを連れて来た。書簡と口頭での説明からカーブルの諸状況がよくわかった。〔エターワの支配権を持ち、バーブルの姉ハンザーダ・ベギムをめとっていた〕マフディー・ホージャも舟にいる時に到着された。

翌日（二月七日）、正午の礼拝時、私はエターワの前の川の対岸にある庭園に行き、ジューンで沐浴をした後、正午の礼拝をした。私たちは礼拝をした場所から少しエターワの方に進み、同じ庭園の樹木の木蔭の川を見おろす丘の上に坐って若党たちを楽しませた。マフディー・ホージャが注文された料理をここでホージャに供した。私は夕べの礼拝時、川を渡り、就寝時の礼拝の時刻にオルドに着いた。

私は軍の集結のためとシャムスッ・ディーン・ムハンマドを通じてカーブルにいる者たちに渡す幾通かの書簡を書くため、二、三日、このユルトに滞在した。

幾通かの書簡を出す　ジュマーダーゥ・ル・アッヴァル月末日水曜日（二月九日）、私はエターワを発ち、八クロフ進んでムーリーとアドゥーサに下馬し、まだ残っていたカーブルに送るべき幾通かの書簡をこのユルトでしたためた。

フマーユーンあてには次のようなことを書いた。すなわち、「もし現在に至るまでなお記すべきような仕事をなしえないでいるのであれば、盗賊や放浪者たることをやめよ。提案されている和平の件をもつれさせるな」というものである。さらにまた、「私はカーブル地方を王領地とした。王子たちの誰であれそれを望ませぬように」というものである。また「私はヒンダルを呼んでいる」というものである。

一方、カームラーンあてにはシャーフザーダとよい交際関係を保つべきこと、ムルターン地方を彼に賜与したこと、カーブル地方が王領地となったこと、家族・一族が到着したことを書いた。

また若干の状況は私がホージャ・カラーンにあてて書いた書簡から明らかであるため、その書簡の草稿をそのままここに記した。

ホージャ・カラーンあて書簡

「ホージャ・カラーン様

拝啓　シャムスッ・ディーン・ムハンマドがエターワに到着しました。〔カーブルの〕諸状況がよくわかりました。

私たちのあちらの方面（カーブル、中央アジア方面）へ行きたいという希望は限りなく際限がありません。ヒンドゥスターンの諸事もまずは落ち着きつつあります。私が至高の神に願うのは、こちらの案件が至高の神の恩恵によって早期に片づくことです。私はこちらの案件が落着したら、もし神がそれを望まれるなら、ただちに出発するつもりです。

かの諸地方の良きものをどうして忘れることができましょう。特に、このように改悛して（断酒して）、世捨て人同様に暮らしている現在、メロン、ぶどうのごとき法に適った楽しみをどうして心の中から忘れ去ることができましょう。このたび一個のメロンを持って来てくれました。切って口にすると、感きわまって私はただただむせび泣きました。

カーブルの秩序なき状況について書かれていました。私はこれについて考えをめぐらしてみて、結局、次のようにするのが良策と考えました。七、八人の支配者が一つの地方にいてはどうしてよく秩序を保ちうまく治めることができましょう。私はこのため私の姉と妻たちをヒンドゥスターンに呼び寄せました。

また、すべてのカーブル諸州とその近郊を王領地としました。私はこのことをフマーユーンとカームラーンにも書簡で説明しました。これらの書簡を誰かすぐれた者にミールザーたち（フマーユーンとカームラーン）の所へと届けさせてください。以前にも私はまったく同様の内容の書簡を書いて送りました。そのことはご存じのはずですね。今や、かの地方の秩序ある統治と民生の繁栄という点では、どのような言訳も許されず、どのような言葉も無意味です。

今後、もし城内が整備されず民に繁栄が見られないならば、また糧食が貯えられず財宝庫が満たされないならば、その責任は「国家の支柱（ウムダトゥ・ル・ムルク）」（ホージャ・カラーン）の無能に帰せられるでありましょう。

いくつかの必要事について次に書きます。いくつかについてはすでに命令書が送られています。その一つは「多くの財貨を財宝庫に蓄積せよ」というものです。

必要なことは以下のごとくです。まず、城の修復、次に糧食、次に往来する使節やボイラ(55)の糧秣と旅行手当、次に中央モスクの建物のための資金を税収の内から取りそれを合法化して使用させること。次に隊商宿と公共浴場の修復、次に内城でウスタード・ハサン・アリーが建設していた焼き煉瓦による未完成の建物の完成。この建物についてはウスタード・スルターン・ムハンマドと相談して、適切な設計図に基づいて建築続行を指令させるように。もしもウスタード・ハサン・アリーが案出した以前の設計図があるなら、まさにそのとおりに完成させるように。もしそのような設計図がなければ、共同でよい設計の建物を建設させるように。その内庭が会議室の内庭と同一レヴェルになるようにさせること。

次に峡谷のフルド・カーブル側の出口の所でブトハーク川に連結するフルド・カーブルのダム、およびガズニーのダムの修復。次に大道の園と大通り。次にこの庭園の水が乏しいので、ここに一基の水車を動かせるほどの水量の水を買って引き入れることが必要です。次に私はホージャ・バスタの西南にあるトゥトゥム谷の水を一つの丘の上に導き、貯水池を造り若木を植えさせていました。その場所が渡しの向かいにあり、よい眺めが開けているため「展望所」と名づけられていました。ここにもよい若木を植える必要があります。設計図に基づくしっかりした緑地を作り、その周辺に美しい色のよい香りの花と薬草を植える必要があります。

次にサイド・カースィムをも君の補佐として任命しました。

次に火縄銃の銃手たちとウスタード・ムハンマド・アミーン・ジェベチの状況をないがしろにしてはなりません。

次にこの書簡が着いたらすぐに、私の姉と妻たちを早急に出発させてニーラーブまで付き添って来るように。この書簡が到着したらすぐに、その週の内に彼らがどんなにぐずぐずしていても必ず出発させるように。というのは、ヒンドゥスターンから彼らの出迎えに赴いた兵は物の十分にない土地で食糧不足に苦しんでおり、また彼らがその地方を破滅させているからです。

次にアブドゥッラーに出した書簡の中に書いたように、〔飲酒についての〕改悛の谷で満足することについては多くの心の動揺を経験しました。次の四行詩が少し改悛の妨げとなりました。

酒をやめて私の心は落ち着かぬ。
どうしてよいかわからず途方にくれている。
皆は後悔して、断酒を続けている。
私は断酒して、後悔しているのだ。

〔高名な詩人〕ビナーイー（第2巻九一一年の出来事注40参照）の機知が思い出されました。ある日、アリー・シール・ベグの傍らでビナーイーが即妙の答をしました。アリー・シール・ベグはボタン付きの上着を着ていたようです。彼は「君はうまい即妙の答をした。上着を贈呈しよう。ただしボタンは別だ。ボタンは邪魔だろう」と〔ペルシア語で〕いいました。これに対してビナーイーは「ボタンが何で邪魔になりましょう。ボタン穴[56]が問題なのです」と〔ペルシア語で〕答えました。もっともこの話[57]の真偽のほどについては、どうかごかんべん願いたい。このような話はありますが、どうか後生だから大して気にしないでください。

次にこの四行詩は去年作ったものです。実際、この二年間、ワインの宴会をしたいという願いは無限のものがありました。酒への断ちがたい想いの故に泣いたほどです。でも、今年はアッラーのおかげでそのような心の動揺はすっかりなくなりました。たぶん翻訳を韻文化したこと[58]が祝福され、認められた結果なのでしょう。あなたも断酒を守ってください。宴会やワインは友達や気の合う仲間と飲むのが最高です。

　君は今、誰と宴会をし、
　誰とワインを飲んでいるのですか。

もし君の宴会の友達や仲間がシール・アフマドとハイダル・クリーであるのなら、断酒にはほとんど問題はないはずです。

以上、君に会いたいと願いつつ、

敬具

ジュマーダーゥ・ル・アーヒル月朔日木曜日（二月一〇日）に書いた。」

この忠告をまじえた文章を書いた時、私は感無量の想いを禁じえなかった。私はこれらの書簡をシャムスッ・ディーン・ムハンマドに託し、口頭で伝えるべき言葉を伝えて、木曜の夜、出発させた。

その他の書簡などの送達

金曜日（二月一一日）、私は八クロフ進んでジューマンドナーに下馬した。〔ウズベクの王子〕ケティン・カラ・スルターン（一五二、二四〇頁参照）が派遣した家臣が、使者として来ていたカマールッ・ディーン・クナークという名のスルターンの家臣のもとへと到着した。スルターンは国境地帯のベグたちの行動と彼らの交流ぶりについて、また略奪・盗難の怖れと苦情についていろいろと書きよこしていた。クナークらは彼のもとへ来た人物をここへ派遣して来た。私はクナークに出発の許可を与え、国境地帯のベグたちに「略奪・盗難をやめ、よい行動をとり、よい交流をするようにせよ」という命令書を出した。そしてこの命令書をケティン・カラ・スルターンの所から来た人物に託し、このユルトから出発させた。

シャー・クリーという者がハサン・チェレビのもとから到着して〔ジャームにおけるウズベクとの〕戦いの状況を報告していた。私はこのシャー・クリーを通じて手渡すべく、シャーにあて書簡をしたためた、ハサン・チェレビの遅参の言訳を受け入れ、二日金曜日（二月一一日）に出発の許可を与えた。

進軍を続行　土曜日（二月一二日）、八クロフ進み、ともにカールピー地方に属するカクーラーとチャチャーワリーに下馬した。

四日日曜日（二月一三日）、九クロフ進み、カールピー地方のディーダプルという名の地区で私の頭髪を剃った。頭を剃ったのは二カ月ぶりであった。私は〔エターワ、カーンプル地方を流れ、カールピーの南でヤムナー川に合流する〕スィンガル川で沐浴した。

月曜日（二月一四日）、一四クロフ進み、カールピー地方のチャパルガッダに下馬した。

翌六日火曜日（二月一五日）、カラチャのヒンドゥスターン人の従士が〔バーブルがカーブルから呼び寄せたバーブルの妃〕マーヒムがカラチャにあてて書いた命令書を持って来た。彼女は途上にあるらしかった。彼女は、私が以前に自筆でしたためた指令のごとく、ラーホール、ベーラ、そしてその近くの者たちを付き添いのために召集していた。彼女はジュマーダーゥ・ル・アッヴァル月七日（二月一七日）、カーブルでこの命令書を書いていた。

水曜日（二月一六日）、七クロフ進み、アーダムプル地方に下馬した。この日、私はあけぼの前に出発して、独りで進みジューン河畔に着きジューン川ぞいに下流へと進んだ。アーダムプルの対岸に着いた時、オルドの近くの川中島に天幕をたてさせマージューンを服用した。

同じ日、サーディクとカラールを〔レスリングで〕取り組ませることにした。カラールは挑戦を受け来ていた。アーグラでレスリングをすることについて、彼は旅の疲れを理由に二〇日間の猶予を求めた。すでに猶予期間を四〇～五〇日も過ぎていた。この日、もはややむをえなくなった。取り組んだ。サーディクがよく戦った。ごく簡単に倒した。サーディクに一万タンガ、鞍付きの馬、衣服一そろい、ボタン付きの上着が与えられた。カラールは負けたが、落胆させないため彼にも衣服一そろいと三〇〇〇タンガが与えられた。

荷車と臼砲を舟からおろすよう命じた。道路を整え土地を平らにして、荷車と臼砲をおろすためこのユルトで三、四日を費やした。

同月一二日月曜日（二月二二日）、私は一二クロフ進み、クールラ(59)に下馬した。今日は輿《こし》で来た。

私たちはクールラから一二クロフ進み、カッラ地区の一つであるクルヤ(60)に下馬した。

クルヤから八クロフ進み、ファトゥフプル・アスワに下馬した。

ファトゥフプルから八クロフ進み、サラーイ・マンダーに下馬した。ここに下馬した就寝時の礼拝の時刻に、〔アフガン人の〕スルターン・ジャラールッ・ディーン(61)が到着して私の前に伺候した。彼は二人のやや幼い息子たちをも一緒に連れて来た。

翌一七日土曜日（二月二六日）、私は八クロフ進み、カッラ地区の一つであるガング川河畔のドゥグドゥギーに下馬した。

日曜日（二月二七日）、〔先にバーブルの命により東方域の作戦に派遣されていた〕ムハンマド・スルターン・ミールザー、カースィム・フサイン・スルターン、ビーフーブ・スルターン、タルディーカがこのユルトに到着した。

月曜日（二月二八日）、〔バーブルの命により東方域に派遣されていた〕アスカリーもこのユルトに到着して私に挨拶に来た。この到着した者たちはすべてガングの東側から来た。アスカリーと兵士らはすべてガングの向こう岸を進むよう命じた。この〔私たちの〕オルドがどこでキャンプを張るにせよ、彼らもまたその対岸でキャンプを張るよう命じた。

アフガーン人らについての情報　この付近に滞在中に前方から次々に情報が到着した。それによれば、スルターン・マフムードのもとに一〇万のアフガーン人が集結している。彼はシャイフ・バーヤズィードとビバンを大軍とともに〔ガガル川左岸の〕サルワール方面に派遣し、彼自身とファトゥフ・ハーン・サルワーニーはガング川沿いにチュナールに向け進んでいる。昨年私が目をかけて多くの地区を与え、この付近に置いていたシェール・ハーン・スール[62]はこれらのアフガーン人に加わっている。彼らはシェール・ハーンとさらに幾人かのアミールたちを渡河させている。スルターン・ジャラールッ・ディーンの部下はバナーラスを保ちえず逃亡している。彼らはバナーラス城に関係者を置き、ガング川の河畔に来て戦うことに決めていたらしい、ということであった。

私はドゥグドゥギーを発ち、六クロフ進み、カッラから三、四クロフのクサールに下馬した。私は舟で進んだ。

二、三日間このユルトにスルターン・ジャラールッ・ディーンの招待の故に滞在した。

金曜日（三月四日）、私はカッラ城内のスルターン・ジャラールッ・ディーンの邸宅に下馬し

スルターン・ジャラールッ・ディーンの祝宴に出席したバーブル

た。彼は歓待してなにがしかの食事を供した。食事の後、私は彼と彼の息子たちに裏地なしの簡素な衣服と短い上着を身に着けさせた。彼の願いどおりに彼の長男にスルターン・マフムードという称号を名のらせた。

私はカッラを発ち、約一クロフ進んでガング川の河畔に下馬した。マーヒムのもとからガング川河畔の最初のユルト（ドゥグドゥギー）に来ていたシャフラク・ベグにこの日手紙を書いて渡し、このユルトから出発させた。

『ワカーイー』の写本を送る　〔ナクシュバンディー教団の〕ホージャ・ヤフヤーの孫のホージャ・カラーンが、私から、私が書いていた『ワカーイー（バーブル・ナーマ）[63]』を求めていた。私はそのコピーを作らせていた。私はそれを、シャフラクを通じて〔彼のもとへ〕送った。[64]

進軍中の楽しみ　翌土曜日（三月五日）、私たちは移動して、四クロフ進んでクーフに下馬した。私は舟で来た。下馬したユルトは近かったらしく私ははやくに到着した。しばらくして私たちは舟中に座を占めマージューンを服用した。私たちはヌール・ベグのテントにいると思われたホージャ・アブドゥッ・シャヒードをお呼びした。ムッラー・アリー・ハーンのテントからムッラー・マフムードを呼んで来させた。しばらくそこに留まった後、舟で向こう岸に渡河しレスラーたちを取り組ませた。私はドースト・ヤスィンハイルに第一人者のサーディクと取り組まず他の者とレスリングをするよう命じた。最初により強い者たちと取り組むという通例に反してそのように命じたのである。彼は八人と見事に取り組んだ。

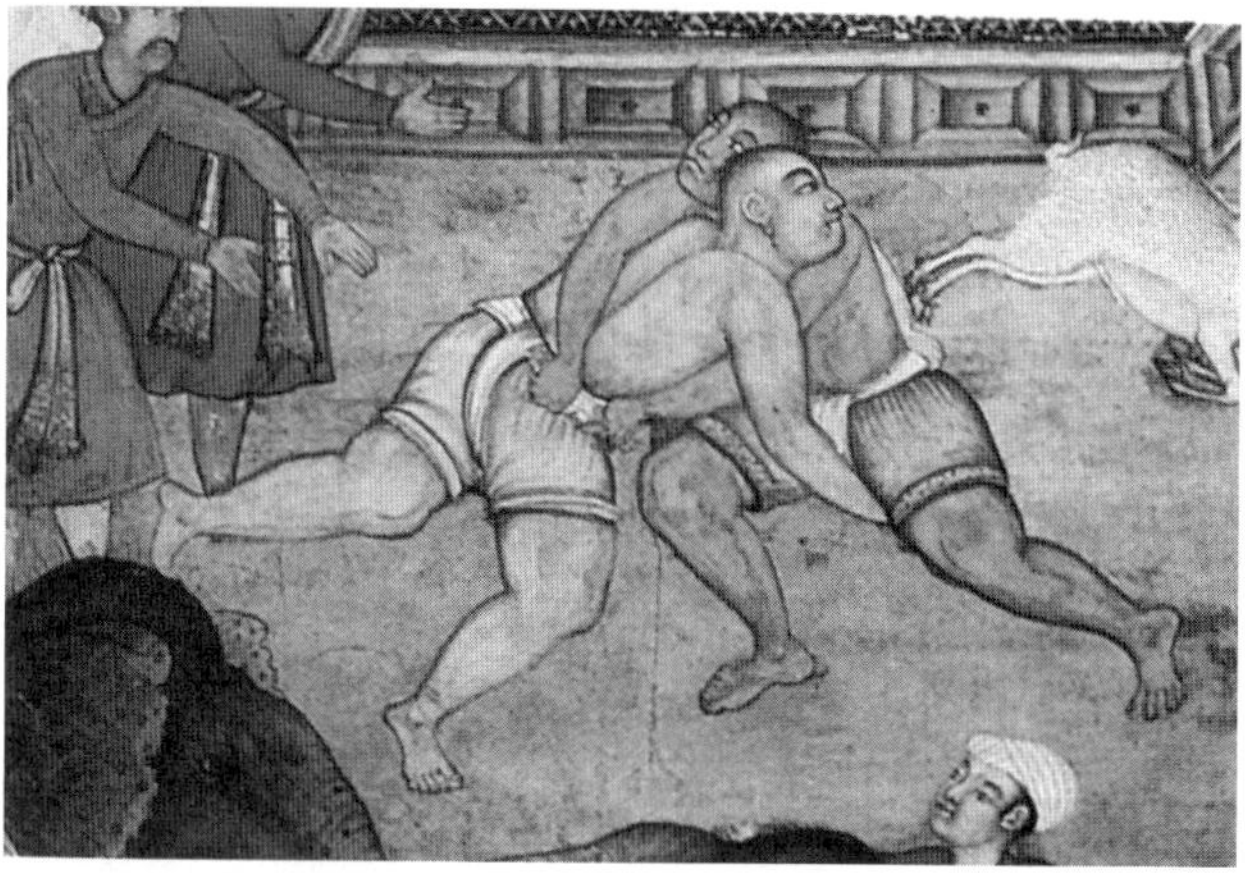

レスリングで取り組むレスラーたち

敵の敗北についての知らせ

午後の礼拝時、スルターン・ムハンマド・バフシーが舟で向こう岸から来た。彼はこれらの敵がスルターン・イスカンダルの子マフムードと呼んでいるスルターン・マフムード・ハーンの敗北の知らせをもたらした。

夕べの礼拝時、ここから出向いていた密偵がこれらの敵の敗北の知らせをもたらした。午後と夕べの礼拝の間の時間にタージ・ハーン・サーラングハーニーから届いた報告書も密偵の情報と一致していた。

これらの状況をスルターン・ムハンマドが来て報告した。敵はチュナールに到着して包囲していたらしい。彼らは少しばかり戦いをしかけた。しかし彼らは私たちの接近の情報を得るとまるで敗北者のごとくあわただしくそこを発った。バナーラス（ベナレス）に渡河していたアフガーン人らもあわてて戻ったが、渡河中に二隻の舟が沈み幾人かが溺死した。

進軍を続行　翌朝（三月六日）、私は六クロフ進み〔ガンジスとヤムナーの合流点にある〕パヤーグ（現アッラーハーバード）の地区の一つであるスィーラーワリーに到着した。私は舟で来た。イセン・ティムール・スルターンとトフタ・ブガ・スルターンが途中で私に謁見をしてもらうため下馬して立っていた。私はこのスルターンたちをも舟に招き入れた。トフタ・ブガ・スルターンがヤダの術（ヤダ石を使って風雨を巻き起こす呪術。第1巻八九九年の出来事注92参照）を使ったらしい。強風がまきおこり、雨が降り始めた。(65)〔しかし、やがて〕すばらしい天気になった。私は昨日マージューンを服用していたが、この天候がマージューン服用の理由になり今日も服用した。

ユルトに到着し、翌日（三月七日）はユルトに留まった。

バーブル、墜落を免れる　火曜日（三月八日）、出発した。オルドの向かいに緑の多い大きな川中島があるという話であった。私は舟で渡ってその島を見物し、一パフル（午前九時）に戻って舟に乗った。私が馬で見物して回っていた時、私は河畔を不注意に進んで崖の上を通っていた。馬が切りたった崖の上に出た時、崖が崩れ落ちた。私は即座に横へと身をおどらせた。馬も落ちなかった。もし私が馬に乗ったままでいたら、たぶん馬ともども落下していたであろう。

バーブル、ガンジス川で泳ぐ　この日、私はガング川を抜き手で泳いで渡った。抜き手の数を数えた。三三ストロークで渡った。休まずにまた泳いでこちら岸に戻った。私はこれまでにすべての川を泳いで渡っていた。ガング川が残っていたのである。(66)

夕べの礼拝時、私はガング川がジューン川と合流する地点に至り、パヤーグ側で舟を曳かせ、一パフル四ガリー（午後一〇時三六分）にオルドに着いた。

水曜日（三月九日）、二パフル（正午）から兵がジューン川を渡り始めた。四二〇隻の舟があった。

ラジャブ月朔日金曜日（三月一一日）、私は渡河した。

ビハールに向かう　四日月曜日（三月一四日）、私はジューン河畔からビハールに向け出発した。五クロフ進んでラワーイーンに下馬した。私は舟で来た。兵士らはこの日まで渡河を続けていた。アーダムプルで舟から下ろしていた大砲をのせた荷車をパヤーグから再び舟に載せて運ぶよう命じた。私たちは下馬したユルトでレスラーたちを取り組ませた。第一人者のラーホーリー船頭とドースト・ヤスィンハイルが取り組んだ。大いに戦った。苦労の末ドーストが倒した。両名に衣服一揃いを与えた。

前方に沼状の泥の多い厭な川があるという話であった。〔アッラーハーバードのやや下流で、西南から流れてきてガンジスに合流する〕トゥース川（現トンス川）と呼ばれているという。渡河地点を調べ道を整えるためこのユルトに二日間滞留した。馬とらくだのための渡河地点は上流の方で見つかった。荷を積んだ荷車はその渡しにごつごつした石があるために渡れないということであった。荷を積んだ荷車をそこで渡河させるよう命じた。

木曜日（三月一七日）、私はそこを発ちトゥース川との合流点まで舟で進んだ。合流点で舟からおり、馬でトゥース川の上流へと進み、午後の礼拝時に、渡河して下馬していたオルドの所に到達した。この日、六クロフ進んだ。

翌日（三月一八日）、そのユルトに滞在した。

土曜日（三月一九日）、出発して、一二クロフ進み、ニーラーブに〔至り〕、またガング川の河畔に着いた。

そこを発ち、六クロフ進み、村の上流の側に下馬した。

そこから七クロフ進み、ナーヌープルに下馬した。このユルトにチュナールからタージ・ハーンが息子たちとともに来て私に挨拶した。

この頃、ムハンマド・バフシーの報告書が到着し、私の家族がたしかにカーブルからの途上にあることを伝えた。

水曜日（三月二三日）、そのユルトを発ち、チュナール城を見て回り、チュナールを一クロフほど過ぎて下馬した。

バーブル、病む　パヤーグを出発した頃、私の身体に水ぶくれの痛みが出ていた。このユルトで、一人のルーム人がルーム（オスマン・トルコ）で現在行なわれている治療を行なった。彼は胡椒を陶器の釜で煮た。私は痛い所をそれの熱い蒸気にさらした。蒸気がやや少なくなると熱い湯で洗った。二天文時間（午後二時まで）続いた。

このユルトで一人の者が「皆がオルドの傍らの島で虎と犀《さい》を見た」といった。翌朝（三月二四日）、私たちはその島を巻狩りした。何頭かの象をも連れて来ていた。虎と犀は姿を現さなかった。巻狩りの陣の端から一頭の野牛が出現した。この日は強風が吹いた。土ぼこりに大いに苦労した。私は舟の所へ行き、舟に乗り込んでオルドへと向かった。オルドはバナーラス（ベナレス）の二クロフ上流の所に下馬していた。チュナール近くの森に象がたくさんいるということであった。私はこのユルトから行って象狩りをする考えでいた。

進軍を続行　タージ・ハーンが〔西方から流れてビハールでヤムナー川に合流する〕ソーン川の岸辺に〔ローディー朝の〕マフムード・ハーンがいるという知らせをもたらした。私はベグたちを召集して敵に向け急行することについて相談した。結局、長期・長途の遠征に思いを定め、ただちに進軍することに決定した。私はそこを発ち、九クロフ進みビルワの渡しに下馬した。

一八日月曜日の夜（日曜日、三月二七日の午後六時以降）、私はこのユルトからターヒルをアーグラに向け派遣した。彼はカーブルから到着しつつある者たちの旅行手当として与える現金の支払命令書を持って行った。

私はこの日、舟で進んだ。あけぼのより前に舟に乗り込んでいた。グーイ川（グーマティー川）の合流点、つまりジャウンプル川に達し、舟で少しグーイ川をさかのぼった後また引き返した。かなり狭い川であったが渡河できる地点はなかった。向こう岸にいる兵士らは舟や筏で、また馬を泳がせて渡河していた。

私はジャウンプル川の合流点から一クロフ下流の方へ進み、去年の、そこからジャウンプルへと向かったユルトを見て回った。順風が川上から吹き始めた。バンガーラ人が舟の帆を広げ、大きな舟をその舟につないだ。まことに速く進んだ。オルドはマダン・バナーラスから一クロフ上流の所にいた。私はユルトに、日没の二ガリー（四八分）前に着いた。途中休まずに私たちの舟の後を追って来た舟の内、最もはやく到着した舟は就寝時の礼拝の時刻に到着した。チュナール以降、モグール・ベグに宿ごとに測量用の綱で直線の道のりを測量するよう命じてあった。また、私が乗船した際はいつもルトフィー・ベグが川岸を測量するよう命じてあった。直線の道のりは一一クロフ、川岸は一八クロフであったという。

翌日（火曜日、三月二九日）、そのユルトに滞在した。

水曜日（三月三〇日）も舟で進み、ガーズィープルから一クロフ下流の地点に下馬した。

木曜日（三月三一日）、このユルトにマフムード・ハーン・ヌーハーニーが来て私に挨拶した。この日、ビハール・ハーン・ビハーリーの子ジャラール・ハーン、ナスィール・ハーンの子ファリード・ハーン、シェール・ハーン・スール、アラーウル・ハーン・スール、そしてさらに幾人かのアフガーン人アミールたちの報告書が到着した。またこの日、アブドゥ・ル・アズィーズ・ミーラーフールの報告書も到着した。ラーホールでジュマーダーゥ・ル・アーヒル月二〇日（二月二九日）に書かれたものである。この報告書が書かれた日に、カールピー近郊から私

ガンジス川を舟で行くバーブル

が派遣していたカラチャのヒンドゥスターン人の従士が〔ラーホールに〕到着していた。アブドゥ・ル・アズィーズの報告書には、アブドゥ・ル・アズィーズと任命されていた者たちはジュマーダーゥ・ル・アーヒル月九日（二月一八日）、ニーラーブで私の家族と出会った。アブドゥ・ル・アズィーズはチャーナーブまで一緒に来て、チャーナーブで別れてラーホールに先に来てこの報告書を送ったと記されていた。

金曜日（四月一日）、私は移動した。舟で行き、去年の、チャウサの向かいの、太陽が欠け断食を行なった[67]ユルトを舟からおりて見て回った[68]。戻って乗船した。ムハンマド・ザマーン・ミールザーも舟で後から来た。ミールザーの誘いに乗ってマージューンを服用した。

オルドはカラムナーサ川の河畔に下馬していた。ヒンドゥー人たちはこのカラムナーサ川を非常に怖れている様子であった[69]。怖がったヒンドゥー人たちは直接にこの川を渡らず、舟に乗ってガングを利用して、この川の対面のガング川の岸辺を通って、この川を渡った。彼らはこの水が人にふれると善行の効果が失われると固く信じていた。地名の語源[70]もこれにぴったりであるといっていた。私たちは舟で進み、少しカラムナーサ川の上流へ行き、また戻ってガングの北岸を通った後、河畔に舟をつないだ。若党たちの何人かは遊びに興じ、何人かはレスリングをした。酌人のムフスィンが「四、五人抜きをするぞ」といって挑戦した。一人と取り組んだ。もう少しで倒されるところであった。次はシャードマーンであった。彼はムフスィンを倒した。ムフスィンは大変恥じ入った。レスラーたちも来て取り組んだ。

翌土曜日（四月二日）、カラムナーサ川の渡河地点を調べる目的で人を派遣するため一パフル（午前九時）近くに出発した。私は馬で渡しの方向へ一クロフほどカラムナーサ川をさかのぼった。渡しが遠いため、また引き返し、舟でユルトに戻った。オルドはチャウサから一クロフ先方に下馬していた。

この日、私は再び胡椒の治療（二八二頁参照）を行なった。前の時より少し熱かったらしく、私の身体に水ぶくれが生じた。大変痛かった。

前方に泥状のかなり小さな川があるということであった。道を整えるため、翌日（日曜日。四月三日）、そのユルトに滞留した。

月曜日の夜（四月三日の日没以降）、私はアブドゥ・ル・アズィーズが派遣して来たヒンドゥスターン人の歩兵が持って来た手紙に対する返事をしたため、それを持って引き返させた。

月曜日（四月四日）の朝、私は舟で進んだ。風があったため舟を曳いて移動させた。私は去年（九三四年）長く滞在した(71)「ガンジスの右岸、ベナレスの北東約一〇五キロの」バクサラの向かい側にあるユルトの対岸に着き、川を渡ってそのユルトを見て回った。私は河畔に階段を設けていた。たぶん四〇段以上、五〇段以下であった。上の二段は残っていたが他の段はすべて水が破壊していた。

私は舟に乗り込んでマージューンを服用した。オルドの上流の一つの島に舟をつなぎ、「レスリングの」第一人者たちを取り組ませた。就寝時の礼拝の時刻にオルドに戻った。去年、今回オルドが下馬したまさに同じユルトを、私はガング川を抜き手で泳いで渡り[72]、ある者は馬、ある者はらくだに乗って来て見て回ったのであった。あの日、私は阿片を服用した。

〔このあたりのチャガタイ・テュルク語テキストに脱落があると思われる〕

翌火曜日（四月五日）、私はカリーム・ベルディ、ムハンマド・アリー、ハイダル・リカーブダールの子バーバー・シャイフをはじめとする者たちを二〇〇名ほどのすぐれた若党たちとともにこの敵対者たちについての情報を得るため派遣した。

このユルトから、バンガーラの使節にこの三つの事項[73]を報告書にして提出させるようにという命令を出した。

水曜日（四月六日）、私はビハール方面についての意見を徴するため、ユーヌス・アリーをムハンマド・ザマーン・ミールザーのもとへ派遣した。彼はかなり消極的な答をもたらした。ビハールのシャイフザーダらの部下が〔敵が〕ビハールを捨てて去ったという情報を報告書によってもたらしていた。

木曜日（四月七日）、私はタルディー・ムハンマドとムハンマド・アリー・ジャング・ジャングに、テュルク人とヒンドゥー人のアミールたちと箭筒士の内から二〇〇〇名ほどを加え、ビハールの人々にあてた慰撫の何通かの手紙を書いて渡し出発させた。ホージャ・ムルシド・イラーキーをビハール州の財務官とし、タルディー・ムハンマドに加えて派遣した。

ムハンマド・ザマーン・ミールザーのビハール行きが決定

翌日、〔ティムール朝最後の君主の

一人、バディーウッ・ザマーン・ミールザーの子息で、バーブルの娘マースーマ・ベギムをめとったバーブルの女婿でもあった〕ムハンマド・ザマーン・ミールザーがビハールに行くことを承諾し、(74)シャイフ・ザインとユーヌス・アリーを通じていくつかの事柄を〔私に〕報告し、幾人かを補佐として求めた。私は幾人かの若党たちをムハンマド・ザマーン・ミールザーの補佐に指定し、また幾人かを彼の家臣にして、シャーバーン月朔日土曜日〔四月一〇日〕、三、四日滞在したこのユルトを発った。この日、私は馬で〔ガンジスの右岸、ビヒーヤの西約四二キロ、バクサラの東約八キロの〕ボージプルとビヒーヤを見てまわり、戻ってオルドに下馬した。

情報集めに派遣していたムハンマド・アリーをはじめとする者たちは、途中、一団の邪教徒らを打破した後、〔ローディー朝の〕スルターン・マフムードが滞在していた土地に到達した。スルターン・マフムードは二〇〇〇人ほどの軍勢であったらしい。この〔わが軍の〕物見についての情報を得ると、狼狽して二頭の象を殺して移動した。彼は一人のベグを物見として残していたらしい。わが若党たちの内の二〇名ほどがそこに着くと抵抗せずに逃走した。〔若党たちは〕何人かを落馬させ、一人の首を切り、一、二名のすぐれた者たちを生きたまま連れて来た。

翌日〔四月一一日〕、私は出発し、舟で〔この場所に〕到着した。このユルトでムハンマド・ザマーン・ミールザー〔の兵ら〕が続々と渡河した。ミールザーの渡河と出発のために私は二、三日間このユルトに滞在した。

四日火曜日〔四月一二日〕、私はムハンマド・ザマーン・ミールザーに特別の衣服一式、ベルト付き短剣、アラブ馬、天蓋を賜与し、ビハール地方を受領させた。ビハール州の内、一二五〇万を王領地とし、その財務官職をムルシド・イラーキーに委ねた。

舟で陣を敷き、舟に命名　木曜日（四月一四日）、私はそのユルトから舟で来た。すべての舟をとめさせて、私がそこに着くとすぐ舟を動かし、一列の陣の形をとってそれらを互いに連結するよう命じた。全部の舟が集まっていなかったにもかかわらず、それは川幅をはるかに越えた。ある所は浅く、ある所は深く、またある所は急流、ある所はおだやかな流れと一定しないため、上記のような形に舟を移動させることは不可能であった。舟の陣列の所で一頭のわにが見られた。一尾の魚がわにを怖れて高く跳んだため、一隻の舟の所に来てその中へと落ちた。捕えて持って来た。

ユルトに着いた時、私は舟に名を付けた。以前の、アーグラでサンガーとの戦い以前に完成していた古参の大きな舟に「安逸号（アサーイシュ）」という名を付けた。今年、遠征への出発より以前に、アーラーイシュ・ハーンが一隻の舟を建造して献上して来た。今回の遠征に際してこの舟にも船室を付けさせた。この舟に「アーラーイシュ号」という名を付けた。スルターン・ジャラールッ・ディーンが献上した舟にかなり大きな船室を付けさせていたが、この船室の上にもう一つの船室を付けるよう命じた。この舟に「広闊号（グンジャーイシュ）」という名を付けた。もう一隻の小さな船室を持つ舟は私が公務のためにこれまで各地に派遣していたものである。この舟に「命令号（ファルマーイシュ）[75]」という名を付けた。

アサーイシュ、アーラーイシュ、グンジャーイシュ、ファルマーイシュと名づけられた4隻の舟

翌金曜日（四月一五日）、移動しなかった。ムハンマド・ザマーン・ミールザーはすべての公務に関わる準備を完了して、ビハールに向かうため、オルドから一、二クロフ離れて下馬していた。彼は今日私のもとに来て、私から出発の許可を得た。

ベンガル軍についての情報

二人の密偵がバンガーラ軍から到着して、バンガーラ人らがマフドゥーム・アーラムの指揮のもとにガンダク河畔を二四地域に分かち防禦を固めていると報告した。また彼らは、すでに家族を渡河させていたと思われるスルターン・マフムードに率いられたアフガーン人たちの渡河を許さず、自分たちに合流させたと報告した。この報告が到着すると、私たちは戦いの可能性が生じたのでムハンマド・ザマーン・ミールザーの出発をとりやめさせた。私はシャー・イスカンダルを三〇〇～四〇〇人とともにビハールに派遣した。

土曜日（四月一六日）、〔ビハールのアフガーン人支配者であったスルターン・ムハンマド・シャー・ルーハーニーの末亡人で幼い息子の摂政を務めていた〕ドゥードゥーとその息子、すなわちビハール・ハーンの子ジャラール・ハーンの部下が到着した。バンガーラ人はこの二人をまるで眼のまぶたのように監視下においていたらしい。しかし彼は私に味方したいといって、戦ってバンガーラ人から別れ、河を渡ってビハール近くに来て私に挨拶すべく進んでいるらしかった。

この日、私はバンガーラの使節のイスマーイール・ミーターに「以前に私が書いて送った三事項の答えが遅れている。彼（ベンガルの支配者ヌスラト・シャー）が手紙を書いて送るようにさせよ。もし彼が忠実で二心《ふたごころ》を持たぬならすぐ返事をよこすべきだ」と命じた。

日曜日の夜（土曜日の日没後）、タルディー・ムハンマドと〔ムハンマド・〕ジャング・ジャングの部下が到着した。彼らは、シャーバーン月五日水曜日（四月一三日）の朝、こちら側から味方の物見が〔ビハールに〕到達したこと、そして向こう側の門からビハールのシックダールが逃走したことを報告した。

日曜日（四月一七日）、私はそのユルトを発ち、〔ガンジスとソーン両河の間、パトナの西方にある〕アーリー地区に下馬した。このユルトに、〔ガンジス川とゴーグラ川が合流するバッリア地方の〕ハリードの軍が一〇〇〜一五〇隻の舟でサルーとガングの合流点の、サルーの向こう側の岸に留まっているという情報が届いた。バンガーラ人とは和平のごときものが存在していたので、私はいつもこのような件にあっては、神の祝福を受けるべく、和平の件を推進していた。彼（ヌスラト・シャー）は非礼な行動に出て、来て私たちの途上に留まっていた。しかし私はいつものやり方を守り、バンガーラの使節のイスマーイール・ミーターにもう一人ムッラー・ムハンマド・マズハビーを加えて、かの先の三つの事項を伝え出発させることに決めた。

ベンガルの使者を帰国させる

月曜日（四月一八日）、バンガーラの使節が挨拶に来ていた。私は彼に出発の許可を与えた。また次のごとく告げた。すなわち「私たちは敵を攻略すべく諸方面に進軍する予定である。しかし私たちはバンガーラ人たちの土地には決して損害を与えないつもりである。かの三つの事項の内の一つに当たるが、ハリードの軍に「私たちの途上から立ち去りハリードへ行け」と告げよ。私たちはテュルク人の何人かを彼らに付けるつもりである。このテュルク人らはハリードの人々に慰撫の約束を与え、彼らをその土地へ連れて行くようにせよ。もしもハリードの者たちが渡しの場所から立ち去らず、この常ならぬ反抗的な言葉をひっこめぬならば、彼らにふりかかるすべての災難は彼ら自身がその原因であり、彼らが直面するすべての不幸は彼らの言葉がその理由であることを知るべきである」と。

水曜日（四月二〇日）、私はバンガーラの使節のイスマーイール・ミーターに通例の誉れの長衣を身に付けさせ、諸物を与えて出発させた。

木曜日（四月二一日）、私はシャイフ・ジャマーリーをドゥードゥーとその息子ジャラール・ハーンのもとへ諸々の慰撫の言葉や優しい約束を持たせて派遣した。

この日、〔バーブルの正室〕マーヒムの家臣が到着した。彼は清浄の園の向こうのワラーリーから別れて来たらしかった。彼は何通かの手紙を持って来た。

土曜日（四月二三日）、私はイラークの使節のムラード・コルチ・カジャルに会った。

日曜日（四月二四日）、ムッラー・ムハンマド・マズハブに通例のみやげをもたせて出発の許しを与えた。

月曜日（四月二五日）、ハリーファと何人かのベグたちを川のどの地点で渡河するかを調べるために派遣した。

水曜日（四月二七日）、またハリーファを両河の河間地帯を見るために派遣した。

私は南の方の、アーリー地区の近くにある睡蓮の密生地を見物に出かけた。そこを見て回っている時、シャイフ・グーランが睡蓮の新しく実をつけたのを持って来た。これはおおむねピスタチオに似ていた。かなりよいものである。花はすなわち睡蓮であるが、ヒンドゥスターン人は《カワル・ククリー（ヒンディー語の kamwal kukṛī）》と呼び、実を《ドゥーダ（ヒンディー語の doṛā）》と呼んでいる。

ソーン川近辺を散策

そこからソーン川が近いというので、私たちは行ってソーン川の眺めを楽しんだ。ソーン川の下流には多くの樹木が見られた。皆が「ムニールである。〔ビハールで活躍し一三八〇年に没した有名なスーフィーである〕シャイフ・シャラフッ・ディーン・ムニーリーの父〔チシュティー教団の首長〕シャイフ・ヤフヤーの墓がそこにある」といった。これほど近くまで来ていたので、ソーン川を渡りソーンの下流へ二、三クロフ進み、ムニールを見物し庭園を過ぎて墓に参拝し、ソーン川の河畔に来て沐浴を行ない、正午の礼拝を早めにすませオルドの方角へと向かった。馬が肥っていたため何頭かがおくれた。また何頭かが弱りきった。私は何人かをそこに留め、疲れた馬を集め、水を与えて休ませ、急がずに来るようにと命じた。もしこうしなければ、多くの馬が失われていたであろう。

私はムニールからの帰途、誰か一人がソーン河畔からオルドまで馬の歩数を数えるようにと命じていた。二万三一〇〇歩であった。すなわち〔人の歩幅では〕四万六二〇〇歩であり、〔四〇〇〇歩が一クロフなので〕一一・五クロフに当たる。ムニールからソーン河畔までは半クロフほどである。つまり帰りの距離は一二クロフである。行きにも、あちらこちらと見物しながら

ソーン河畔でのバーブル

進んだ。一五、六クロフほどであろう。この日は三〇クロフ近くも見物して回ったことになる。夜の第一パフルの六ガリー過ぎ（午後八時二四分）、オルドに帰った。

翌木曜日（四月二八日）、ジャウンプルからスルターン・ジュナイド・バルラースとジャウンプルにいる若党たちが到着した。彼らの遅参の故に私は不快の気持ちを示して会わなかった。私はカーズィー・ジーヤーを呼んで彼には会った。

ベンガル軍との戦いに備える　この日、私はテュルク人とヒンドゥー人のアミールたちを会議に召集して渡河について相談した。結局、ガング川とサルー川の間の見はらしのよい高台にウスタード・アリー・クリーが臼砲、フランク砲、ザルブ・ザン砲(76)を設置し、多数の火縄銃の銃手らとともにこの場所から奮戦すること、また両河の合流点の少し下流の、バンガーラ人の一頭の象と多数の舟が置かれていた島の対岸の、ガング川のビハール側にムスタファーが諸設備・諸用具を完備してそこを足場に戦うこと、多数の火縄銃の銃手らも彼とともにいること、ムハンマド・ザマーン・ミールザーとここに指名した者たちはムスタファーの後方に陣を占め援軍の役を務めることが決定された。

私はウスタード・アリー・クリーとムスタファーのため、ザルブ・ザン砲を発射したり臼砲を設置したりする陣地を構築し、またその場所を整える目的で多数のすき掘り人夫と担ぎ人足を監督するムハッスィルらを任命した。彼らは諸設備・諸用具を見つけ集める仕事に従事した。スルターンたち、アミールたち、ハーンたちは急ぎ進んで、〔ゴーグラ川の右岸、スィカンダルプルの北西約一二キロにあり、バッリアとゴーラフプルを結ぶ〕ハルディーの渡しでサルーを渡り、陣地ができた時点で装備を完全に整えた上で向こう側から敵に向かって進軍することが決定された。

この間に、スルターン・ジュナイドとカーズィー・ジーヤーが、「八クロフ下流の所に渡河できる場所がありました」と報告して来た。私は筏使い一、二名とスルターン・ジュナイド、マフムード・ハーン、それにカーズィー・ジーヤーの部下を連れて行って、その渡河地点を調べて来るようにと、眼の前で、ルーイ・ザルド[77]（？）を任命した。もし渡河できるようであるなら私はそこで渡河するつもりであった。バンガーラ人もハルディーの渡しに兵を配備する考えでいるという噂が人々の間に広まっていた。

マフムード・ハーンの〔ゴーグラ川右岸、ゴーグラとガンジスの合流地点より約三五キロ上流にある〕スィカンダルプルにいるシックダールから、「私はハルディーの渡しに五〇隻ほどの舟を集め、船頭たちに報酬を支払いました。しかし船頭たちはバンガーラ人が来るという噂を大変怖れています」という報告書が届いた。

サルー川の渡河地点を見つけるべき時期であったので、渡河地点を調べに行った者たちの帰るのを待たず、土曜日（四月三〇日）、私はベグたちを会議に召集して、次のごとく告げた。すなわち、「スィカンダルプル・チャトゥルムークからアワド、〔ゴーグラ川左岸、ゴーグラ川とラプティー川の合流地点の近くにある〕バフラーイチュに至るまでサルー川の渡しはどこにでもある。こうして滞留しているよりも、多くの部隊を任命して、ハルディーの渡しを舟で渡らせ敵に向かわせることにする。彼らが到着するまで、ウスタード・アリー・クリーとムスタファーは大砲、火縄銃、ザルブ・ザン砲、フランク砲で戦いに従事し敵を引きつけておくよう。私たちもガング川を渡って、ウスタード・アリー・クリーの援軍を任命し、完全に装備を整えてそこに留まるつもりである。渡しを渡った部隊が近くまで来たら、私たちもここから戦闘の火ぶたを切り、攻撃しつつ渡河することにする。ムハンマド・ザマーン・ミールザーとかの方面に任命しておいた者たちはガング川のビハール方面からムスタファーの近くで戦いに従事することにする」と。このように決めて、私はガングの北岸に配備する兵を四つの部隊に分けアスカリーに率いさせてハルディーの渡しへと派遣した。

一隊はアスカリーが彼自身の家臣とともに。一隊はスルターン・ジャラールッ・ディーン・シャルキー。一隊はウズベクのスルターンたち、すなわち、カースィム・フサイン・スルターン、ビーフーブ・スルターン、タング・アトミシュ・スルターン、それにマフムード・ハーン・ヌーハーニー・ガーズィープリー、クーキー・バーバー・カシュカ、トルミシュ・ウズベク、クルバーン・チャルヒー、そしてフサイン・ハーンに率いられたダルヤー・ハーニーら。一隊はムーサー・スルターン、スルターン・ジュナイドとジャウンプルの軍の約二万人。

私は、まさにこの夜、すなわち日曜日の夜（土曜日の日没以降）、その軍を進発させるべくムハッスィルらを任命した。

バーブル、ガンジスを渡る　日曜日（五月一日）の朝、軍がガングを渡り始めた。私は一パース（午前九時）に舟に乗って渡河した。三パフル（午後三時）に渡河地点を調べに行っていたルーイ・ザルドたちが到着した。彼らは渡河地点を見つけられなかった。彼らは舟と任命した諸部隊に途中で会ったという情報をもたらした。

火曜日（五月三日）、私は渡河した地点を発って、戦場である川の合流地点から一クロフ近くの所まで進んで下馬した。私自身が行って、ウスタード・アリー・クリーがフランク砲とザルブ・ザン砲を発射するのを楽しんだ。この日、ウスタード・アリー・クリーは二隻の舟にフランク砲の弾丸を命中させ沈没させた。ムスタファーも別の方から二隻の舟にフランク砲の弾丸を命中させ沈没させた。私たちは、大きな臼砲を戦場に運び、設置場所を準備するためにムッラー・グラームをムハッスィルとして置き、一団のヤサーウルと元気な若党をその補佐に任命し、引き返して来て、オルドの向かいの一つの島でマージューンを服用した。

この夜、私はマージューンが効いた状態で舟をテント近くに運ばせ舟の中で休んだ。この夜、事件が起こった。夜の三パース（午前三時）近くに叫び声と騒ぎがまき起こった。小姓たちは各々舟の材木を手に持って「打て！　打て！」と叫んでいた。

「命令号」が、私が休んでいた「安逸号」の横にあった。一人の夜番がその舟にいた。彼が眠りから目ざめると、一人の男が「安逸号」に手をかけて登ろうとしていた。夜警の者はその上に襲いかかった。いったん水に沈んだが、出て来ると夜警の頭に切りつけた。少し負傷した。

川の方へ逃げた。叫び声はこのためであったという。以前にムニールから帰った夜も、舟の近くで一、二名の夜警が何人かのヒンドゥスターン人を追いかけて、彼らの二本の刀と一本の短剣を持って来たことがあった。至高の神がお守りくださったのである。

たとえ刀が世界を揺り動かしたとて、
神が望まれぬかぎり、一本の血脈すらも切れはせぬ(78)。

翌水曜日（五月四日）、私は「広闊号」に乗って、弾丸を発射している場所のかなり近くまで行き、各人にそれぞれの仕事を割り当てた。

ベンガル軍との戦い　ウガン・ベルディィ・モグールに率いられた一〇〇〇名ほどの若党を派遣し、一、二クロフ、ないし三クロフ上流の地点で何としてでも渡河させることにした。彼らが行くと、バンガーラ人らがアスカリーのオルドの対岸から二〇～三〇隻の舟で渡河し、多数の歩兵をくり出して、その優勢を誇示しようという考えでいたらしい。しかしわが方の者たちが馬で攻め込んで彼らを逃走させ、何人かを捕えて首を切り多数に矢傷を負わせ、七、八隻の舟を奪取した。

またこの日、ムハンマド・ザマーン・ミールザーのいる側からも、バンガーラ人らが何隻かの舟で進んで来て戦いをしかけた。しかし向こう側から攻撃してバンガーラ人らを敗走させた。敵の三名の船員が溺死した。一隻の舟を奪って私の所へ持って来た。ここではバーバー・チュフラが勇敢に進んで攻撃した。

私は以前に渡河隊として決めてあったムハンマド・スルターン、ヤッカ・ホージャ、ユーヌス・アリー、ウガン・ベルディ、それに一群の者たちに、ウガン・ベルディや他の者たちが奪取した七、八隻の舟を夜陰に乗じて上流へと曳き、それらの舟を使って渡河するようにと命令した。

この日、アスカリーのもとから人が到着して全員が渡河を完了したとの報告をした。翌朝（五月五日）、すなわち木曜日、彼らは敵の所に到達する予定であった。私は先の渡河者たちにアスカリーに合流して敵に向け進軍せよとの命令を出した。

正午の礼拝時、ウスタードのもとから人が到着し、「弾丸の用意が完了しました。ご命令はどのようなものでしょうか」と伝えて来た。私は、「その弾丸を発射せよ。また私が到着するまでにもう一発の弾丸を用意せよ」と命じた。午後の礼拝時、私はかなり小さなバンガールのボートに乗って陣地を設営した場所へ行った。ウスタードが一度巨大な弾丸を発射した。さらに何発かフランク砲を発射した。バンガーラ人たちは射撃術で知られていた。この度、よく見ることができた。彼らは一つの地点を狙いを定めて撃たず、ばらばらに撃っていた。

この午後の礼拝時、私たちは、「サルー川を通って、敵の前面を数隻の舟を曳いて渡らせよ」と命じた。舟を曳いた者たちは怖れずに、何の援護もなしに数隻の舟を曳いて渡らせた。私はイセン・ティムール・スルターン、トフタ・ブガ・スルターン、バーバー・スルターン、アーラーイシュ・ハーン、シャイフ・グーランにこれらの舟が渡河した地点に留まって舟を守るよう命じた。私はそこから引き返し、一パース（午後九時）にオルドに帰った。夜半近くに上流へ曳いて行った舟から、「任命された部隊は少し前進しました。私たちが舟を曳いて進んでいた時、バンガーラ人は私たちが舟を曳いている場所を知って戦いをしかけて来ました。一人の船頭の足に弾丸が当たり足が砕かれました。私たちは渡河できませんでした」という情報が届いた。

木曜日（五月五日）の朝、陣地にいた者から、「上流に向かった舟がすべて到着しました。敵の騎兵は全員が出馬して、われわれの到着しつつある部隊の対面へと前進して来ました」という報告が届いた。私も急ぎ出馬し、夜に渡河させた舟の所に着いた。私は人を急行させて「ムハンマド・スルターン・ミールザーをはじめ渡河すべく任命されていた者たちはただちに渡河してアスカリーに合流せよ」と命じた。これらの舟上にいたイセン・ティムール・スルターンとトフタ・ブガ・スルターンには「渡河に努めよ」と命じた。バーバー・スルターンは定めの場所に到着していなかった。

イセン・ティムール・スルターンはただちに一隻の舟で三〇～四〇人の家臣らとともに舟の側面で馬のたてがみをつかみつつ渡河した。この者たちの後から、さらにもう一隻も進んだ。バンガーラ人たちはこの者たちの渡河を見ると多数の歩兵がこの者たちに向かって来た。イセン・ティムール・スルターンの七、八名の家臣が出馬して、これらの歩兵の前に進み、スルターンが出馬するよりも前に猛烈に刀を交え矢を射合って、歩兵らをスルターンの方向へと移動させていった。その間にイセン・ティムール・スルターンも出馬した。二番目の舟も渡河した。

スルターンは三〇～三五名の騎兵とともに敵の多数の歩兵に攻めかかり見事に逃走させた。まことにめざましい働きをしたものだ。まず第一に、彼はすばやく勇敢に誰よりも先に渡河を果たした。第二に、多数の歩兵に向け少数で見事に進み、これを敗走させたのである。

トフタ・ブガ・スルターンも渡河した。舟が続々と渡河し始めた。ラーホール人とヒンドゥスターン人はいつもの持ち場から抜き手や葦の束につかまって渡河し始めた。この状況を見て陣地の対岸にいた多数のバンガーラ人の舟は川の下流へと逃亡し始めた。

ダルヴィーシュ・ムハンマド・サールバーン、ドースト・イシク・アーガーとさらに何人かの若党たちは陣地の正面で渡河した。私はスルターンたちのもとに人を急行させて、「渡河した者たちをよく集め、あの対面にいる敵の部隊の近くに着いたらその側面から進んで攻めかかれ」と命じた。

スルターンらは渡河した者たちを自軍に加え、三、四隊になって敵の方向へと進んだ。これらの者たちが接近すると、敵の指揮官は歩兵を前面に投じ、隊列をくずさず、ただちに前進した。アスカリーとともに任命されていた部隊の内、クーキーが一隊とともに敵の所に到達した。あちらからクーキーが、こちらからスルターンらが到達し、敵と手合わせした。彼らは敵を次々に落馬させ捕え壊滅させた。クーキーがバサント・ラーオという高名な邪教徒を捕虜にした。皆は彼を下馬させて首をはねた。ラーオの部下の一〇～一五名がクーキーに襲いかかった。皆が即座に撃退した。

トフタ・ブガ・スルターンは敵の前面を通って進み、ギャロップで馬を駆りつつよく刀をふるった。モグールのアブドゥ・ル・ワッハーブとその弟も刀をふるった。モグールは泳ぎを知らなかったにもかかわらず、甲冑をつけたまま馬のたてがみを引いて渡河した。

私の舟は到着がおくれていた。私は舟に向け人を派遣した。「命令号」が先に到着した。私は「命令号」に乗って渡河し、バンガーラ人らのユルトを見て回った後、「広闊号」に乗って「上流に渡河地点はあるか」とたずねた。筏使いのミール・ムハンマドが「サルー川はもっと上流で渡った方がよろしいでしょう」と告げた。私は「彼がいった場所で兵士らは渡河に努めよ」と命じた。

先に、ムハンマド・スルターン・ミールザーに率いられた者たちに渡河を命じていたが、渡河中にヤッカ・ホージャの舟が沈み、彼は神の御許に召された。私は彼の家臣と領地を弟のカースィム・ホージャに与えた。

正午の礼拝時、沐浴中にスルターンたちが到着した。大いにほめ称え褒美・賜与について期待をいだかせた。アスカリーもその間に到着した。アスカリーの〔実戦の〕初めての体験であった。吉兆となった。その夜は、なおオルドが渡河していなかったので、一つの島の所で「広闊号」で休んだ。

金曜日（五月六日）、私はサルー川の北側の、ハリードの属地である〔ゴーグラ川左岸、スィカンダルプルの約一七キロ東にある〕ニルフン地区のクーンドバという名の村に下馬した。

日曜日〔五月八日〕、クーキーを一隊とともに〔パトナの対岸にある〕ハージープルへ情報蒐集のために派遣した。

去年の出征の際、私が大いに目をかけてサーラン地方を与えていたシャー・ムハンマド・マールーフ〔マールーフ・ファルムリーの子[79]〕は何度かよい働きをしていた。彼はその父親のマールーフを二度戦って破り捕えた。スルターン・マフムードが口実をもうけてビハールを奪い、ビバンとシャイフ・バーヤズィードに向け進んだ際、シャー・ムハンマドはやむをえず彼らに加わっていた。あの時にも何度か彼の報告書が到着していた。人々の間では彼について悪口が語られていた。アスカリーがハルディーの渡しを渡ると、彼はただちに一隊とともにアスカリーのもとに来て彼に会い、アスカリーとともにバンガーラ人のもとへと赴いた。彼は私がこのユルトにいる時に来て挨拶した。

この頃、シャイフ・バーヤズィードとビバンについて次々に情報が到着した。彼らはサルー川を渡る考えでいるらしかった。

当時、サンバルから驚くべき情報が到着した。サンバルに在ってよく秩序を保ち、よく治めていたアリー・ユースフ自身と彼の親友のごとくであった医師が、同じ日に神の御許に召された。サンバルの秩序維持と統治のためアブドゥッラーが行くことに決まった。

ラマザーン月五日金曜日〔五月一三日〕、私はアブドゥッラーにサンバルへの出発の許しを与えた。

西方の状況についての報告

この頃、チーン・ティムール・スルターンの報告書が到着し、〔彼の援軍にと〕任命されていたベグたちの内の何人かはカーブルから私の家族が到着しつつあるために彼に合流できないでいること、そしてムハンマディーとさらに幾人かがスルターンとともに一〇〇クロフほどを一度の急行軍で進み、バルーチを大いに破ったことを伝えた。私はアブドゥッラーを通じチーン・ティムール・スルターン、スルターン・ムハンマド・ダウラダイ、ムハンマディー、それに何人かのそこにいるベグと若党たちに「チーン・ティムール・スルターンとアーグラに集結し用意を整えてそこに留まれ。敵がどの方面に出没してもその方面へと進め」と命じた。

ヌーハーニー・アフガン族らが帰順

八日月曜日（五月一六日）、ダルヤー・ハーンの孫ジャラール・ハーンのもとへシャイフ・ジャマーリーが赴いていたが、ジャラール・ハーンはそこにいた主だったアミールたちとともに来て私のもとに伺候した。

同じ日、以前にその弟を派遣して来て臣従を表明し、〔私たちの方から〕統治を認める命令書が送られていたヤフヤー・ヌーハーニーが到着して私のもとに伺候した。七、八千人のヌーハーニーとアフガーン人が期待を胸に抱いて来ていたので、私は彼らを失望させず、ビハールの一カロールを王領地とし、五〇〇万をマフムード・ハーン・ヌーハーニーに賜与し、残りをこのジャラール・ハーンに委ねた。彼は一カロールを上納することにも同意した。この上納金を徴収するため私はムッラー・グラーム・ヤサーウルを派遣した。ムハンマド・ザマーン・ミールザーにジャウナプル（ジャウンプル）地方を与えた。

ヌスラト・シャーとの和平　木曜日の夜（水曜日の日没以降）、グラーム・アリーという名のハリーファの家臣――彼はイスマーイール・ミーターより以前にアブル・ファトゥフという名の〔ビハールのガンジス河右岸にある〕ムンギールの〔ヌスラト・シャーの息子である〕シャーフザーダの家臣とともにかの三事項をたずさえて〔ベンガル側へと〕行っていた――が、この同じアブル・ファトゥフという名の者と一緒にムンギールのシャーフザーダとラシュカル・ワズィールのハサン・ハーンがハリーファあてに書いた手紙を持って来た。彼らは先の三つの条件を受け入れ、ヌスラト・シャーの側につくことを承知し、和平のための諸文言を提案していた。

この遠征の目的は敵対するアフガーン人らを撃滅することであった。これらの敵の内の若干の者は〔われわれの味方の〕首を取って去った。若干の者は来て臣従することを受諾した。残りの少数はバンガーラ人（ヌスラト・シャー）〔治下〕の貧窮者であった。バンガーラ人はこの者たちを自らの手中に収めた。雨季も近づいていた。このため、私たちもそれに対応すべく、前述の条件を付した和平のための文言を書き送った。

土曜日（五月一四日）、イスマーイール・ジルワーニー、アラーウル・ハーン・ヌーハーニー、アウリヤー・ハーン・アストラーニーが五、六名のアミールたちとともに来て私のもとに伺候した。

またこの日、イセン・ティムール・スルターンとトフタ・ブガ・スルターンに褒賞としてベルト付きの刀、ベルト付きの短剣、甲冑、長衣、アラブ馬を与えた。さらにイセン・ティムール・スルターンには、ナールナウル地区から三六〇万を、トフタ・ブガ・スルターンにはシャムサーバード地区の内から三〇〇万を与え受領させた。

ビバンとシャイフ・バーヤズィードの征討　一五日月曜日（五月一六日）、私たちはビハールとバンガーラ方面については安心して、サルー河畔のクーンドバ近くのユルトから裏切り者たるビバンとシャイフ・バーヤズィードの征討を決意して出発した。

私は途中二宿して、水曜日（五月一八日）、チャトルムーク・スィカンダルプルの〔ビハールのパトナの西北方にある〕チューパーラという名の渡しに下馬した。この日から皆は渡河に忙しかった。

かの裏切り者たちについて次々と情報が入り始めた。彼らはサルーとガガルを渡ってラクナウーに向かっているという。私は彼らの渡河を阻止するため、テュルク人とヒンドゥー人のアミールらの内から、スルターン・ジャラールッ・ディーン・シャルキー、アリー・ハーン・ファルムリー、タルディーカ、ニザーム・ハーン・バヤーニー、トルミシュ・ウズベク、クルバーン・チャルヒー、ハサン・ハーン・ダルヤー・ハーニーをはじめとする者たちを任命し、木曜日の夜（水曜日の日没以降）、出発させた。

猛烈な風雨　この夜、タラーウィーフ（一九九頁参照）後の一パース五ガリー（午後一一時）に、雨季の雲が巻き起こり一時《いっとき》の内にものすごい台風（tūfān）となり、猛烈な風が吹き荒れて倒されぬテントはほんの少数しか残らなかった。私は謁見用のテントの中で書き物をしていた。紙と諸断片を集める暇もなく、テントがそのポーチコともども私の頭上に倒れてきた。テントの煙穴がこなごなになった。神がお護りくださった。私は傷つかずにすんだ。本と断片は水につかって濡れた。私はそれらを苦労して集めた。それらを玉座の羊毛の小カーペットにくるんで玉座の下に置き、上にギリーム（やや始末なカーペット）をかけた。嵐は二ガリー（四八分）後におさまった。寝室用のテントを建てさせ、蠟燭に火を入れさせた。苦労して火をつけた。私たちは曙光《しょこう》が射すまで寝ずにページや断片を乾燥させるのに忙しかった。(80)

ビバン、バーヤズィードを追う　木曜日（五月一九日）、私は川を渡った。

金曜日（五月二〇日）、出発して、ハリードとスィカンダルプルを見て回った。

この日、アブドゥッラーとバーキーが、ラクナウーが〔敵によって〕占領されたことを書き送ってきた。

土曜日（五月二一日）、バーキーのもとへ行って合流すべくクーキーを一隊とともに先発させた。

日曜日（五月二二日）、スルターン・ジュナイド・バルラース、ハサン・ハリーファ、ムッラー・アーパークの部隊、ムーミン・アテケの兄弟を、行ってバーキーに合流し、私が到着するまでできる限りのことをするようにと出発させた。

戦後処理　この日の午後の礼拝時、私はシャー・ムハンマド・マールーフに私の個人用の長衣とアラブ馬を与え出発の許可を与えた。昨年と同様、〔ゴーグラ川とガンダク川が合流してV字形をなす地域である〕サーランを彼のワジュフ（九三三年の出来事注16参照）として、またクンドラを箭筒士らの扶養のために与えた。

またこの日、私はイスマーイール・ジルワーニーに〔サルジュー川の向こう側の〕サルワール（サルジューパル）から七二〇万のワジュフを与え、私の個人用の長衣とアラブ馬を与えて出発の許可を与えた。アラーウル・ハーン・ヌーハーニーをはじめ、彼とともに来た者たちにもサルワールからワジュフをあてがい出発の許可を与えた。各人のそれぞれ一人の弟か息子が常にアーグラで私に仕えているべきことが決定された。

「広闊号」と「アーラーイシュ号」、そしてこのたびわれわれの手に落ちたバンガーラの舟の中から選んでおいた二隻のバンガーラ舟を、バンガーラ人たちにティールムハーニーを経て〔ベナレスよりやや下流の〕ガーズィープルへ廻航させるという取り決めをバンガーラ人たちと交わした。「安逸号」と「命令号」はサルーの上流へオルドとともに廻航するよう命じた。

ビハールとサルワールについては安心して、月曜日（五月二三日）、チャトゥルムークのチャウパーラの渡しから、アワド側をサルー川沿いに移動した。一〇クロフほど進み、ファトゥフプルの属地のキリーラという名の村の傍ら、サルー河畔に下馬した。

翌朝（五月二四日）、出発した者たちが道に迷い、ファトゥフプルの大きな湖に行っていた。私は、まだ近くにいる者たちを引き返させるため、何人かの者たちを急行させた。湖畔で一夜を過ごし、そこに下馬した兵を明朝連れて来て、オルドに合流させるためキチク・ホージャを派遣した。

翌朝（五月二五日）、私はそこを発ち、途中で「安逸号」に乗った。上流に向けユルトまで舟を曳かせて来た。

ビバン、バーヤズィードに関する情報　途中で、バーキーのもとから来ていたシャー・ムハンマド・ディーワーナの息子をハリーファが連れて来た。ラクナウーの情報が確かとなった。それによると、ラマザーン月一三日土曜日（五月二一日）、彼ら（ビバンとバーヤズィード）は戦いをしかけた。彼らは戦いによっては何事もなしえなかった。戦闘の最中に、集めさせていた木片、干し草、いばらに一度に火がついた。城内はまるでオーブンのように熱くなった。城内の者たちは城壁の上を巡ることができなかった。敵は城を占領した。二、三日の後、彼らは私たちがまだ滞留しているという情報に接するとダルムード方面へと移動した、ということであった。

私はこの日も一〇クロフほど進み、スィークリー地区のジャリーサルという名の村の傍ら、サルー河畔に下馬した。

水曜日（五月二五日）、馬を休息させるためそのユルトに滞留した。

幾人かが、シャイフ・バーヤズィードとビバンはガングを渡り、チュナールとジューン（ヤムナー）川近辺を経て、関係者たちの所へと向かうつもりでいるらしいといった。私はベグたちを召集して相談し、次のごとく決めた。すなわち、ジャウナプル（ジャウンプル）の代わりにチュナールとさらにいくつかの地区を得ていたムハンマド・ザマーン・ミールザーとスルターン・ジュナイド・バルラース、マフムード・ハーン・ヌーハーニー、カーズィー・ジーヤー、タージ・ハーン・サーラングハーニーはチュナールに赴き敵の通路をふさげと。

翌木曜日（五月二六日）、早朝、私は移動して、サルー河畔を離れ、一一クロフ進み、パルサルーを渡りその河畔に下馬した。(81) 私はベグたちを召集して相談し、イセン・ティムール・スルターン、ムハンマド・スルターン・ミールザー、トフタ・ブガ・スルターン、カースィム・フサイン・スルターン、ビーフーブ・スルターン、ムザッファル・フサイン・スルターン、カースィム・ホージャ、ジャーファル・ホージャ、ザーヒド・ホージャ、ジャーン・ベグ、アスカリーの家臣らとキチク・ホージャ、そしてヒンドのアミールらの内からアーラム・ハーン・カールピー、マリクダード・カッラーニー、ラーオーイェ・サルワーニーをはじめとする者たちを任命して、ダルムード方面で軍から別れ、バーヤズィードとビバンの後へと急行させることにした。

このパルサルーで、私は、夜、浄めを行なっていた。ランプの光にたくさんの魚が集まって水面に出て来た。私と近くにいた者たちは手づかみでたくさんの魚を捕えた。

金曜日（五月二七日）、私はパルサルーの一つの支流の源に下馬した。まことに細い流れであった。兵士らの往来で流れが乱されぬようにと、私は上流を堰止《せきと》めさせて、一〇（ガズ）四方の一つの場所を浄めのために整えさせた。

二七日の夜（六月三日の日没以降）はこのユルトにいた。

翌日（六月四日）、この川を離れトゥース（現、東トンス川）を渡って下馬した。

日曜日（六月五日）もこの川の河畔に下馬した。

二九日月曜日（六月六日）、このトゥース川の河畔に留まった。この夜、空はよく晴れていなかったにもかかわらず、何人かが新月を見た。彼らはカーズィー（裁判官）の傍らで証言をした。月の始めが確認された。

火曜日（六月七日）の朝、私はラマザーン明けの礼拝を行なった後、出発した。私たちは一〇クロフ進み、ターイークから一クロフのグーイ川の河畔に下馬した。正午の礼拝時近くに、私はマージューンを服する罪を犯した。私たちは、シャイフ・ザイン、ムッラー・シハーブ、ホーンダミール(82)に次のちょっとした詩の一行を送り、招いた。

シャイフとムッラー・シハーブとホーンダミールよ、
来い！　三人ずつでも、二人ずつでも、一人でも。

ダルヴィーシュ・ムハンマドとユーヌス・アリーとアブドゥッラーもいた。午後の礼拝時、レスラーたちが取り組んだ。

水曜日（六月八日）、そのユルトに滞在した。お昼近くに私はマージューンを服用した。タージ・ハーンをチュナールから出させるために赴いていたマリク・シャルクがこの日到着した。

この日、レスラーたちが取り組んだ。以前に来ていた第一人者のウーディーがこの時来たヒンドゥスターン人のレスラーと取り組んで倒した。

私はヤフヤー・ヌーハーニーに一五〇万の土地をサルワールからワジュフとして与え、上下ひと揃いを身につけさせて出発の許可を与えた。

翌日（六月九日）、一一クロフ進み、グーイ川を渡り、この川の河畔に下馬した。急行して行ったスルターンとベグたちから、ダルムードに到達したが、なおガングを渡河していないという情報が届いた。私は立腹して「ガング川を急いで渡り、敵の後を追い、ジューンをも渡って、アーラム・ハーンを貴兄らに加え、全力をつくして敵と取り組め」と命じた。

ガンジスを渡る

私はこの川を離れた後、二泊してダルムードに到着した。この日、ほとんどの兵がガング川を渡しで渡河した。私はオルドを渡河させつつ、渡しの下流の島でマージューンを服用した。兵がなお完全に渡河していなかったので、私は渡河の後、下馬したユルトに一日滞在した。バーキー・タシュケンディーがアワドの軍とともにこの日到着して私のもとに伺候した。

ガング川を離れた後、途中一泊して、〔カーンプル南方の〕クールラ（現コーラ）の傍ら、〔エターワ、カーンプル、コーラを経てガンジスに合流する〕アリンド川の河畔に下馬した。ダルムードからクールラまでは二二クロフであった。

木曜日（六月九日）、そのユルトを発って、アーダムプル地方の前面に下馬した。敵のあとを追って渡河するため、先にカールピーにある舟を廻航して来るべく、筏使い一、二名をカールピーに派遣していた。ここに滞在していた夜に幾隻かの舟が到着した。私は川の渡河地点をも見つけた。ユルトがほこりっぽかったため私は島に滞留した。

情報収集のためバーキーらを派遣　そこにいた数日間は、昼夜、ずっと島にいた。敵についての正確な情報が到着しないため、私はバーキー・シガーウルをアワドの若党たちとともに渡河して敵についての情報を得るために派遣した。

次の金曜日（六月一七日）、午後の礼拝時、バーキー・ベグの家臣が到着した。バーキー・ベグは、シャイフ・バーヤズィードとビバンの物見を打ち破り、ムバーラク・ハーン・ジルワーニーという名のすぐれた人物とさらに幾人かを殺し何人かの首と何人かを生きたまま送って来た。

翌朝（六月一八日）、バーキーとともに赴いていたシャー・フサイン・バフシーが到着した。彼は物見を打ち破ったこととその他の情報を詳細に報告した。

この日の夜、つまり一三日日曜日の夜（土曜日の日没以降）、ジューン川の水かさが上がった。翌朝（六月一九日）、この島を完全に水が覆ってしまったほどである。私は矢の一射程距離ほど下流の別の一つの島に赴きテントをたてて滞在した。

月曜日（六月二〇日）、急行していたスルターンとベグたちのもとからジャラール・タシュケンディーが到着した。この者たちの急行についての情報を得ると、シャイフ・バーヤズィードとビバンは〔カーンプル西南の〕マフーバ地区から逃走したという。

雨季が来ており、また五、六カ月の間、軍が活動したため、兵士らの馬や駄獣が疲れはてていた。このため、私は急行して赴いているスルターンらとベグらに、アーグラとその付近から新たな補強部隊が急ぎ到着するまで、到達した地点にそのまま留まっているようにという命令を出した。

この日、午後の礼拝時に、私はバーキー・シガーウルとアワドの軍に出発の許可を与えた。軍から戻り、私がサルー川を渡った際来て私に仕えていたムーサー・マールーフ・ファルムリーに私は三〇〇万の地区を〔デリー東方の〕アムラハールからワジュフとして定め、私の個人用の上下一揃いと鞍付きの馬を与え、アムラハールに出発する許可を与えた。

アーグラに向け帰途につく

私はこれらの方面については安心し、火曜日の夜（月曜日の日没以降）、三パース一ガリー（午前三時二四分）過ぎに、急襲隊の進み方でアーグラに向け出発した。

翌日（六月二一日）、私たちは一六クロフ進み、正午近くにカールピーの属地のビラーウールという名の地区で昼を過ごし、馬に大麦を与えた後、夕べの礼拝時にそこを発った。この夜は一三クロフ進み、三パース（午前三時）にカールピー地区のスーガンドプルの、バハードゥル・ハーン・サルワーニーの墓地に下馬して眠り、朝の礼拝をすませた後、そこを発った。一六クロフ進み、正午にエターワに到達した。マフディー・ホージャが出迎えに来た。夜の一パース（午後九時）にそこを発ち、途中で少し眠った後、一六クロフ進んで、ラープリーのファトゥフプルに正午に下馬した。

翌日（六月二三日）、正午の礼拝時にファトゥフプルを発ち、一七クロフ進んで、夜の二パース（午前〇時）にアーグラのハシュト・ベヘシュトの園に下馬した。(83)

アーグラに帰着　翌金曜日（六月二四日）、ムハンマド・バフシーと何人かが来て私のもとに伺候した。正午の礼拝時近くに、私はジューンを渡り〔ナクシュバンディー教団の聖者〕ホージャ・アブドゥ・ル・ハックのもとに伺候した後、内城へ行きおばのベギムたちに会った。

インド産のメロンとぶどう　私はメロン作りのバルヒーをメロン栽培のために置いていた。彼は何個かのメロンを世話していたらしく持って来た。まことに美味しいメロンであった。私は一、二本の若い〔ぶどうの〕つるをハシュト・ベヘシュトの園にも植えていた。それもかなり美味しいぶどうになっていた。シャイフ・グーランも一籠のぶどうを送って来ていた。悪くなかった。私はヒンドゥスターンでメロンやぶどうがこのように生長したことを殊の外うれしく思った。

マーヒム・ベギムの到着　日曜日の夜（土曜日の日没以降）、まだ二パースが残されている時刻（午前〇時）に〔バーブルの正室〕マーヒムが到着した。私たちはジュマーダーゥ・ル・アッヴァル月一〇日（一五二九年一月二一日）に遠征に出発していた。不思議な一致で、彼女もこの同じ日にカーブルを出たということであった。(84)

〔日曜から翌週水曜までの一一日分の記事を欠く〕

ズィー・ル・カーダ月朔日木曜日（七月七日）、私が大会議室で会議に出席していた時、フマーユーンとマーヒムの献上品が運ばれて来た。

この日、私は財務官マグフールの一人の家臣を、一五〇名の担ぎ人足に賃金を支払った上で、メロン、ぶどう、果物のために、カーブルへと派遣した。

三日土曜日（七月九日）、カーブルから〔マーヒム・ベギムの〕付き添いとして来ていたが、アリー・ユースフが死去した（三〇六頁参照）ためサンバルに派遣されていたヒンドゥー・ベグが到着して私のもとに伺候した。ヒサームッ・ディーン・アリー・ハリーファもアルワルからこの日到着して私のもとに伺候した。

翌日曜日（七月一〇日）、ティールムハーニーからアリー・ユースフの死去のためサンバルに派遣していたアブドゥッラーが到着した。

〔七日分の記事を欠く〕

ラーホールでの悪政

カーブルから到着した者たちから次のようなことを聞いた。すなわち、シャイフ・シャリーフ・カラバーギーがアブドゥ・ル・アズィーズのそそのかしによってか、それとも彼を好いているがためか、私が行なったことのない抑圧、なしたことのない圧制を私たちからの命令によるものだといって布告し、ラーホールのイマームたちの署名を無理やりに書かせ、布告のコピーを町々に送り、人々の間に不和を引き起こす考えでいるという。またアブドゥ・ル・アズィーズもいくつかの命令に耳をかさず、種々のなすべきでない行為や許すべからざる行動に出ているという。

このため、一一日日曜日（七月一七日）、私はカンバル・アリー・アルグンを、シャイフ・シャリーフ、ラーホールのイマームたち、その有力者たち、そしてアブドゥ・ル・アズィーズを捕えて宮廷へと連れて来るため派遣した。

一五日木曜日（七月二一日）、ティジャーラからチーン・ティムール・スルターンが到着して私に挨拶した。

この日、第一人者のサーディクと偉大なるレスラーのウーディーが取り組んだ。サーディクが不完全ながら倒した。彼は非常に苦労した。

一九日月曜日（七月二五日）、私はクズルバシュの使節ムラード・コルチに金をちりばめたベルト付きの短剣とふさわしい長衣を身に付けさせ、二〇万タンガを贈り出発の許可を与えた。

〔一五日分の記事を欠く〕

グワーリヤルでの反抗　この頃、サイイド・マシュハディーがグワーリヤルから到着して、ラヒームダードが反乱をそそのかしていると報告した。私はハリーファの家臣のシャー・ムハンマド・ムフルダールを派遣した。私は厳しい忠告を交えた文章を書いて持たせた。彼は行って、数日後にラヒームダードの息子を連れて帰って来た。息子は来たが彼自身が来るつもりはなかった。

彼に対する疑念を取り除くため、私はヌール・ベグを、ズィー・ル・ヒッジャ月五日火曜日（八月一〇日）、グワーリヤルに派遣した。数日後、ヌール・ベグが帰って来て、ラヒームダードの出した要望を報告した。私が要望どおりの命令書を作成して持って行かせようとしていた時、一人の彼の家臣が到着して、「彼は私を彼の息子を逃がすため派遣しました。来る考えは持っておりません」と報告した。この知らせが届くと、私たちはただちにグワーリヤルに向け出発することにした。しかしハリーファが、「もう一度、私が忠告を交えた手紙を書いて送りましょう。たぶん彼は平和的に来るでしょう」と申し出た。このため、私はシハーブッ・ディーン・ホスローを派遣した。

同月七日木曜日（八月一二日）、エターワからマフディー・ホージャが到着した。

祝日[85]（八月一五日）、ヒンドゥー人のベグたちに、私個人用の上下一揃い、金をちりばめたベルト付きの刀、アラブ馬を賜与した。テュルクメンの間ではチャガタイの名で知られているハサン・アリーに、上下一揃い、金をちりばめたベルト付き短剣、七〇万の地区を賜与した。

九三六年（一五二九年九月五日—三〇年八月二五日）の出来事

ムハッラム月三日火曜日（一五二九年九月七日）、グワーリヤルから〔グワーリヤルに派遣されていた（三二一頁参照）〕シハーブッ・ディーン・ホスローと〔グワーリヤルで多くの弟子を持つスーフィーである〕シャイフ・ムハンマド・ガウス（一四一頁参照）がラヒームダードのために仲介をする目的で到着した。シャイフは敬虔なすぐれた人物であったので、私は彼らに免じてラヒームダードの罪を許し、シャイフ・グーランとヌール・ベグをグワーリヤルに派遣した。それは、グワーリヤルをこの者たちに委ね…………（以下欠）[1]。

訳注

九三二年の出来事

（1）バーブルは、これ以前にも、九一〇年（一五〇五年）を皮切りに、九一三年（一五〇七年）、九二四年（一五一八年）、九二五年（一五二〇年）、そして九三〇年（一五二四年）の五回にわたってヒンドゥスターン遠征に向かっている。遠征の回数の数え方については、後注18を参照。

（2）この遅延について、E本（エディンバラ本）、206a-206bにはフマーユーンによる注が本文に混入する形で挿入されている。そこには、チャガタイ・テュルク語で「約束の期限は〔ムハッラム月の〕一〇日過ぎであった。〔翌サファル月の〕一〇日過ぎに来たがこの遅れが必要であった。最初の〔父上の〕書簡の目的は情報であった（特に期限を守ることに注意を促したものではなかったという意味であろうか？）。遅延の理由はバダフシャーン軍の準備の不足であった。私めが、〔父上の〕温情を当てにしてさらに遅れを重ねたのであれば申し訳なかった」と記されている。

（3）その父のタータール・ハーンはバフルール・ローディーを君主に擁立したアフガーン人有力者の一人。ダウラト・ハーンは一五二三年までラーホール、ベーラ、スィヤールコートの統治を認められていたが、この年、ローディー朝の君主イブラーヒーム・ローディーの派遣した軍隊によってこれらの地を追われていた。

（4） E本、208bの欄外には、フマーユーンによる以下のチャガタイ・テュルク語による注が記されている。「フマーユーン陛下の筆跡――ヒンドゥスターンに入る前には、記されているような氷をわれわれは知らなかった。しかし、後になって少しは氷が張ることがわかった。例年より寒くなった年にはいつも結氷した。特に私がグジャラートを征服した年には、アサーイル（?）とグワーリヤルの間でまことに寒くなり、二、三日間氷が張り、厚さが一エリク以上になった」。

（5）『バーブル・ナーマ』の中で、ビールについての言及は二度のみで、もう一度は、第2巻三四〇ページに、製法なども含めたかなり詳しい記述がある。

（6） ここでは、ウズベクのハン家およびその親族の王子たちが「スルターン」と呼ばれている。

（7） 彼はカーブルのバーブルのもとへ対イブラーヒーム戦の救援の懇請に赴いた。その父ダウラト・ハーンのバーブルに対する態度に危惧すべき点があったため、しばらく捕囚の生活を送った。やがて父のもとへと逃亡したが、その後、バーブルに仕え、カーヌワーハの戦いにも右翼軍の一員として参加し功績を挙げた。

（8） ملوت. Milvat と読む。Milōt, Melōt なども読める。キング（King, Vol. 2, p. 169, n. 3）によれば、ローディー朝のバフルールの時代に Hoshiarpur 地方に作られたこの城は、その廃墟のみが残っているという。なお、キングは Malot とする。

（9） ここで初めて登場。以後彼はカーヌワーハの戦いにも参加し、また舟をバーブルに寄贈するなど、バーブルの忠実な臣下として活躍する。しかし、いつからバーブルに仕えたか、またどのような出自の人物であったかについては不明である。スィッディーキーは、彼が十六世紀初頭のマールワの宮廷で活躍したが、もともとはイランの商人が連れてきた宦官ではなかったかと推測している。

また、パーニーパトの戦いの後にバーブルに仕えたと見る。フマーユーンの治世でも重用されたが、おそらく一五四〇年のフマーユーンのインドからの亡命以前に死去したと見る。Siddiqui, pp. 38-40.

（10）ハーサハイルはスルターンの直接的な指揮下にある軍団。Bacqué-Grammont, 1985, p. 248, n. 5.

（11）チャガタイ・テュルク語テキストのうち、E本のみには、この箇所にまことに興味深い記述がある。文章にやや乱れが見られるが、その乱れを正して訳出すれば、「亡き陛下（＝バーブル）が、その『ワカーイー（事蹟録）』の中で私の顔に剃刀を当てたことを記しておられるので、私も引き続きそれについて記述することにした。当時、私は十八歳であった。そして現在は四十八歳である。ムハンマド・フマーユーン記す。かの陛下（＝フマーユーン）――アッラーがその証しを輝かしめ給わんことを――の筆跡からコピーした」となる。つまり、この記述は、フマーユーンによって後に本文に付せられた注を、写字生が写本作成の際にそのままコピーしたものである。この写字生によるコピーとほぼ同じ内容の記事は、ペルシア語訳本にも見える。ただしそこでは、記述当時のフマーユーンの年齢は、E本の四十八歳ではなく四十六歳となっている。いまは、いずれが正しいか確かめる方法がない。なお、このフマーユーンによる注は、二つの意味で重要である。第一は、バーブルの回想録の原名が『ワカーイー』であったことの証拠となる点、第二は、E本とペルシア語訳本がきわめて密接な系統関係にあることを推定させる点である。

（12）ルーム、すなわちローマとはオスマン・トルコのこと。「ルーム方式」とは、オスマン・トルコの皇帝セリム一世が一五一四年、タブリーズ西方のチャルディラーンの戦いで、サファヴィー朝の君主シャー・イスマーイールを破った時の戦術をいう。ベヴァリッジは、ウスタード・アリー・クリーがこの戦いに参加し、この防御の方法を実見していたのではないかと述べている（Beveridge, tr., p. 469, n. 1)。

(13)「アウリヤー」は聖者に付けられる尊称。シャイフ・ニザームッ・ディーンは、チシュティー派の著名なスーフィー（イスラーム神秘主義者）で一二三六年、デリーの東方、ガンジス川左岸にあるバダーウーンに生まれ、デリーに居住し、一三二五年にこの地で死んだ。その巨大な霊廟はデリー市内、フマーユーン廟の近くにある。この霊廟については、荒松雄『中世インドの権力と宗教』（岩波書店、一九八九年）二一七ページ以下を見よ。

(14) ローディー朝のスルターン・スィカンダル（イスカンダル）時代にバヤーナの知事であったハーニ・ハーナーン・ファルムリーの子。インドリーを領地とし、五〇〇〇騎の指揮権を所有していた。Bacqué-Grammont, 1985, p. 252, n. 3.

(15) ローディー朝のスルターン・スィカンダル時代にカールピーの知事であったマスナデ・アリー・マフムード・ハーン・チャフー・ハイル・ローディーの子。ジャラール・ハーン・ジグハトは父の位を継いだが、一時、王子のジャラール・ハーンにとって代わられた。しかし、スルターン・イブラーヒームの時代には父の位に復帰した。Bacqué-Grammont, 1985, p. 252, n. 4.

(16) グワーリヤルのラージャ、マーン・スィングの子でその後継者。スルターン・イブラーヒームの時代には、グワーリヤルの代わりにシャムサーバードを与えられ、スルターンの寵愛を受けていたが、パーニーパトの戦いで戦死した。Bacqué-Grammont, 1985, p. 252.

(17) コーヒ・ヌールは、後、フマーユーンからサファヴィー朝の君主シャー・タフマースプに献上されたが、最終的にはインド女帝であったイギリスのヴィクトリア女王の有に帰し、現在は一〇五カラットに研磨され、ロンドン塔内で展示されている。

(18) バーブル自身は、九二五年（一五一九年）のベーラ遠征を第一次ヒンドゥスターン遠征と考え、九三二年（一五二六年）の遠征を第五次ヒンドゥスターン遠征と考えていたことになる。しかし、第一次と第五次の間のどの遠征を第二次、第三次、第四次と考えていたのかは不明である。また、バーブルのインド遠征をいつから開始されたと見るかについては、バーブルとは異なった考えが可能である。アクバル時代の歴史家アブル・ファズルは『アクバル・ナーマ』で、遠征を九一〇年（一五〇五年）（第一次）、九一三年（一五〇七年）（第二次）、九二五年（一五一九年）（第三次）、？年（第四次、原典には年が書かれていない。おそらくは九三〇年（一五二四年））、九三二年（一五二六年）（第五次）の五回としている。本書では、アブル・ファズルと同様、ベーラ遠征以前の一五〇五年、一五〇七年の遠征をもバーブルのヒンドゥスターン遠征と数え、全部で六回とした。ただし、バーブルの数え方を考慮すれば、全部で七回ということになる。

(19) グジャラートのスルターンは、トゥグルク朝のムハンマド・シャー三世（一三九〇―九三）によってグジャラートの総督として派遣されたザファル・ハーンが一三九一年に独立し、一四〇七年にムザッファル・シャーと称したのに始まる。

(20) イラン系を称するハサン・ガングーが一三四七年に開いた王朝。オスマン朝と使節を交換した最初のインドの王朝であり、また十五世紀後半から火器を使用したことでも知られる。

(21) マールワは、一三〇五年、デリーのハルジー朝によって征服され、デリーから派遣された総督が統治していた。しかし、一三九八年、デリーがティムールに攻略されると、その時期の混乱を利用して、一四〇一年、総督ディラーワル・ハーン・ゴーリーが独立して新王朝の祖となった。しかしこの系統も、一四三六年、宰相のマフムード・シャーによってマールワを追われ、代わってマフムード・シャー一世ハルジー（在位一四三六—六九年）が即位して新王朝（ハルジー朝）の祖となった。彼の時代が最盛期で、その名声はカイロにまで聞こえ、カイロのカリフから正式の任命を受けたほどである。

(22) この君主の時代にはベンガル文学が発展し、『マハーバーラタ』のベンガル語訳も作られた。

(23) イルヤース朝の時代、一四八七年に、エチオピア人の奴隷軍人出身のスルターン・シャフザーダが君主のジャラールッ・ディーン・ファトフ・シャーを殺して君主位に即いた事件を指す。エチオピア人の支配は三代続いたが、一四九四年、サイイド・アラーウッ・ディーン・フサイン・シャーがこれを倒し君主位に即いた。

(24) Rānā Sangā. Rana Sangram Singh. メワールの支配者ラヤマッラの子。一四八二年生まれ。歴戦の末、チトールを中心とするラージュプターナの支配者（一五〇九—二八年）となる。当時のインドで最も勇猛な武将として知られ、その体には八〇カ所の戦傷があったと伝えられる。Mehta, J. L., *Advanced Study in the History of Medieval India*, Vol. 2, 2nd rev. ed., New Delhi, 1984, pp. 92-93.

(25) Dār al-Islām. イスラーム教徒の住む世界。これに対して、異教徒の住む世界をDār al-Ḥarb「確執の住みか」「戦いの家」という。

(26) Kas と発音された民族の名は、本来はKashで、それに「山」を意味するmirが付き、「カシュの山」の意味でKashmīrと呼ばれた、という意味であろう。

(27) このペルシア式揚水機については、米倉二郎『インド集落の変貌』（古今書院、一九七三年）を見よ。
(28) テュルク語で「助けて！ 人々が私を捕えた」の意。なお、サングラーフのチャガタイ・テュルク語＝ペルシア語辞典の記載に基づき、「タト」が「ダード dād」の訛りで「助けて」と訳すべきことは菅原睦氏の教示による。
(29) アラビア語で「感謝で恩寵が続く」の意。
(30) マンゴーのことを、北インドでは、サンスクリット語で āmra、ヒンディー語で ām と呼ぶ。英名の Mango は、南インドのタミル語 Mangai ないしスンダ語 Mannga に由来する名称。
(31) Amīr Khusrau Dihlavī（一二五三―一三二五）。デリー・サルタナト時代、特にハルジー朝第三代のスルターン、アラーウッ・ディーンの治世（在位一二九五―一三一五年）に活躍。さまざまな分野の多数の詩を残す。中でも、ニザーミーの『ハムサ（五部作）』を範として作った『シーリーンとホスロー』、『マジュヌーンとライラー』などのロマンス叙事詩五部作が名高い。
(32) この詩では、「マンゴー」の意味での naghzak と「美しく飾る」の意味での naghzak-kon および「最も美しい」の意味での naghzakterīn のように、naghzak が「マンゴー」と「美しい」という二通りの意味で使用されている。
(33) サックストン（Thackston, tr. p. 343, n. 77）によれば、アミール・ホスローの *Qirān al-sa'dayn*（『幸運なる二星の合』）からの引用という。
(34) ヒンディー語 mahwā. 巨大な落葉性の樹木。Bassia latifolia のこと。広い葉を持つため、ラテン語で「ラティフォリア（広い葉）」という名がつけられた。花は、木から落ちたものを集めて生食ないし煮食する。また糖菓にもする。固く頑丈な木は材木として使われる。種は砕いて油をとる。Forty Common Indian Trees, p. 29.

(35) サンスクリット語で kṣirinī、ヒンディー語で khirnī. 果実を生食ないし煮食する。種子中にはサポニンを含み、花とともに薬用にする。材は固く各種の機械器具の制作に用いられる。『東南アジアの果樹』、四五〇ページ。

(36) ジャンボラン。高さ一〇〜一五メートルの常緑中高木。果実を生で食用にする。酒も作られる。樹皮にはタンニンを含み、皮なめしと染色に利用される。薬用にも利用される。材は比較的固く、建築材などとして広く利用される。『東南アジアの果樹』、三八七ページ。

(37) 果実が五稜形の特異な形状を呈することで著名な熱帯果樹。高さ五〜一〇メートルの常緑小高木。熟した果実は生のまま、あるいは煮たり焼いたりして食後の果物として供される。ゼリーや砂糖で煮込んだりもする。サラダにも利用する。果汁は清涼飲料として利用され、発酵させると酢としても利用できる。樹姿は女性的な風情がある。『東南アジアの果樹』、一四四ページ。

(38) 灌木性小果樹。果実は生食のほか、種々に加工して食する。『東南アジアの果樹』、四五三ページ。

(39) 中高ないし大高木の落葉樹。陰花果は無数の小枝に数個ないし多数が密生して着生する。『東南アジアの果樹』、七六ページ。

(40) 果実を砂糖漬けにする。また強壮剤、血液浄化剤としても使用する。『東南アジアの果樹』、二〇二ページ。

(41) 果実を食用にする。仁はアーモンドの代用として使われるが、風味はカシューナッツに優るという。種子からよい油もとれる。『東南アジアの果樹』、二三一ページ。
（42）「インドの木の実」の意。ペルシア語でココやしを指す。
（43）アラビア語には /g/ の音がないため、/j/ で代用しているという意味であろう。アラビア語の nāranj が、本来のペルシア語の呼称 nārang ではなく、訛っているという意味であろう。
（44）「ファーティハ」は「開扉の章」とか「開巻の章」などと訳される。わずかに七節からなる短い章であるが、イスラームの精髄が凝縮された章として『クルアーン』の全章の中で最も重要な章とされている。「ファーティハ」の章のアラビア語の全文をカナで示すと「ビスミッ・ラーヒ・ル・ラフマーニ・ル・ラヒーミ／ル・ハムド・リッラーヒ・ラッビ・ル・アーラミーナ／ル・ラフマーニ・ル・ラヒーミ／マーリキ・ヤウミッ・ディーニ／イーヤーカ・ナアブドゥ・ワ・イーヤーカ・ナスタイーヌ／イフディナッ・スィラータ・ル・ムスタキーマ／スィラータッ・ラズィーナ・アンアムタ・アライヒム／ガイリ・ル・マグドゥービ・アライヒム・ワ・ラッ・ダールリーナ」となる。文中の／は節の変わり目を示す。
（45）『クルアーン』各章は、「ビスミッ・ラーヒ・ル・ラフマーニ・ル・ラヒーミ」すなわち「慈悲ふかく慈愛あまねきアッラーの御名において」という語句で始まる。この語句はどの章にもあるため、普通は章を構成する節の内には数えられない。ここでは、この語句をも含めて「開扉の章」を読誦するとの意味である。この語句については第1巻訳注冒頭注1参照。
（46）このようなイスラーム教徒独自の時間の長さの表し方はまことに興味深いものがある。これによれば、「開扉の章」は一回読誦するのに一〇秒かかるという計算になる。
（47）パフル（パハル）および、バーブルの本文にすぐ記述されているガリヤーリーについては、近藤治『ムガル朝インド史の研究』（京都大学学術出版会、二〇〇三年）、三七二―三七五ページに詳しい説明がある。

(48) バーブルの表では、徴税の単位となる地域の名に、いずれも sarkār の語が付けられている。例えば、sarkār-i Sihrind のごとくである。サルカールとは、いくつかのパルガナからなる、より上位の行政・徴税単位の名称である。しかしこの訳では、サルカールの語は省略し単にスィフリンドとした。また、収入を表す単位として用いられている「タンガ」には、「白いタンガ」と「黒いタンガ」の二種類がある。前者は銀銭、後者は銅銭である。この表で用いられているタンガは銀銭と思われる。

(49) ヴァルサクはバダフシャーンの地名。ベヴァリッジは、バーブルがかつて彼らから受けた歓待に感謝するためこの贈物を送ったのではないかと推定している（Beveridge, tr., p. 523, n. 1）。

(50) この詩で「説明」を意味する語として用いられている bayān は、バヤーナ Bayāna との言葉の遊びである。

(51) バーブルはこのように記しているが、バーブルとサンガーの間にこのような密約があったか否かについては、必ずしも明確ではない。

(52) ワーイーンは階段付きの巨大な井戸。バーオリーともいう。荒松雄『中世インドの権力と宗教』（岩波書店、一九八九年）三四ページにバーオリーの簡単な説明が、三六ページに二枚の写真が見える。この水利施設については、荒松雄「デリーに現存するサルタナット時代のバーオリーの遺跡について」『東洋文化研究所紀要』四四、一九六七年がある。また、グジャラートに現存する巨大な階段井戸については、Jutta Jain-Neubauer, *The Stepwells of Gujarat: In Art-Historical Per-*

spective, New-Delhi, Abhinav Publications, 1981: Morna Livingston; Foreword by Milo Beach, *Steps to Water: The Ancient Stepwells of India*, New York, Princeton Architectural Press, 2002.

（53）　在位一五二六―三七年、一五三五―三六年。一五三一年にはマールワを征服しグジャラート王国の領土を拡大した。フマーユーンによってマールワおよびグジャラートを追われたが、やがてグジャラートを奪回、ビハールのシェール・ハーン（後のスール朝のシェール・シャー）と結んでしばしばムガル朝軍と戦った。一五三七年、ポルトガル人の裏切りにより海で溺死させられた。J. L. Mehta, *Advanced Study in the History of Medieval India*, Vol. 2, Mughal Empire, New Delhi, 1988, pp. 91–92.

九三三年の出来事

（1）　バーブルの子ファールークは、九三二年（一五二六年）、マーヒム・ベギムから生まれたが、父バーブルに会う機会を得ぬまま、九三四年（一五二八年）に夭折した。Askari, p. 164.

（2）　この門などグワーリヤルの建造物については、二二三ページ以下に詳しい記述がある。

（3）　最高の解毒剤。テリアカについては、前嶋信次「テリアカ考」『東西物産の交流（東西文化交流の諸相）』（誠文堂新光社、一九八二年）を見よ。テリアカはギリシア人の発明した万能薬。解毒の妙薬。イスラーム世界に伝えられ、ここで流行品として珍重されたほか、隋唐時代の中国にも伝えられ、「底也伽」として利用されていた。中国を通じて奈良・平安時代の日本にもその名が知られた。その後、イスラーム世界から医学・薬学の知識がヨーロッパに伝えられると、ヨーロッパでもテリアカの価値が再認識され、十九世紀末まで実際につくられていたという。十六世紀以降、テリアカはポルトガル人やオランダ人を通じて日本にももたらされ、江戸時代の蘭学者らがこれについての幾冊かの著述を残している。前嶋氏によれば、マージューンと総称された練り薬の中で、最も高貴薬と考えられてきたのがテリアカで、毒蛇の肉、りんどう、肉桂、鹿子草、阿片、没薬《もつやく》、蕪《かぶ》の実、サフランその他、無数ともいうべき薬品を練り合わせたものだという（前嶋信次「テリアカ考」『東西物産の交流（東西文化交流の諸相）』、六〇―六一ページ）。

（4） この地名は写本のヴァリアントをも参考にすると、カーンワ、カーヌワ、カーヌワハなどとも読める。ここではとりあえず校訂本で採用した綴字（کانواها）に従ってカーヌワーハと読んでおく。Habib, 8A は、Khānūa、すなわちカーヌーアとしている。

（5） バーブルはかつて星の位置を気にして、失敗した経験を持つ。このため、この時は先の経験を生かし、星の位置は無視したのであろう。第1巻二〇八ページ参照。

（6） シャイフ・ザイヌッ・ディーン・ハーフィー。バーブルの臣下の中で、当時、最も筆の立つ人物と見なされており、次に見える「禁酒令」も、後のカーヌワーハの戦いの「捷報」も、ともにこの人物が起草した。彼は『バーブル・ナーマ』を参照して、自らの見聞をも加えたペルシア語による史書『タバカーティ・バーブリー』をも著した。

（7） 教友（サハーバ）というのは、預言者ムハンマドと同時代に生き、ムハンマドの言動を直接に見聞する機会を持った者をいう。ムハンマドの教えを直接に受けた者たちと見なされ、イスラーム社会では特別の人々と考えられている。

（8） ファトフ・ナーマ。戦いでの勝利を各地に知らせる速報。

（9） 反キリスト者。独眼で額に kāfir（邪教徒）を意味する KFR の三文字が刻まれている。七〇〇〇人のイスファハーンのユダヤ人を率いて各地を荒廃させるが、天使に守られたメッカ、メディナには入れない。最後にイエスに殺される。Beveridge, tr., p. 563, n. 1 参照。

（10）イェーメンの王子で、アビシニア人キリスト教徒のアブラハが軍と象を率いてメッカのカーバを破壊すべく進撃し、敗北を喫した故事。神に守られたメッカを前に象が進むことを拒絶し、鳥が運んだ三個の石がアブラハ軍の上に落とされ、軍を壊滅させたという。Beveridge, tr., p. 563, n. 3 参照。

（11）カスピ海西岸にある隘路デルベント（ダルバンド）にアレクサンドロス大王がヤージュージュとマージュージュ（『旧約聖書』「黙示録」のゴグとマゴグ）の侵入に備えて構築したとされる長さ五〇メートルの鉄の障壁。King, Vol. 2., p. 295, n. 1; Beveridge, tr., p. 564, n. 3.

（12）神話によると、大地は魚に支えられているという。この句は「大地の最深部に」「血が大地にしみ」を意味する。King, Vol. 2. p. 304, n. 1 参照。

（13）天と大地はそれぞれ七つの部分からなると考えられていた。この戦闘で、大地の一部分が馬のひづめの下で土ぼこりとなって天に昇った。その結果、天は八つの部分に、大地は六つの部分になった、という意味。King, Vol. 2. p. 304, n. 2 参照。この詩は、フェルドウスィー『シャー・ナーマ（王書）』（一九六六年にベルテリスらの編纂したモスクワ版、二—六六、六〇行目）に見える。Thackston, tr., p. 385, n. 147 参照。

（14）「彼らは背後へと」以下ここまでのアラビア語の文章は、『クルアーン』第一七章第四六節、第三三章第三八節、第三章第一二二節、第二六章第二二〇節からの引用文で構成されている。

（15）現存する『バーブル・ナーマ』には九三〇年の記述は欠けている。しかしこの紀年銘から、ディーパールプルの征服が九三〇年に行なわれたことがわかる。
(16) 家族と兵士を養うための俸給の代わりとしてパルガナから割り当てられた収入。
(17) 一六六―一六七ページに、バーブルが厭戦気分の充満する全軍に対して訓辞を述べ、その結果、全軍がラーナ・サンガーとの戦いに向け一致団結したことが記されている。しかし、バーブルがその時、以下に記されているような誓約を皆に与えたことは記されていない。また、『バーブル・ナーマ』の他の箇所にもこの誓約のことは見えない。ただ、決戦を前にして、このような誓約が皆に与えられていたことは確かであろう。
(18) この時バーブルは数え歳で四十六歳である。この記事は、アースカインもすでに指摘しているように(King, Vol. 2, p. 317, n. 1)、十一歳の年以来、三五年間にわたってバーブルが一カ所に落ちつく暇もない波乱に満ちた生活を送っていたことをよく示す記事といえる。
(19) ganjifa. カード遊び。アースカインはこれが東洋の文献におけるトランプの記事の初出とする(King, Vol. 2, p. 317, n. 3)。
(20) この小論文は散逸したものと考えられていたが、筆者がテヘランのサルタナティー図書館に所蔵される『バーブル著作集』と呼ぶべき一写本中に存在することを発見し、「五〇四のリズム」という仮の題を付けて学界に報告した。『バーブルとその時代』第一部第八章「テヘラン・サルタナティー図書館所蔵の『バーブル著作集』について」二一二―二一四ページ参照。
(21) バーブルは韻律学の造詣が深く、韻律学に関する一書『アルーズ・リサラス』をも著している。

九三四年の出来事

（1）スルターン・アフマド・ハン（アラチャ・ハン、小ハン）の子スルターン・サイード・ハンは弟のスルターン・ハリール・スルターンとともに四年間キルギスおよびモグーリスターンにいたが、兄のマンスール・ハンの攻撃を受けて敗北。両名はフェルガーナのウズベクを頼ったが、スルターン・ハリール・スルターンは、九一四（一五〇八／〇九）年、フェルガーナのアフスィでウズベクのジャーニー・ベグ・ハンに殺害された。一方、スルターン・サイード・ハンは、ウズベクの手を逃れ、カーブルのバーブルを頼り、丁重な扱いを受けた（TR, tr., pp. 125, 131, 379-380）。一五一二年、スルターン・サイード・ハンは、バーブルの援助を受けてフェルガーナを征服し、さらに一五一四年、カーシュガルに進出して、いわゆるカーシュガル・ハン国（ヤルカンド・ハン国）の祖となった。

（2）『ターリーヒ・ラシーディー』はバダフシャーンとする（TR, tr., pp. 380-381）。

（3）ベヴァリッジ（Beveridge, tr., pp. 590-591, n. 6）は、イブン・バットゥータの Kajwarra、Indian Atlas の Kadwāha に比定し、詳しい考察を行っている。北緯二四度五八分、東経七七度五七分に位置する。

（4）Beveridge, tr., p. lxviii には、*Archaeological Survey Reports*（1871）からとられた Sir Alexander Cunningham によるチャンデーリーの興味深い平面図が掲載されている。そこには内城は Bāla Kila として見える。

（5）アーラーイシュ・ハーンとマールワの宮廷との関係についてはシッディーキーの記述（Siddiqui, pp. 38-39）を参照。

（6）この指令はチャガタイ・テュルク語ではなくペルシア語で述べられている。その理由について、ベヴァリッジは、バーブルが悪い知らせを皆から隠すためにペルシア語を使ったのは明らかだと述べている（Beveridge, tr., p. 594, n. 4)。あるいはそのために「この件」など、表現もやや曖昧にされているのであろうか。

（7）二つの戦いにいずれも元旦に出発して、四日目に勝利するという偶然の一致、ないし縁起のよさを考えたものであろう。

（8）『バーブル・ナーマ』のこの年の記述はこの記事で中断し、以後、約五カ月半分の記事を欠く。欠落の理由は不明である。

九三五年の出来事

（1）ペルシア語による浩瀚なイスラーム世界史『清浄の園』の著者である歴史家ミールホーンドの孫に当たるギヤースッ・ディーン・ホーンダミール（一四七五年頃―一五三五年頃）は、ティムール朝を中心とするペルシア語によるイスラーム世界史『伝記の伴侶』の著者として名高い。ティムール朝末期のヘラートの宮廷でアリー・シール・ナヴァーイーや君主バディーウッ・ザマーン・ミールザーらに仕えた。その後、しばらくサファヴィー朝のシャー・イスマーイールに仕えたが、ウズベクによるヘラート支配を嫌い、九三三年シャッワール月中旬（一五二七年七月中旬）、ヘラートを離れてカンダハールに向かった。九三四年ジュマーダー・ル・アッヴァル月一〇日（一五二八年二月一日）、カンダハールよりアーグラに向かったが、道中の困難のため七カ月を要してアーグラに到着しバーブルに仕えた。『伝記の伴侶』に伝えられた記事は『バーブル・ナーマ』の欠落部を補うものとして貴重な情報である。ただし、バーブルが『バーブル・ナーマ』執筆に際して、ホーンダミールの記述を参照したか、それともホーンダミールがバーブルの記事を参照したかという問題はなお解決されてはいない。バーブルの歿後、ホーンダミールはフマーユーンに仕え、『フマーユーンの書』などを著した。ホーンダミールは一五三五年頃、インドで歿した。

（2）マウラーナー・シハーブッ・ディーン・アフマド・アル・ハキーリー。この人物については、ホーンダミールが『伝記の伴侶』の中で記述している（HS, IV, p. 361）。それによれば、謎々（ムアンマー）以外にも、カシーダ、ガザルでも傑出した詩人で、シャー・イスマーイールを讃える詩を作っていたという。

（3）六八〇年のこの日、預言者ムハンマドの女婿で第四代正統カリフであるアリーの子フサインらがイラクのカルバラーでウマイヤ朝軍によって殺害された。シーア派最大の記念日。

（4）月の光が、寒さなど、身体に害を及ぼすと考えられていたためと思われる。King, Vol. 2, p. 336, n. 4.

（5）在位一二一一―三六年。アイバクの宮廷奴隷出身。イルトゥトゥミシュなどとも呼ばれるこのスルターンの名前については、荒松雄『インド史におけるイスラム聖廟』（東京大学出版会、一九七七年）、三六ページ注4を見よ。

（6）五八、二二七ページなどに見えるラージャ・マーン・スィングの子ラージャ・ビクラマージートとはもちろん別人である。

（7）ラージプートの支配者の称号。ラージャーやラーイと同じく、サンスクリット語の動詞 rāj-（治める、支配する）から派生した名詞。

（8） ライスィンとサーラングプルの支配者。カーヌワーハの戦いでバーブルと戦ったが、バーブル側に投降した（Beveridge, tr., p. 562, n. 3）。一七三、二一三ページ参照。

（9） ベヴァリッジが鋭くも指摘しているように（Beveridge, tr., p. 615, n. 2）、ここには六日間（火曜日〜日曜日）分の記事が欠落していると思われる。その間、バーブルはドールプルでさらに何らかの行動をした後、西北のバヤーナを訪れ、その後スィークリーに向かった可能性が強い。なお、サックストン（Thackston, tr., p. 408）はこのベヴァリッジの指摘には注意を払わず、次の文章に見える月曜日を一〇月五日としている。

（10） 火曜日（一〇月一二日）の日没時から、水曜日という新しい一日が始まる。したがって、水曜日の夜は、まだ一二日である。

（11） 断食をいつ始めたかについても記事が欠けている。この事実も、ベヴァリッジの指摘を支持するものといえる。

（12） 『ターリーヒ・ラシーディー』（TR, tr., p. 467）には、カーシュガル・ハン国（ヤルカンド・ハン国）のスルターン・サイード・ハンの妻で、ハンの死後、その後継者ラシード・スルターンによってヤルカンドから追放され、三人の子らとともにカーブルに来たザイナブ・スルターン・ハニムの名が見える。『ターリーヒ・ラシーディー』の同じ箇所には、この女性はスルターン・サイード・ハンのいとこに当たるとも記されている。一方、グルバダン・ベギムの『フマーユーン・ナーマ』によれば、彼女はモグールのスルターン・マフムード・ハンの娘である。これに従えば、ザイナブ・スルターン・ハニムは、スルターン・マフムード・ハンの弟スルターン・アフマド・ハンの息子であるスルターン・サイード・ハンのたしかにいとこに当たる。バーブル自身は、その母がスルターン・マフムード・ハンの姉であったから、ザイナブ・スルターン・ハニムはバーブルのいとこに当たるはずである。したがって、ここにザイナブ・スルターン・ベギムが「おばちゃん」と呼ばれているのは、おそらく年長の故による愛称であろう。

（13）ワジュフ・ダールという語は『バーブル・ナーマ』では、この一カ所のみに現れる。スィッディーキーによれば、十三〜十四世紀のムクターとほとんど同じ者で、家族と兵士を養うための俸給の代わりとしてパルガナからの収入を割り当てられている者。民政・軍政と徴税の責任を負った。Siddiqui, p. 35.

（14）俸給の代わりにパルガナの収入の中から割り当てられる収入（前注参照）。この語は istiqāmat とともに、"vajh istiqāmat" "vajh u istiqāmat" という形で『バーブル・ナーマ』にはしばしば現れる。

（15）このアフシャール族のアフマドがいかなる人物であるかは不明。

（16）「この日」がいつを指すか不明である。ベヴァリッジ（Beveridge, tr., p. 618）は、疑問符付きで、（サファル月）二〇日火曜日（一一月三日）としている。水銀の服用についての記事が唐突で、これより前に何らかの記事があった可能性が強い。

（17）ホージャ・アフラールとも呼ばれ、ナクシュバンディー教団の首長として、ティムール朝の宮廷に絶大な影響力を所有した。彼が散文で著した『ワーリディーヤ』の諸写本、およびバーブルによるこの韻文版については、Eiji Mano, "On the Persian Original *Vālidīya* of Khwāja Aḥrār," *History and Historiography of post-Mongol Central Asia and Middle East: Studies in Honor of Professor John E. Woods*, Chicago, 2006 を見よ。

(18) ベルベル人出身のエジプトのスーフィー詩人、書家、伝承学者、『クルアーン』の読誦者としても知られたシャラフッ・ディーン・ムハンマド・アル・ブースィーリー(一二一二―九五年頃)。特に預言者ムハンマドを讃えた『カスィーダ・アル・ブルダ』の著者として名高い。"al-Būṣīrī," EI, new ed., Supplement, 3-4, 1981, pp. 158-159 参照。

(19) ジャーミーのマスナヴィー体の詩形による七部作『七つの玉座(ハフト・アウラング)』の内の一作品、『スブハトゥ・ル・アブラール(敬虔なものたちの数珠)』を指す。神秘主義、生活倫理など、宗教を主題にした作品。

(20) この韻律では、第一脚は長短長長と短短長長の二種類が可能。最終脚が abtar である場合は、長ではなく、長長となる。この注は菅原睦氏の教示による。なおマスナヴィー、ガザル、カスィーダでこの韻律が用いられることは稀である(Finn Thiesen, *A Manual of Classical Persian Prosody*, Wiesbaden, 1982, p. 136)のに、バーブルがこの韻律を用いたのはジャーミーが用いているためである。

(21) バイトは、詩の、対になった二つの半句(ミスラー)からなる一行のこと。一三のバイトとは一三行を意味する。

(22) フマーユーンは当時バダフシャーンに総督として居住していた。フマーユーンは、バダフシャーンを支配していたミールザー・ハン(バーブルのいとこ)が死去すると、ミールザー・ハンの遺子スライマーンがなお幼かったため、バーブルによってバダフシャーンの支配を委ねられ、「九二六年(一五二〇年)から九三五年(一五二八年)まで(TR, tr., p. 373)」八年間にわたってバダフシャーンの統治に当たった。九一三年(一五〇八年)生まれのフマーユーンの妹であるグルバダン・ベギムは、満年齢で当時まだ十二、三歳（ヒジュラ暦の数え年では十四、五歳）の少年にすぎなかったフマーユーンがバダフシャーンに赴任する際には、父親のバーブルと母親のマーヒム・ベギムがともに任地バダフシャーンまで付き添って行ったという心温まるエピソードを記録している（HN, p. 92）。なお、フマーユーンは九三二年（一五二五年）、バーブルの求めにより、バーブルの第六次ヒンドゥスターン遠征に参加するため、バダフシャーンからインドに至り、パーニーパトの戦い、カーヌワーハの戦いにも参加した後、九三四年（一五二七／二八年）カーブルを経てバダフシャーンに帰還している。その後、九三五年（一五二八年）、おそらくはバーブルの許可なしにバダフシャーンを離れ、九三六年初め（一五二八年秋）にアーグラでバーブルに会い、以後再びバダフシャーンに帰ることはなかった。

（23）ジャームの戦いについては M. B. Dickson, *Sháh Ṭahmásb and the úzbeks* （*The Duel for Khurásán with ʻUbayd Khán: 930–946* （*1524–1540*））, Ph. D. diss., Princeton University, 1958, p. 127 に詳しい。

（24）当時、バーブルの長男フマーユーンは満年齢では二十歳であった。

（25）アリフ、ラームは、ともにアラビア文字アルファベット中の文字の名称。ا とل で、それぞれ、AとLに当たる。

（26）この詩句は、ベヴァリッジ（Beveridge, tr., p. 625, n. 7）によれば、彼女の夫ヘンリー Henry Beveridge の所蔵するニザーミー『ホスローとシーリーン』の写本に見えるという。しかし、サックストン（Thackston, tr., p. 413, n. 199）は活字本では発見できなかったという。

（27）いくつかのヒントを与えて、一つの単語を当てさせる韻文学の一ジャンル。

（28） التفات iltifāt（「尊敬、関心」の意）と書くべき所を التفاط ないし الطفات と書いている、という意味であろう。

（29） قولنج qulınj（「腹痛」の意）と書くべき所を قلنج と書いている、という意味であろう。

（30） モンゴル帝国時代に、帝国の領域内に駅伝（ジャム、ヤム）の制度が発達して、君主の命令の伝達や使節の往来などを容易にしていたことはよく知られている。羽田亨「蒙古駅伝雑考」『羽田博士史学論文集』上巻（京都、東洋史研究会、一九五七年）参照。

（31）『ムバイイン』の「砂または土で身を浄めること」の項に、バーブルが息子に対して、もし水から一ミール離れている場合には、水ではなく砂または土で沐浴してもよいことをまず述べ、次に、「ミール」など長さの単位について説明している。*Zahiriddin Muhammad Bobur, Mubayyin*, Nashrga taïyorlovchilar: Saidbek Hasan, Hamidbek Hasan, Mas'ul muharrir: Alibek Rustam, Toshkent, 2000, p. 51 参照。

（32） カダムは「歩幅」。

（33） カルは「腕尺」。

（34） トゥタムは「手幅」、「手の親指と小指を張った長さ」。

（35） エリクは「手の平の厚さ」。

（36） この文章の意味はやや理解しがたい。この文章の四〇「カル」は四〇「カダム」の意味であろう。一カダム（歩）を一・五カル（腕尺）の長さとするインドの計算方法によって、四〇カダム、すなわち四〇歩の長さを一本の綱の長さに定めたということ、つまり、通常の六〇カル分を一本の綱の長さに定めたということであろう。

(37)　四〇〇〇カダム（歩）分が一クロフということになり、それが一ミールに当たることになる。クロフの長さは、一歩を一・五カルとし、カルを五〇センチとすると、一歩は約七五センチ、したがって四〇〇〇歩分の一クロフは約三キロとなる。また、カルを五五センチとすると、一歩は八二・五センチ、四〇〇〇歩分の一クロフは約三・五キロとなる。
(38)　この人物は『バーブル・ナーマ』ではこの箇所と二九九ページの二カ所にのみ登場する。どのような経緯でバーブルに仕えていたかは不明であるが、二九九ページに記されているように、ウズベクの王子である。この宴席で、モグールの王子がバーブルの子より上位に座しているのに比較して、彼がティムール家の王子であるムハンマド・ザマーン・ミールザーより下位に坐っているのが興味深い。
(39)　キュチュキュンジ・ムハンマド・ビン・アビ1・ハイル。サマルカンドを本拠とした（在位一五一〇―三〇年）。
(40)　チェレビはオスマン朝で上流階級の人々に付せられた称号。語源は不明である。この称号は、詩人、文人、それに王子やスーフィー教団の指導者に与えられた。
(41)　後、キュチュム・ハンを継いでウズベクのハンとなった。在位一五三〇―三三年。
(42)　第1巻二二―二三ページに「イスファラ地方は山の麓の四つの区域から成っている。すなわちイスファラ、ヴァールーフ、スーフ、フシュヤールである。〔ウズベクの〕ムハンマド・シャイバーニー・ハンが〔モグールの〕スルターン・マフムード・ハンとアラチャ・ハンを破りタシュケンドとシャールヒーヤを取った際、私は山麓にあるこのスーフとフシュヤールの地方に来て約一年間艱難辛苦をなめた後、カーブルへ向け出立したのであった」とあるように、フェルガーナのマルギーナーンの西南にあるこの地方は、バーブルが最も苦しい時代を過ごした土地である。バーブルは、その時のこの地の人々の自分に対する扱いに感謝の気持ちを抱いていたため、それに報いたのであろう。

(43) バーブルは、中央アジアを捨てカーブルに向かった際、この地にその家族を滞在させた（第2巻三一ページ参照）。おそらくその時の家族に対する扱いに返礼したのであろう。

(44) 九月二六日に行なわれた戦闘についてのこの目撃談には誤りが多い。死んだとして名前を挙げられている三人のスルターンらもこの時死んではいない。キュチュム・ハンは一五三〇年、ウバイド・ハンは一五四〇年、アブー・サイード・スルターンは一五三三年に死去した（R. D. MacChesney, "Shībānids," EI, new ed.）。サファヴィー朝側の史料でも、ウバイドは負傷したが戦場を脱出し、キュチュムもメルヴへ逃亡したという（Beveridge, tr., p. 636, n. 2）。目撃談のこのような重大な誤りについて、バーブルが自らの意見を述べた箇所が現存する『バーブル・ナーマ』の諸写本のどこにも見えないのは、おそらく、もともとはあったはずの記事が、現存する『バーブル・ナーマ』の諸写本では脱落しているためと推定される。

(45) Beveridge, tr., p. 636, n. 3 に論じられているように、火曜日の記事の一部、水曜日全部、木曜日の記事の一部が欠けている可能性がある。

(46) おそらく、ラビーゥ・ル・アーヒル月一八日、木曜日、すなわち一五二八年一二月三〇日。

(47) 現在のパキスタン南部のバルーチスターンの名の起こりとなった部族。

(48) ローディー朝の君主。スルターン・イブラーヒーム・ローディーの弟。パーニーパトの戦いにおけるイブラーヒームの死後、マフムードを中心に各地のアフガーン人らが結集しバーブルに対抗した。結集したのは、シャイフ・バーヤズィード、ファトゥフ・ハーン・サルワーニー、ビバン・ハーン、イーサー・ハーン・サルワーニー、マールーフ・ファルムリーらである。Siddiqui, p. 23.

(49) ナスィールッ・ディーン・ヌスラト・シャー。在位一五一九―三二年。『マハーバーラタ』のベンガル語訳を作成させたことで名高い。

(50) このホージャの兄弟で、ホージャ・アフラールの孫であり、かつ弟子でもあった聖者ホージャ・ヌーラー（ハズラティ・マフドゥーミ・ヌーラーともホージャ・ハーヴァンド・マフムードとも呼ばれる）のことは、『ターリーヒ・ラシーディー』（TR, tr., pp. 395-401）に詳しく見える。

(51) バーブル文字については、間野英二「バーブル文字に関する覚書」『イスラーム地域研究ジャーナル』二、二〇一一年参照。

(52) サファヴィー朝の君主タフマースプを「シャー」と呼ぶことはこれまでの記事にはなかった。彼はシャーフザーダ（シャーの子）と呼ばれていた。

(53) スルフ体、ナスターリーク体など、アラビア文字のさまざまな異なった書体。

(54) 行間を示すため一枚の厚紙の上に平行する糸を張りつめたもの。

(55) ボイラは、古代ブルガール語や碑文テュルク語に見える語で高官の称号と思われる。Clauson, p. 385 を見よ。ただし、ボイラは『バーブル・ナーマ』では、ここ一カ所にしか見えないから、あるいは、ボイラではない別の読み方が必要かもしれない。

(56) 「マーダギー（ボタン穴）」には、別に「不能」「女性的」の意味がある。

(57) バーブルがこの話を引き合いに出したのは、おそらく次のような理由による。アリー・シールが、ビナーイーに好意を示したいという望みを持っていたにもかかわらず、彼の心の中にそれを妨害する何か（ビナーイーに対する敵意）があるため、結果的にはその望みは実現されなかった。バーブルの酒を飲みたいという望みも、改悛の決意を捨ててはならぬという心の中の妨害物のために、やはり実現できなかった。希望を持ちながら、妨害するものがあって結局実現しないという点で、両者はよく似ているということであろう。なお、アリー・シールとビナーイーがお互いに皮肉を浴びせあう犬猿の間柄であったことは、第2巻一六一―一六二ページに記された逸話からもわかるように、よく知られた事実である。また、この話は、ビナーイーがこの会話にかこつけて、アリー・シールが男性的にもはや不能であることを皮肉ったものと解される。

(58) ペルシア語の散文で書かれていたホージャ・アフラールの『ワーリディーヤ』をチャガタイ・テュルク語で韻文化したこと。二三八ページ参照。

(59) キング（King, Vol. 2, p. 377, n. 2）によれば、ヤムナー川左岸、Fatehpur の南西約三二キロにある Korah か、Fatehpur の西北西約五一キロにある Korah Khās. キングはおそらく後者と見るが、ベヴァリッジ（Beveridge, tr., p. 651, n. 1）は逆と見る。

(60) キング（King, Vol. 2, p. 378, n. 1）によれば、ヤムナー川左岸、Fatehpur の南西約三〇キロにある Kunda Kanak. ベヴァリッジ（Beveridge, tr., p. 651, n. 2）もおそらくはそれとする。

(61) その一族はジャウンプルを支配していたが、彼の父フサイン・シャーの時代（一四五八―七九年）にローディー朝のスルターン・スィカンダルに征服された。彼は、同じくアフガーン人のジャラール・ディーン・ヌーハーニー、マフムード・ローディーと東方域で覇を争った。Erskine, History of India, Vol. 1, p. 501 参照。Bosworth は、この系統を“The Sharqī Sultans of Jawnpūr”と呼んでいる。C. E. Bosworth, *The Islamic Dynasties*, Edinburgh, 1967, pp. 201-202.

(62) バーブルの歿後、本拠地のビハールを中心にフマーユーンに対して反乱を起こし、一五三九年のチャウサの戦い、一五四〇年のカナウジュの戦いでフマーユーンを破り、フマーユーンをイランのサファヴィー朝へと亡命させた。この時、彼の樹立した王朝をスール朝と呼ぶ。

(63) これが一般に『バーブル・ナーマ』と呼ばれている書物の本来の書名である。「ワカーイー」とは「出来事」「出来事の記録」「事蹟録」を意味する。

(64) バーブルが、執筆中の『バーブル・ナーマ』の写本を作らせて、人に与えたことを示す興味深い記事である。

(65) バーブルが急激な天候の変化をヤダの呪法によるものと考えたことを示す興味深い記事である。

(66) この記事は中国の広州の珠江、長沙の湘江、武漢の長江（揚子江）という三大河川をすべて泳ぐことを目標にしていたという毛沢東を思い出させる（李志綏著、新庄哲夫訳『毛沢東の私生活 上』、文春文庫、一九九四年、二五五、二五九ページ）。

(67) 「太陽が欠け」とは、日食を意味する。アースカイン（King, Vol. 2, p. 387, n. 1）によれば、一五二八年五月一〇日の日食を指し、日食の日には断食が行なわれるという。ただし、ブハーリーのハディース集成（牧野信也訳『ハディース』、中公文庫、二〇〇一年）の日食（I、三七七—三八七）、断食（II、二三四—二七〇）の項を見ると、日食の日に礼拝が行なわれるとの記事はあるが、特に断食が行なわれるとの記事はない。おそらくバーブルが日食の日に自発的に断食を行なったのであろう。

(68) 前年のこの出来事に関する記事は現存する『バーブル・ナーマ』には見えない。

(69) キング（King, Vol. 2, p. 387, n. 2）によれば、この川の評判が悪いのは、この川がサンスクリ

かという。ット文学で非アーリア人の国として侮蔑的に言及されるマガダ国の国境を成していたためではない

(70) サックストン(Thackston, tr., p. 430, n. 228)によれば、Karamnāsaを「破壊された徳」の意と解し、その語源を、Karm/Karam(徳)+nāsn(破壊された)とする俗説。川の名が「徳を破壊するもの」の意味で理解されていたのであろう。

(71) 前年のこの出来事に関する記事は現存する『バーブル・ナーマ』には見えない。

(72) サックストン(Thackston, tr., p. 431, n. 230)は、この記事(前年ガンジスで泳いだとする記事)は、この記事より前に見える九三五年の記事、つまり二八〇―二八一ページの「この日、私はガング川を抜き手で泳いで渡った。……私はこれまでにすべての川を泳いで渡っていた。ガング川が残っていたのである」という記事と矛盾すると注記している。ベヴァリッジも二八〇―二八一ページの記事(ガンジスでの初泳ぎの記事)は場所が間違って挿入されているのではないかと推定している(Beveridge, tr., p. 655, n. 3)。たしかに、次の注でもふれるように、このあたりのテキストには錯乱がある可能性がある。

(73) 「この三つの事項」という文言からすれば、この記事に先立って三つの事項についての言及がなされているのが自然である。しかし、そのような言及はない。おそらく、言及した部分のテキストが失われたのであろう。「この三つの事項」については、後、二九二、二九三、三〇八ページに言及が見られる。

(74) この文言からすれば、ムハンマド・ザマーン・ミールザーは先にビハールへ赴くことを拒否するなり、辞退するなりしていたはずである。しかし、それに関する記事は、現存する『バーブル・

ナーマ』には見えない。やはり記事が脱落していると考えられる。

(75) 脚韻を踏むように、いずれの船名の末尾にも -āyish が意図的に付けられている。

(76) カザンを「臼砲」とすることには問題はないが、ファランギー（フランク砲）というのは「弩砲」であろうか（Beveridge, tr., p. 667, n. 3）。またザルブ・ザン砲は、細長い砲身を持つ「カルバリン砲」のことであろうか（Beveridge, tr., p. 667, n. 4）。バーブルの使用した火器がどのようなものであったかについてはなお検討の余地がある。

(77) この語は『バーブル・ナーマ』には二度現れる。一度がこれであり、いま一度は校訂本五九三ページ七行目（本書三〇〇ページ）に rūyzardlar という複数形で現れる。サックストンは Ruyzard および Ruyzard and his men と訳出し、この語を固有名詞、おそらくは人名と解している（Thackston, text, Part 3, pp. 784, 785）。しかし、複数形が用いられているところから考えると、この語を普通名詞と考えることもできる。ただし、普通名詞とするとペルシア語で「顔が黄色い」を意味するこの語がどのような人々を指すのかは不明である。Beveridge, tr., p. 668 は単に Zard-rūī (Pale-face?) とする。サリエはこの部分については（Sal'e, p. 421）Зардру（ザルドルー）とし、校訂本五九三ページの部分（Sal'e, p. 422）については люди Зардру（ザルドルーの人々）とする。アラト（Arat, pp. 419, 420）は翻訳を省略し、バケグラモン（Bacqué-Grammont, p. 412）は Zardru および Zardru et ses gens とする。いずれにせよ、この語についてはなお検討が必要である。

(78) この詩は第2巻二一二ページにも見える。

(79) シャイフ・バーヤズィードの兄弟である。マールーフ・ファルムリーはバーブルに一度も帰順しなかったが、彼の二人の息子たちはバーブルに帰順していた。

(80) バーブルが執筆中の『バーブル・ナーマ』の原稿の一部がこの嵐で失われ、現存する大きな欠落部が生じたと見る説もある（最近ではThackston, tr., p. 11)。しかしこの記事には、原稿がたしかに「失われた」ことを示す記述もなく、またバーブルが集めて乾燥させた原稿が『バーブル・ナーマ』の原稿であったという確かな記述もない。したがってこの説もその可能性は否定できないものの、単なる推測というべきであろう。
(81) サルー、すなわちゴーグラ川を離れ、西方に向かったものと思われる。
(82) 歴史家ホーンダミールも遠征に同行していたことを示す興味深い記事である。ホーンダミールについては、九三五年の出来事注1参照。
(83) 火曜日の夜に出発して、金曜日（前夜から始まる）の夜にアーグラに到着。まる三日間で七八クロフ、すなわち約二五〇キロを踏破したことになる。一日平均、約八〇キロ、馬での旅行としてはたしかに急行軍といえるであろう。
(84) マーヒム・ベギムはカーブルからアーグラまで約五カ月間かかったことになる。
(85) 巡礼月のズィー・ル・ヒッジャ月一〇日に行なわれる大祭（ʻīd al-kabīr)。

九三六年の出来事

(1) バーブルがアーグラで病歿するのは、これより一年と三カ月半あまり後の九三七年ジュマーダー・ル・アッヴァル月六日（一五三〇年一二月二六日）である。この記事から死歿まではかなりの年月があるが、これ以降の記事はバーブルの体調不良のためか、あるいは別の理由によるものか、まったく残されていない。なお、ミールザー・ハイダルの『ターリーヒ・ラシーディー』やアブル・ファズルの『アクバル・ナーマ』によれば、この年（九三六年）の初め、フマーユーンがバダフシャーンからアーグラに到着している。フマーユーンが任地のバダフシャーンを離れたのは前年の九三五年中のことである。彼のこの行動の理由として、ミールザー・ハイダルは、バーブルがインドにおける自分の不慮の死に備えてフマーユーンを自らの傍らに置きたいと考え、その希望をフマーユーンに伝えた結果であるとする（TR, tr., p. 387）。しかし、アブル・ファズルは、バーブルのこの希望については一言も触れず、これを、父バーブルに会いたいというフマーユーンの一心からする予期せぬ行動であったとする（AN, p. 272）。おそらく、後者がより真実に近く、フマーユーンは父バーブルの許可を得ることなく、当時の慣例に反していわば勝手に任地を離れたものと考えられる。なお、フマーユーンの妹のグルバダン・ベギムも『フマーユーン・ナーマ』の中では兄のこの出来事については沈黙を守って何も記していない。兄のこの行動がむしろ恥ずべきものと考えられたため記述するのを差し控えたのではなかろうか。アーグラに到着後のフマーユーンは以後インドに留まるが、彼がインドで得た病が、父バーブルの寿命を縮める結果となったことは、アブル・ファズルが伝えるごとくである。アブル・ファズルのこれに関する記事については、本書の付録Ⅳを参照。

付録

凡例

一　この付録はロシアのN・イルミンスキーが一八五七年にカザンで出版した『バーブル・ナーマ』（カザン本）の末尾に収録されているチャガタイ・テュルク語の文章の邦訳である。

二　カザン本ではこの文章は二つの部分からなる。すなわち、本書の付録Ⅰ—Ⅳを含む一続きの文章と付録Ⅴの文章である。しかし本書では内容を考慮して全体を五つの部分に分かち、各部分ごとにそれぞれの内容を示す原文にはない標題を付して訳出した。

三　これらの文章は『バーブル・ナーマ』より後の時代に書かれたアブル・ファズルの『アクバル・ナーマ』に見えるペルシア語によるバーブル関係の記事を、付録Ⅰ—Ⅳではバーブルを一人称として、付録Ⅴではバーブルを三人称として、チャガタイ・テュルク語を用いて要約した一種の編纂物である。すなわちこれらの文章は、本来『バーブル・ナーマ』の一部をなす文章ではない。また『アクバル・ナーマ』の記述を正確には要約していない部分や誤りも含まれる。

四　ただ、これらの文章には、フマーユーンの病とバーブルの死など、現存する『バーブル・ナーマ』には欠けている重要な情報が見られるため、参考のためにここにそのまま訳出した。

五　『バーブル・ナーマ』の本文ではないため注は省略し、補足が必要と思われる場合にはそれを〔　〕内に、また説明が必要と思われる場合はそれを（　）内に収めた。

付録Ⅰ　カーヌワーハの戦い

……私たちはこの者たちの援軍として派遣した。後に、私はムハンマド・アリー・ジャング・ジャングをも派遣した。先に任命していたムッラー・ムヒッブ・アリーが彼らのもとに到着する前に、アブドゥ・ル・アズィーズは彼ら（敵）を潰滅させ纛《とう》（旗指物）を奪った。敵はムッラー・ニーマト、ムッラー・ダーウード、そしてムッラー・アーパークの弟、それに幾人かを捕え殺した。彼ら（敵）が到着するや否や、ムヒッブ・アリーの母方のおじザーヒル・タバリーが撃って出た。援ける者なく、敵はザーヒルをまさにその場所で捕虜にした。戦闘中に敵はムヒッブ・アリーをも落馬させた。バルトゥーが反対側から進入してムヒッブ・アリーを脱出させた。敵は一クロフの地点まで彼らの後を追った。敵はムハンマド・アリー・ジャング・ジャングの軍勢が姿を現すと立ち止まった。

敵が接近したという情報が私たちのもとに相次いで到着した。私たちは甲冑を身に付け馬にも防具を付け武装して全速で出発した。私は荷車を曳いて来るようにと命じた。一クロフ進んだ。敵は退却した模様であった。

ダルヤー・ハルに大きな湖があった。水の便を考えてこの地に下馬した。荷車を前方の固めとし、鎖で荷車の周囲を固めた（以上、本書一五六頁一四行目―一五七頁一一行目とほぼ全く同文）。

ラーナー・サンガーは無数の奴隷、軍団、歩兵を前面に配置した。ヒンドゥスターン方式では、一〇万を一ラク、一〇〇ラク（一〇〇〇万）を一カロールという。彼の奴隷と軍団は一〇〇二ラク（一億二〇万）に達していた。彼の支配領域は一〇カロール（一億）に達しており、それは一ラク（一〇万）の騎兵の領地と封地に当たる。大部分の指揮官たちは、従来一度も戦場で彼（ラーナー・サンガー）を助けたり、彼に忠誠を尽くしたりしたことのない者たちであったが、彼に加わり彼の命に服することになったのである。

彼の軍隊の内訳は以下のごとくである。

サラーフッ・ディーン――ラーイスィーンとサーラングプルの支配者。三万の騎兵のための領地を所有。

ラーワル・ウーダイ・スィング・ナーガリー――一万二〇〇〇騎。

ハサン・ハーン・メーワーティー――メーワートの支配者。一万二〇〇〇。

バハードゥル・ハムラーイーダリー――四〇〇〇。

サタルディー・カフジー――六〇〇〇。

ジャルマル・パルム・デーオ――ミールタの支配者。四〇〇〇。

バルスィング・デーオ・ジューハーン――四〇〇〇。

スルターン・スィカンダルの子マフムード・ハーン――領地は持たぬものの、指揮官たることを希望して、一万二〇〇〇の騎兵を自らのもとに保持。

総計すると、敵の〔支配下の〕員数は一〇〇二ラクに達する。

敵の接近が私たちの耳に届いた。私たちは私たちの作戦を考え次のごとく隊列を組んだ。

中軍に私の親衛隊を配し、中軍右翼にチーン・ティムール・スルターン、ミールザー・スライマーン、ホージャ・ドースト・ハーンド、ユーヌス・アリー、シャー・マンスール・バルラース、ダルヴィーシュ・ムハンマド・サールバーン、アブドゥッラー・キターブダール、ドースト・イシク・アーガーを他のアミールらとともに任命した。中軍左翼にスルターン・バハーウッ・ディーン、バフルール・ローディーの子アラーウッ・ディーン、シャイフ・ザイン・ハーフィー、ニザームッ・ディーン・アリー・ハリーファの子アミール・ムヒッブ・アリー、クチュ・ベグの弟タルディー・ベグ、クチュ・ベグの弟シール・アフガン、アーラーイシュ・ハーン、ホージャ・フサインを、他の者たちとともに配備した。

右翼軍には私自身が属し、ヒンドゥスターンのアミールらの内からハーニ・ハーナーン、ディラーワル・ハーン、マリクダード・カラーニー、シャイフ・グーランのごとき者たちを私に奉仕するために保持した。

〔右翼軍の〕右翼には、カースィム・フサイン・スルターン、アフマド・ユースフ・オグラン、ヒンドゥー・ベグ・カウチン、ホスロー・キョケルタ（ダ）シュ、カワーム・ベグ、オルド・シャー、ワリー・ハーズィン、カラ・キョズィ、ミール・クリー・シースターニー、ホージャ・

パフラワーン・バダフシー、アブドゥッ・シュクール、それにバーバー・カシュカの弟マリク・カースィムを他のモグルのバハードゥル（勇士）たちとともに任命した。

後衛にはミール・ハマ、ムハンマディー・キョケルタ（ダ）シュ、ホージャキー・アサドを幾人かの若党らとともに任命した。

右翼軍の左翼には、マフディー・ホージャ、ムハンマド・スルターン・ミールザー、マフディー・スルターンの子アーディル・スルターン、アブドゥ・ル・アズィーズ・ミーラーフール、ムハンマド・ジャング・ジャング、クトゥルク・カダム・カラウル、シャー・フサイン・バーラキー、ジャーン・ベグ・アテケ、そしてヒンドゥスターンのアミールらの内から、スルターン・アラーゥッ・ディーンの息子たちであるジャラール・ハーンとカマール・ハーン、アリー・ハーン・シャイフザーダ・ファルムリー、ニザーム・ハーン・バヤーナ、ムーミン・アテケ、ルスタム・テュルクメンが、側近やその他のバハードゥルたち、忠実なるガーズィーたちとともに戦いの決意を固めていた。

また、ニザームッ・ディーン・アリー・ハリーファに、ルームの戦士らのごとく、私たちの軍の前方にいる火縄銃の銃手らと砲手らを保護するため、荷車を運び鎖で結ぶようにと命じた。またスルターン・ムハンマド・バフシーに私の前に立って、私が思いつくことをすべて命ずるので、それらをかのヤサーウル（整治官）やトゥワチらに伝え、彼らがそれらを指揮官たちに伝達するようにと命じた。

出征に当たって先に定めておいたため、指揮官たちはその兵とともに定めの位置へと進みとどまった。その後、私が命令を出すまで、何人もその位置を離れず、また許可なくして戦場に進み攻撃をしかけたりせぬようにと命じた。

昼の第一パースが経過した時（午前九時）、左翼軍・右翼軍が、まるで大地の地震か時空の咆哮のごときすさまじい戦闘に入った。敵は私たちの右翼軍の方面から攻め入り、ホスロー・キョケルタ（ダ）シュ、マリク・カースィム、バーバー・カシュカに攻撃をしかけた。チーン・ティムール・スルターンに彼らの援護に赴くよう命じた。彼は勇敢な働きをし、敵を追ってそのヤサーウルを破り、その中軍を壊滅させた。私たちはこの勝利の勲功第一を彼に決めた。ムスタファー・ルーミーは、命令に従って、中軍から荷車を前進させ、火縄銃とザルブ・ザン砲で敵兵を大いに破滅させた。その結果、わがバハードゥルたちの心から闇が晴れ、多数の敵の身体が卑しき大地へと倒れ死の世界へと送られた。

しかし、ラーナー・サンガーの兵は後方から隊列を整えて次々と到着していた。私もわが兵の最高の者たちを次々と集め、各々を後方から援軍として送っていた。私は、まず、カースィム・フサイン・スルターン、アフマド・ユーヌス、カワーム・ベグに命じた。その後、ヒンドゥー・ベグ・カウチンに命じた。その後、ムハンマド・キョケルタ（ダ）シュとホージャキー・アサドに命じた。その後、ユーヌス・アリー、シャー・マンスール・バルラース、アブドゥッラー・キターブダールを、そして彼らの後方からドースト・イシク・アーガー、ムハンマド・

ハリール・アフタベギを援軍として送った。

敵の右翼軍が何度かわが左翼軍に攻撃をしかけて来た。その度ごとに、わが忠実なるガーズィーたちは敵の一群を矢の雨で大地に倒れさせ、また他の一群を刀と短剣の閃光で地獄の府へと落ちさせていた。ムーミン・アテケ、ルスタム・テュルクメン、ムッラー・マフムード、アリー・アテケ、ムハンマド・スルターン・ミールザー、アーディル・スルターン、アブドゥル・アズィーズ・ミーラーフール、クトゥルク・カダム・カラウル、ムハンマド・アリー・ジャング・ジャング、シャー・フサイン・バールキー、モグール・ガーンチーが戦闘に着手し、確固たる立場を保った。財務官のホージャ・ハサンは他の財務官らとともに援護に赴いた。すべてのバハードゥルたちは命を捧げ命を取って、復讐の閃光を敵方から失せさせた。

敵の多勢の故に戦いは長く続いた。荷車の後方に、あたかも鎖につながれた獅子のごとく待機していた親衛隊の面々に、火縄銃の銃手らを中央に配置して、中軍の右翼・左翼の両側から戦いに突入せよと命じた。これらの若党たちは鎖を食い破って出た獅子のごとく自らが今や自由であることを知ると、この多数の邪教徒らに襲いかかり彼らの力の限りを尽くした。世紀の驚異アリー・クリーは自らの部下とともに中軍の背後にいた。彼らは火縄銃やザルブ・ザン砲や砲弾を撃つ仕事に従事していた。

私たちは敵の全滅がやや遅れていると見てとった。私は中軍の荷車を前進させよと命じた。私たちもただちに前進した。隊列を整えていた者たちは、右軍、左軍から、そして右翼、左翼から、それを見てとると突進して敵に襲いかかった。戦いは次のごとく展開された。わが右軍、左軍が、敵の右軍、左軍を一ヵ所へと追いつめた。敵は絶望的となり、がむしゃらにわが右翼、左翼に向け突進し、私たちの間近へと迫ってきた。私たちがしっかりと持ちこたえたため、敵は耐えられずやむなく急ぎ逃走した。敵の多数がこの戦場で死亡して地獄へと赴き、また少数は狂乱して砂のごとくこの砂漠へと散って行った。

ハサン・ハーン・メーワーティーは火縄銃の銃弾をうけ死の世界へと赴いた。ラーワリー・ウーダイ・スィング、マーニク・チャンド・チョウハーン、ラーオ・チャンドラバーン、ディルパス・ラーイ、ガンガル、カルム・スィングといった敵の部将たちが非存在の道の塵と化した。また彼らは数千人のわが兵を馬の足下に踏みにじった。

私はムハンマド・キョケルタ（ダ）シュ、アブドゥ・ル・アズィーズ・ミーラーフール、アーラム・ハーン、さらに何人かのアミールらにラーナー・サンガーの後を追うようにと命じた。私自身も数クロフほど追跡したが、ラーナー・サンガーのために暗黒が訪れ夜となった。私たちは敵についての心配から解放され、成功裡に引き返し、数時間後に宿営に到達した。かの邪教徒（ラーナー・サンガー）が手中に落ちるか否かはなお運命が定まっていなかったため、後を追って行った者たちはそれにさほどの注意を払わずにいた。私はこの者たちに希望を託さず、自ら追跡すべきであったと後悔した。

わが高官の一人であるシャイフ・ザイヌッ・ディーンは、この勝利の紀年銘として「イスラームの皇帝の勝利」という言葉を考え出した。ミール・ギースーもカーブルからこの同じ紀年銘を書いてよこした。以前に、ディーパールプルを征服した際にも、その勝利について二人の人物が「ラビーゥ・ル・アッヴァル月の勝利」を考え出したことがあった。

勝利がかくのごときものであったため、ラーナー・サンガーの後をその領地まで追跡する理由は何もなかった。私たちはしばし留まってメーワートの制圧を計画した。私はムハンマド・アリー・ジャング・ジャング、シャイフ・グーラン、アブドゥ・ル・マリク・コルチを多勢とともにイルヤース・ハーンに向け派遣した。彼は両河の河間地帯で頭をもたげコール城を戦って奪取していた。イルヤース・ハーンはコール城の支配者であったキチク・アリーを捕え獄に投じているという話であった。

この私たちが派遣した軍が接近すると彼は抵抗できずに逃亡した。私たちがアーグラに到着して入城した日、人々がこの暗き定めの者を堅く縛って連行して来た。彼はそれにふさわしい罰を受けた。

その後、私はメーワートに行く必要があると考え、ラジャブ月六日水曜日（一五二七年四月八日）、メーワートの支配者の治所であるアルワルに赴き、その財宝を簡単に手に入れた。この地方もわが領域内に組み込まれたので首都に帰還することにした。

付録Ⅱ　九三四年関係

ムハンマド・フマーユーンをカーブルとバダフシャーンへ出発させ、私自身は首都に向かった九三四年、ハーン・ミールザーがこの世を去った。

私はバダフシャーンの支配権を眼の光ムハンマド・フマーユーンに与えていた。その年のラジャブ月九日（一五二八年四月一一日）、私はムハンマド・フマーユーンをその領国へと出発させた。

その間にビバン・アフガーンが頭をもたげていた。私はカースィム・フサイン・スルターン、ムハンマド・カースィム・バーバー・カシュカ、アブル・ムハンマド・ニーザダール、フサイン・ハーン、それとヒンドゥスターンのアミールらの内からアリー・ハーン・ファルムリー、マリクダード・カラーニー、タータール・ハーン・ハーニ・ジャハーンをムハンマド・スルターン・ミールザーに同伴させて派遣した。かの幸運が背を向けた男は自分に向け軍が任命されているのを聞くと絶望の内にこの世を去った。

私自身は、その年の末、ファトゥフプルとバーリーを見物してアーグラに帰った。

九三四年にコールの見物に行き、その後サンバルの狩りに出かけた。山岳地帯を見物して首都に帰った。

サファル月二八日（一一月二三日）、ファフリ・ジャハーン・ベギムとハディージャ・スルターン・ベギムが子供たちとともにカーブルから到着した。私は舟に乗って彼らの出迎えに赴き、ちょうどよい時間に到着した。

その後、次々に情報が到着していた。すなわち、チャンデーリーの支配者であるミンドニー・ラーオとラーナーが兵の集結に努めているという。この情報が私たちに届くと、私は六、七千人の若党たちをチーン・ティムール・スルターンに同伴させて、カールピー地方を経て、チャンデーリーへと派遣した。

ジュマーダーゥ・ル・アッヴァル月七日（一五二八年一月二九日）、チャンデーリーが征服された。「邪教の世界の征服」という紀年銘が案出された。チャンデーリーの獲得後、私はこの地をスルターン・ナースィルッ・ディーンの孫アフマド・シャーに与えた。

ジュマーダーゥ・ル・アッヴァル月一一日日曜日（二月二日）、私は帰途につき、首都に入城した。

私がチャンデーリーに赴いたより以前に、ラーナーは軍とともに移動して私の臣下の一人がいたイーラジへ行きその地を包囲した。ある夜、彼の睡眠中に、貴人の一人が彼の夢に姿を現し彼を畏怖させた。彼は震えながらその眠りからめざめたが病気になった。熱が出た。彼はこの熱のさ中に軍に退却を命じた。しかし途中で死期が彼の道連れとなり、彼の命を奪って地獄へと送ったことは明白であった。私たちの軍がブルハーンプル川を渡っている時にその知らせが届いた。

マールーフとビバンとバーヤズィードはカナウジュから逃走しイーラジに行き、シャムサーバード城をアブル・ムハンマド・ニーザダールから力ずくで奪っていた。そのため、私は手綱をその方向へと向け数名の若党たちを先発させた。この知らせを聞いてマールーフの息子はカナウジュから逃走した。ビバン、バーヤズィード、マールーフもガングを渡り、日の出時に出馬して、私たちのガング渡河を阻止する考えでカナウジュの向かいに滞留していた。

付録Ⅲ　九三五年関係

九三五年ムハッラム月三日金曜日（一五二八年九月一七日）、私がムルターンの処置のためカーブルから呼び寄せていたミールザー・アスカリーがグワーリヤルに到着して私の前に伺候した。私はその日、ラージャ・ビクラマージートとマーン・スィングの建物を見物し、首都（アーグラ）に向かった。

同月二五日木曜日（水曜日?）（一〇月九日）、〔首都に〕入城した。

ラビーゥ・ル・アッヴァル月一〇日火曜日（一一月二二日）ムハンマド・フマーユーンのも

とから使者たちが到着し私の前に伺候した。彼らは報告書を持参した。そこには、「至高の神が私どもに一人の男児をお恵みくださいました。アル・アマーンと命名しました」と記されていた。この名は私には気に入らなかった。その後、テュルク人、ヒンドゥー人のアミールらを招いて祝宴を開いた。その宴席で相談の結果、「東方の諸地方へ遠征する必要がある。先にミールザー・アスカリーを大軍とともに進発させる。ガング川の向こう岸側にいるアミールたちは彼に同伴してこの用務のために努力する」ことが決められた。

ラビーゥ・ル・アーヒル月七日月曜日（一二月一九日）、ミールザー・アスカリーに出発の許可を与え出発させた。私自身は狩りの目的でドールプル方面へ向かった。

ジュマーダーゥ・ル・アッヴァル月三日（一五二九年一月一三日）、マフムード・イスカンダルの子がビハールを取り、反乱の意図を持っているという知らせが届いた。私は狩りから引き返し、首都に下馬した。

この間に、バダフシャーンからムハンマド・フマーユーンが使者らを派遣して来て、「四、五万の兵を集め、スルターン・ヴァイスを同伴して、サマルカンドをめざす考えでいます。和平の案もあります」と伝えて来た。彼の報告書に対する返事の中に、私は、「至高の神に望むらくは、近々ヒンドゥスターン地方を獲得し、私に心を寄せ、忠誠心を持つ者たちの何人かをヒンドゥスターン地方に置き、私自身は父祖伝来の地方へ帰りたいものだ。この〔サマルカンドへの〕遠征には、われわれの全員が加わり忠誠心を示すことが肝要だ」と書き記した。

同月一七日木曜日（一月二七日）、私はジューン川を渡り、東方へと向かった。

この日、バンガーラの支配者であるヌスラト・シャーから使者らが到着し、贈物をもたらし臣従の意を表した。

ジュマーダーゥ・ル・アーヒル月一九日月曜日（二月二八日）、ミールザー・アスカリーが到着して私に会った。私は、「お前は自分の兵とともにガング川の向こう岸に下馬しなさい」と命じた。

アーグラ近くで、イスカンダル・スルターンの息子マフムード・ハーンを破ったことについて知らせが届いた。私はガーズィープルの領域まで進み、バフージプルとバハに下馬した。その地でビハール地方をミールザー・ムハンマド・ザマーンに与えた。

ラマザーン月七日木曜日（五月一五日）、バンガーラとビハールについては安心して、サルワール方面へビバンとバーヤズィードを討つべく急行した。この反乱者たちと戦いをまじえ彼らを打破した。

その後、ハリードとスィカンダルプルを見物して、これらの諸地方については安心して先遣隊とともに首都へと向かい、しばらくの後に首都に入城した。

付録Ⅳ　バダフシャーンの情勢、フマーユーンの病とバーブルの献身

ムハンマド・フマーユーンが私たちのもとを去ってバダフシャーンに下馬して以来、すでに一年が経過していた。この一年の末に、彼は私に会いたいと考え、バダフシャーンを義父のミールザー・スライマーンに委ね、ある日、カーブルへ来た。ミールザー・カームラーンがカンダハールからカーブルへ来ていた。カームラーンは彼にイード・ガーフで会い驚いて来た理由をたずねた。フマーユーンは、「父上に会いたいからだ」と述べ、ミールザー・ヒンダルをカーブルからバダフシャーンへ派遣し、私の方へと向かった。彼は数日して首都アーグラに到着した。ちょうど私が彼の母親と彼の名を出して話し合っていた時刻に到着し私のもとに来た。私たちの心は花のごとく開き、私たちの眼は松明《たいまつ》のごとく輝いた。いつも毎日宴会を開いていたが、特に彼のために祝宴を開き種々歓待した。私たちはしばし一緒にいて、お互いに友達のように振る舞った。実際、彼は会話については他に比べる者がないほどに楽しい人物であり、世にいう「完全人間」とはまさに彼のことであった。

ムハンマド・フマーユーンがバダフシャーンを離れている間に、カーシュガル・ハン家のハンであり、私の親族の一人でもあるスルターン・サイード・ハンが、ラシード・ハンをヤール

カンドに置き、未熟な考えをいだいてバダフシャーン方面へと向かった。彼がバダフシャーンに到着するより前に、ミールザー・ヒンダルが赴いて、カルア・イ・ザファルに入城していた。スルターン・サイード・ハンは三カ月間包囲したが成果なく引き返した。

カーシュガル人らが来てバダフシャーンを征服しようとしているという知らせが届くと、私はホージャ・ハリーファに、バダフシャーンへ行って何であれ彼が適切だと考えることを行なうようにと命じた。しかし彼はその無分別の故に行くことを受諾しなかった。私はムハンマド・フマーユーンに、「お前が行ったらどうだ」といった。彼は、「ご命令にはもちろん従います。しかし私は自ら好んでは、あなたのもとを離れまいと決めております」と答えた。このため私は、ミールザー・スライマーンをバダフシャーンへ向かわせた。また、スルターン・サイードに、「私がこれまでお前に種々の恩恵を施してきたのに、お前がこのような行動に及んだことは不可解だ。今、私はミールザー・ヒンダルを呼び戻し、ミールザー・スライマーンを派遣した。もしお前がこれらの恩恵を認め、バダフシャーンを私の息子であるスライマーン・ミールザーに引き渡せばよい。さもなければ、私はお前の罪を私自ら問うことをせずとも、それを私の相続人に委ねるつもりだ。心するように」と書き送った。

ミールザー・スライマーンがカーブルに到達するより以前に、敵はバダフシャーンを放棄し和平が達成されていた。ミールザー・スライマーンがバダフシャーンに行った後、ミールザー・ヒンダルはバダフシャーンをミールザー・スライマーンに委ね、ヒンドゥスターンに向かった。

私はムハンマド・フマーユーンを彼の領地であるサンバルへ出発させた。彼は六カ月間そこに滞在した。明らかにその土地の風土が彼に適さなかった。熱が出て、それはいつまでも続いた。そのことが私の耳に入った。私は、「すぐれた医師たちが診て病を治すために、デリーに連れて来て、デリーから舟に乗せて連れて来るように」と命じた。数日して、川を通って連れて来た。医師たちがいかに薬を与えてもよくならなかった。偉大なる人物であるミール・アブル・カースィムが、「このような病に効く薬としては、至高の神が健康の回復をお与えくださるよう、何かよい物の一つを喜捨すべきです」と私に告げた。私は、「ムハンマド・フマーユーンより大事なものは私の命のみだ。私は私自身を喜捨しよう。神がお受け取りくださらんことを」と考えた。ホージャ・ハリーファとその他の私の側近の何人かが、「ムハンマド・フマーユーンは治ります。あなたはどうしてこのようなことをおっしゃるのですか。この世の財貨の中で良いものを捧げるべきです。イブラーヒームとの戦いで手に入り、あなたがムハンマド・フマーユーンに与えられたあのダイヤモンドをたしかに捧げるべきです。私たちはそう望みます」と私に告げた。私は、「この世の財貨がどうしてあの子に匹敵できよう。私があの子の身代わりになるつもりだ。というのは、病状はあの子にとって難しくなっている。私以外にあの子を衰弱から回復させられるような状況はもはや失われているのだ」と述べた。

私はそこで入室し、彼の頭の方から三度回り、「お前の苦しみは何であれすべて私が引き受けた」と述べた。すると、私は重くなり、彼は軽くなった。彼は回復して立ち上がった。私は気分が悪くなって倒れた。私は政府の要人、王国の有力者らを召集し、彼らの臣従の誓いをフマーユーンに手渡し、彼を私の後継者・皇太子に指名した。私は王位を彼に委ねた。ホージャ・ハリーファ、カンバル・アリー・ベグ、タルディー・ベグ、ヒンドゥー・ベグ、そしてその他の者たちもこの協議に参加していた。彼ら全員が承認し固く約束した。

付録V　バーブルの死

九三七年ジュマーダーゥ・ル・アッヴァル月六日（一五三〇年一二月二六日）、陛下は、かつてその自らの手で整備されたチャハール・バーグ（チャール・バーグ）で容態が変わり、この偽りの世を去られた。時代に抜きん出た人々が紀年銘、挽歌、カスィーダを作ったが、その内でマウラーナー・シハーブ・ムアンマーイーが、「フマーユーンが彼の王国の後継者となった」という一句を紀年銘として案出した。

かのすぐれた陛下の美点は筆舌に尽くし難い。しかし、概していえば、かのお方には八つの本性が具わっていた。一、傑出した判断力。二、卓越した大望。三、領地の征服。四、領地の保全。五、繁栄への努力。六、至高の神の下僕らの安逸に対する望み。七、兵士らの心をとらえしこと。八、公正たりしこと。

すぐれた能力に欠けることはなく、韻文、散文、テュルク語、ペルシア語をあやつる点で並ぶ者がなかった。特にテュルク語の『詩集』があり、その中では、新鮮な主題を見出して作詩している。『ムバイイン（解説）』という名のマスナヴィー体の書もある。言葉を知っている知識人の間でこの書ほど賞讃されている書物はない。また『ワーリディーヤ（父のための書）』という名のホージャ・アフラールのリサーラ（「論文」）をかの陛下は韻文化している。この書、すなわち『バーブリーヤ』（『バーブル・ナーマ』を指す）を、テュルク語を知らぬ者がやさしく理解できるよう、テュルク語からペルシア語に翻訳せよという命令がバイラーム・ハーンの子ミールザー・ハーンに出された。かの陛下は音楽学でも聞こえていた。

次の四行詩をペルシア語で作っておられた。

我、ダルヴィーシュらと関わり持てる者にはあらざれど、
心と魂の底からする彼らが信奉者なり。
王たることとダルヴィーシュたることとは遠き隔てありというなかれ。
我は王なれど、なおもダルヴィーシュらの下僕なり。

ペルシア語で次のマトラー（「冒頭句」）をも作っておられる。

汝との別れ、わが身の破滅と悟りたり。
さもなくば、この町を去りえしものを。

また次のマトラーもかのお方の作品である。

あの女《ひと》の黒髪に心を決めてこの方、
私はこの世の苦しみから解放されました。

さらにかの陛下は韻律学に関しても複数のリサーラがある。それらの内でこの学問の解説である『ムファッサル』（別名『韻律論（アルーズ・リサーラス）』）という論文は殊の外よく書かれている。

至高の神は、かの陛下に四人の息子と三人の娘を恵み与えた。息子は、ムハンマド・フマーユーン・パーディシャー、カームラーン・ミールザー、ミールザー・アスカリー、ミールザー・ヒンダルである。娘は、グルラング・ベギム、グルチュフラ・ベギム、グルバダン・ベギムである。これらの三人の娘は同じ母から生まれた。

また、この陛下が常にそのおそばを離れることを許さなかった何人かのすぐれた人々は以下の人々である。アブル・バカー——哲学の分野で並ぶ者がなかった。シャイフ・ザイン・サドル——ザイヌッ・ディーン・ハーフィーの孫。鋭い感性の持ち主。韻文やインシャー（公文書起草）に巧みで、フマーユーン陛下の治世にはアミールの位をも獲得していた。シャイフ・アブル・ワーヒド・ファーリギー——シャイフ・ザイン・ハーフィーの父方のおじ。才に恵まれ、詩をも作っていた。スルターン・ムハンマド・キョセ（キョセは「ひげのない」の意）——ミール・アリー・シールの仲間の一人。陛下のおそばで有力となり、頭角を現していた。マウラーナー・シハーブ・ムアンマーイー——ファキーリーをペン・ネームにしていた。諸々の美点を備え、詩についても才を授けられていた。マウラーナー・ユースフィー・タビーブ――彼をホラーサーンから呼び寄せていた。脈をとり診断することが彼の仕事であった。スルフ・ウィダーイー――テュルク語とペルシア語で詩を作っていた。ムッラー・バカーイー――詩才にきわめて恵まれていた。〔ニザーミーの〕『マフザヌ・ル・アスラール（秘密の宝庫）』の韻律を用いて、陛下の名でマスナヴィーを作詩していた。ホージャ・ニザームッ・ディーン・アリー・ハリーファ――お仕えすること、信頼されること、ワズィールたることに関して知恵と才覚を所有していた。陛下の御前で、そのいうことすべてが受け入れられるほどの敬意を払われていた。医術についてもすぐれた才を所有していた。ミール・ダルヴィーシュ・ムハンマド・サールバーン――ホージャ・アフラールのよき弟子の一人であった。話術にすぐれ、その美点の故にかの宮廷で側近となり大事にされていた。歴史家ホーンダミール――すばらしい人物であった。人々の間でよく知られた諸作品の著者であった。『ハビーブッ・スィヤル（伝記の伴侶）』、『フラーサトゥ・ル・アフバール（諸情報の摘要）』、『ダストゥール・ル・アンワール（諸光の手引）』、その他の著作がある。ホージャ・カラーン・ベグ――アミールの一人であった。陛下にお仕えしていた。美点と寛大さという点で傑出していた。彼の弟のキチク・ホージャは印章官で、側近の一人であった。この人物も陛下にお仕えしていた。スルターン・ムハンマド・ダウラダイ――大アミールの一人であった。よい性格の人物であった。アッラーがすべてを知り給う。

術語解説

アウバーシュ　いたずら者、ならず者、無頼、任俠。
アシュラフィー　貨幣の一種。バーブル時代以前のインドで、mohur-i zar（金のモフル）という名で知られていた一〇・二グラムの金貨。
アミール　君主（ハンやミールザー）に仕える貴族的身分の者が帯びた称号。ベグと同じ。
アラク　強い蒸留酒。
アルブ　インドの数の単位。一〇〇カロール。一〇億。
イシク・アーガー　宮廷長。「門の長」の意。
イチュキ　君主の側近、近習。「内なる者」の意。
イーワーン　壁の一部にのみ外部に通ずる出口がついたホール状の空間。円天井のついたポルチコ（柱廊玄関）。
ウズベク　シャイバーニー・ハンに率いられ、ティムール朝を滅ぼしたテュルク系遊牧民族。八九九年の出来事注13参照。
ウルス　遊牧民の国家、およびその支配下の部族民を指すテュルク・モンゴル語。
エリク　厚さの単位。手の平の厚さ。二、三センチ。
オルド　軍事キャンプ。宿営。幕庭。宮殿。
ガザル　詩型の一つ。一〇行程度の短い詩で、各行の末尾で韻を踏む。抒情詩などに使用。
カスィーダ　詩型の一つ。長い詩で、各行の末尾で韻を踏む。頌詩などに使用。
カーズィー　イスラームの裁判官。
ガーズィー　信仰のための戦士。異教徒の征服者が帯びた称号。
ガズ　長さの単位。九五センチ。
カダム　長さの単位。歩幅。
カラウル　物見。
ガリー　インドの時間の単位。二四分。
カル　長さの単位。腕尺。ひじから中指の先までの長さ。四〇～五五センチ。

カルシュ　長さの単位。手の親指と小指を張った長さ。トゥタムと同じ。

カルブ　インドの数の単位。一〇〇アルブ。一〇〇〇億。

カーレーズ　地下式灌漑水路。

カロール　インドの数の単位。一〇〇ラク。一〇〇〇万。

キブラ　メッカの方向。イスラーム教徒はこの方向に向かって礼拝する。

キョケルダシュ　乳兄弟。生母に代わって乳を与える者を同じくする者。キョケルタシュとも。

クズルバシュ　「赤い頭」の意。サファヴィー朝を指す。サファヴィー朝の王侯が頭に赤い心棒のある白いターバンを巻いていたため。

クロフ　長さの単位。四〇〇〇歩の長さ。

ゲズ矢　羽や矢先がなく、中央が太く両先端が細い投げ矢。

ケペキー　貨幣の一種。チャガタイ・ハン国のケペク・ハンの時代に鋳造された銀貨。一ディーナールが約八グラム。これの六分の一の銀貨が一ディルハム（一・三～一・四グラム）。

コル　軍陣の中軍。

コルチ　箭筒士。靫負《ゆげい》。矢を入れる器具を背負った者。

サイイド　使徒ムハンマドの子孫。

サルカール　いくつかのパルガナ（地区）からなる、より上位の行政・徴税単位の名称。

サンガル　アフガニスタンなどの山中の要塞。

サーング　インドの数の単位。一〇〇パダム。

シーア派　イスラームの少数派。イスラーム共同体の最高指導者（イマーム）はムハンマドの子孫でなければならないと主張。

シャイフ　イスラーム神秘主義教団の首長の称号。

シャイフ・ル・イスラーム　地域の宗教的指導者。

シャリーア　イスラーム法、聖法。

シャルイー　距離の単位。隊商が一時間に進めるだけの距離。土地の状態に従って異なるが、一般的には約六キロ。ユガチと同じ。

シャールヒー　貨幣の一種。ティムールの子シャールフによって発行された四・七二グラムの銀貨を、ティムールの時代の五・三八グラムの銀貨（タンガ）と区別して、特に「シャールヒー」と呼んだ。
ジュワーンガル　軍陣の左翼。
スルターン　セルジュク朝、ガズナ朝時代などではイスラーム国家の君主の称号であったが、バーブルの時代には、男女を問わず、単に名前の一部として使われた。ただし、ウズベクでは、ハン家およびその親族の王子たちの称号としても使われた。
スンナ派　イスラームの多数派。ムハンマドのスンナ（慣行）に従う人々。スンニー派ともいう。
タムガ　商取引税。
ダルヴィーシュ　イスラーム神秘主義の修行者。スーフィー。
ダルガ　軍政長官。
タンガ　貨幣の一種。「白いタンガ」と「黒いタンガ」の二種類がある。前者は銀銭、後者は銅銭。ティムールの時代には五・三八グラムの銀貨。
ターンク　インドの重さの単位。四マーシャ。
チャール・バーグ　チャハール・バーグとも。水路や歩道などで四つの部分に整然と区画された大庭園。四分庭園。
チュフラ　お小姓。稚児。男色の相手となる少年。
ディーワーン　財務庁、およびその長官。詩集の意もある。
テュメン　「一万」の意。万人隊。州の下部の行政単位。地区・地域。
テュメン・ベグ　万人隊の指揮官。
トゥタム　長さの単位。手幅。手の親指と小指を張った長さ。カルシュと同じ。
トゥワチ　ティムール朝の軍人が占めた最も重要な官職の一つ。九〇三年の出来事注12を見よ。
トルガマ　旋回攻撃。
ナスターリーク　アラビア文字の書体の一つ。イランで発達。ナスフ・ターリークに同じ。
ニール　インドの数の単位。一〇〇カルブ。
ハーキム　総督。知事。支配者。
バーグ　庭園。
バーザール　市場。
パース　インドのパフルに当たるペルシア語。約三時間。夜警。

パースバーン　夜回り。
パダム　インドの数の単位。一〇〇ニール。
パーディシャー　「皇帝」を意味する場合と、単に「支配者」「君主」の意味で使用される場合がある。
ハディース　使徒ムハンマドの言行についての伝承。
ハトゥン　ハンの妃。
ハナフィー派　正統四大法学派の一つ。
ハニム　ハンの女性親族の称号。ハンの派生語。チンギス・ハンの女性子孫の称号。
パフル　昼と夜をそれぞれ四等分したインドの時間の単位。約三時間。
バラーンガル　軍陣の右翼。
パルガナ　インドの行政・徴税の単位。地区。
ハルワール　一頭のろばが運べる重さ。
ハワール　山中の洞窟や洞穴。
ハン　遊牧国家の君主の称号。モンゴル帝国期以降はチンギス・ハンの子孫のみが帯びた。
ハーンカーフ　イスラーム神秘主義者（スーフィー）の道場。
ブカーウル　毒見役。
フトゥバ　金曜日の集団礼拝などの際に導師（イマーム）によって誦《よ》まれる説教。
ベギム　ベグの女性形。ベグの女性関係者が帯びた称号。
ベグ　君主（ハンやミールザー）に仕える貴族的身分の者が帯びた称号。アミールと同じ。
ボイ　軍陣の中で、中軍の君主の「近くにいる者たち」から構成される一隊。
ホージャ　一般的には貴顕に対する尊称。また、ナクシュバンディー教団の導師の尊称。
ホラーサーン　アフガニスタン西北部、イラン東北部、トルクメニスタン東南部を包含した地域の歴史的名称。中心都市はヘラート、マシュハド、マルヴ。現在はイラン東北部の州の名。
マウラーナー　イスラームの学匠につけられるアラビア語の尊称。「われらの師」の意。
マーシャ　インドの重さの単位。八ラティー。
マージューン　麻薬なども混じった練り物。
マスジド　集団礼拝所。モスク。
マスナヴィー　詩型の一つ。一行を構成する二つの半句末で韻を踏む。長編叙事詩などに使用。
マドラサ　イスラーム高等学院。
ミスカール　重さの単位。四・三〜四・六グラム。
ミーラーフル　主馬頭。
ミールザー　ティムール朝の創設者ティムールの子孫が帯びた称号。アミール・ザーダ（「アミールの子孫」、アミールはティムールを指す）の略。陛下、殿下。
ムッラー　アラビア語マウラーのペルシア語転訛形。偉大な学者や詩人に対する尊称。師。先生。なお、マウラーナーは「われらの師」を意味するアラビア語の尊称。
ムハッスィル　軍隊や税や人を「集める者」。
ムフタスィブ　市場などの風紀監督官。
モグール　モンゴルのペルシア語転訛形。モグーリスターン・ハン国の主要構成要素であった民族。一八九九年の出来事注12参照。
ヤイラク　遊牧民の夏営地。
ユガチ　距離の単位。シャルイー、ペルシア語のファルサングと同じ。隊商が一時間に進めるだけの距離。土地の状態に従って異なるが、一般的には約六キロ。
ユルト　宿営地。オルドが設置された場所。遊牧地。
ラク　インドの数の単位。一〇万。
ラージャ　ラージプート族など、インドの王侯の称号。
ラティー　インドの重さの単位。約〇・一二五五グラム。八ラティーが一マーシャ、五マーシャ（四〇ラティー）が一ミスカール。

ヒジュラ暦の月の名

ムハッラム月（一月）、サファル月（二月）、ラビーゥ・ル・アッヴァル月（三月）、ラビーゥ・ル・アーヒル月（四月）、ジュマーダーゥ・ル・アッヴァル月（五月）、ジュマーダーゥ・ル・アーヒル月（六月）、ラジャブ月（七月）、シャーバーン月（八月）、ラマザーン月（九月、断食月）、シャッワール月（一〇月）、ズィー（ズー）・ル・カーダ月（一一月）、ズィー（ズー）・ル・ヒッジャ月（一二月、巡礼月）

バーブル略年譜

西暦	齢	おもな事項（五／六月は五月または六月の意）
		『バーブル・ナーマ』第一部　フェルガーナ（中央アジア）
一四八三	0	二月一四日、ウズベキスタンのアンディジャーンで生まれる。
一四九四	11	六月、父死去。ティムール朝フェルガーナ領国の君主となる。
一四九五	12	シャールヒーヤ城外でモグールの君主、おじスルターン・マフムード・ハンと会見。
一四九六	13	冬、スルターン・フサイン・ミールザーがヒサールに来攻。五／六月、サマルカンドでタルハン族の反乱。六／七月、サマルカンドを包囲。
一四九七	14	一一月、サマルカンドに入城（一度目）。
一四九八	15	アンディジャーンで反乱。二／三月、サマルカンドを放棄。
一四九九	16	六／七月、アンディジャーンを回復。八月、ホスロー・シャーがバイスングル・ミールザーを殺害。
一五〇〇	17	二月、反乱者アフマド・タンバルらと和平。三月、アーイシャ・スルターン・ベギムと結婚。少年に対する初恋。五／六月、サマルカンドに向かう。ウズベクのシャイバーニー・ハン、サマルカンドを征服。一一月、ウズベクからサマルカンドを奪回、サマルカンドに入城（二度目）。

一五〇一	18	五／六月、サリ・プルの戦い。バーブル敗北、サマルカンドに五カ月間籠城。姉をシャイバーニー・ハンに与えサマルカンドを脱出。
一五〇二	19	夏、タシュケンドでスルターン・マフムード・ハンに合流。
一五〇三	20	四月、シャイバーニー・ハン、スルターン・マフムード・ハンらを捕虜とする。フェルガーナ南部の山岳地帯でゲリラ的生活を送る。
一五〇四	21	五月、シャイバーニー・ハン、フェルガーナ地方を征服。六／七月、アフガニスタン方面への転出を決意。
		第二部　カーブル（アフガニスタン）
		九月、カーブル征服。バーブル文字発明。
一五〇五	21	一／二月、第一次インド遠征。
	22	六／七月、母死去。
一五〇六	23	一二月、ヘラートを訪れる。カーブルへの帰還の途上、雪中の行軍。
一五〇七	24	二／三月、カーブルでのモグールの反乱を鎮圧。六月、シャイバーニー・ハンがヘラートを征服。ティムール朝滅亡。九／一〇月、第二次インド遠征。
一五〇八	25	パーディシャーの称号を使用。三月、長男フマーユーン（第二代ムガル朝皇帝）誕生。同年中、または翌年、次男カームラーン誕生。
一五〇九	26	一二月頃、いとこのミールザー・ハイダル、カーブルに到着。
一五一〇	27	一二月、シャイバーニー・ハン戦死。中央アジアに向け出征。
一五一一	28	一〇月、サファヴィー朝の援軍を得て、サマルカンドに入城（三度目）。

一五一二	29	四／五月、ウズベクに敗北。サマルカンドを放棄、ヒサールに籠城。秋、再びサファヴィー朝の援軍を得て反攻開始。一一月、敗北。ヒサールに退却。
一五一三	30	アフガニスタン北部にとどまって機会到来を待つ。
一五一四	31	なおもアフガニスタン北部にとどまる。八月、チャルディラーンの戦い。シャー・イスマーイール、オスマン・トルコ軍に敗北。
一五一四末または一五一五初め	31または32	中央アジア復帰を断念、カーブルへ帰還。
一五一六	33	三男アスカリー誕生。
一五一七	34	カンダハールに遠征。
一五一九	36	一—三月、第三次インド遠征（一五一八年の出発か？）。三月、四男ヒンダル誕生。 四—六月、発熱。体調不良。
一五二〇	37	第四次インド遠征。
一五二二または一五二三	39または40	『ムバイイン（解説）』を著す。
一五二三—一五二五頃	40-42	『アルーズ・リサーラス（韻律論）』を著す。
一五二四	41	第五次インド遠征。
一五二五	42	**第三部　ヒンドゥスターン（インド）** 一〇月、第六次インド遠征に出発。一二月、インダス川を渡る。

一五二六	43	四月二〇日、パーニーパトの戦い。ローディー朝に勝利。デリーに入城。ムガル朝成立。一二月、バーブル毒殺未遂事件起こる。
一五二七	44	二月、禁酒令発布。三月、カーヌワーハの戦い。ラーナー・サンガーに勝利。ガーズィーの称号を使用。八月、『五〇四のリズム』を著す。体調不良。秋、再び体調不良。一二月、チャンディーリー、ラクナウに遠征。
一五二八	45	九月、グワーリヤル見物。一〇月、アーグラに帰る。一一月、発熱。『ワーリディーヤ』韻文化を完成。フマーユーンらに書簡を送る。
一五二九	45	一月、東方のベンガルへ遠征。
	46	一月、東方のプーラブへ遠征。三月、『バーブル・ナーマ』の一部の写本を友人に送付。ガンジス川で泳ぐ。体調不良。六月、アーグラに帰る。
一五三〇	47	一二月二六日、アーグラで病没。

あとがきにかえて——『バーブル・ナーマ』研究の回顧

間野英二

回想録・自伝文学の傑作であり、歴史研究のための第一級の史料である『バーブル・ナーマ』は、十九世紀以来、欧米・ロシアやトルコ、インド、中央アジアなどで諸言語に翻訳され、国際的に高い評価を得てきた。しかし、日本では、現在もその知名度は低く、その存在について知る人もなお少ない。長年、自らの中央アジア史研究の一環として、日本でただひとり、『バーブル・ナーマ』の研究を続け、その魅力に惹かれてきた私にとって、これはきわめて意に満たない状況であった。しかし今、この名著を平凡社の東洋文庫版という、比較的入手しやすい形で日本の読者に提供できたことは、私にとってきわめて大きな喜びである。ただし私はすでに若くはない。私が『バーブル・ナーマ』の全訳を出版するのもおそらくこれが最後であろう。そのため、本書の編集を担当された平凡社編集部の直井祐二氏のお勧めもあり、今この機会に、通常のあとがきにかえて、私の『バーブル・ナーマ』研究についてやや詳しく回顧しておくことにしたい。この回顧を通じて、私の『バーブル・ナーマ』研究が、いかに長い年月を要し、またいかに多くの方々のご援助とご協力を得て行なわれてきたものであるかを、私自身が今一度思い起こすとともに、読者の皆様にもご理解いただきたいと思うからである。

私が初めて『バーブル・ナーマ』の存在を知ったのは、京都大学大学院文学研究科修士課程（東洋史学専攻）の学生として修士論文の準備をしていた一九六二年、今から五〇年以上も前のことである。ある日、論文に利用する参考図書を見つけるため京大文学部史学科の書庫に入り、いろいろの本を眺めていたところ、J. Leyden & W. Erskine, *Memoirs of Zehir-ed-Din Muhammed Baber, Emperor of Hindustan*, London, 1826 という重厚な装丁のやや大型の書物が目についた。この『バーブル・ナーマ』の英訳は十九世紀の初めにロンドンで出版された貴重書であるにもかかわらず、さいわい、草創期の京大東洋史の教授であった桑原隲蔵《じつぞう》氏の旧蔵書からなる「桑原文庫」の一冊として架蔵されていたのである。これが私と『バーブル・ナーマ』との出会いであった。拾い読みすると面白く、論文にも役立ちそうなので、すぐに借り出して下宿で精読した。ほぼ読み終えて、いつか、このバーブルの著書をより詳しく研究してみたいと思ったが、この時は、この書物のごく一部を、翌年提出した修士論文に利用したのみであった。なお、以前は、この英訳書にも見えるように、バーブルはバーベルとかバーバルと呼ばれていた。アラビア文字で بابر（BĀBR）と表記された『バーブル・ナーマ』の著者の名前の正しい読み方が当時はわからなかったからである。

一九六三年、京大大学院の博士課程に進むと、翌六四年の羽田明先生の中央アジア文化史の授業で何かテュルク語（トルコ語）の文献を読んでくださるということであった。私はすぐさま『バーブル・ナーマ』を読んでくださいと申し出た。テュルク語は学部時代にトルコ共和国の現代トルコ語を、また修士課程時代に中央アジアの古代ウイグル語を羽田先生に習っただけで、『バーブル・ナーマ』が書かれているチャガタイ・テュルク語など、アラビア文字を使って書かれたテュルク語の文献はそれまでにほとんど読んだことがなかった。それにもかかわらず、勇を鼓して、『バーブル・ナーマ』を、と申し出たのである。先生は私の願いを聞き入れられ、東京の東洋文庫が所蔵する、イギリスのアネット・S・ベヴァリッジが二十世紀初頭に出版した『バーブル・ナーマ』ハイダラーバード本の写真複製である *The Bábar-náma. Being the Autobiography of the Emperor Bábar, the Founder of the Moghul Dynasty in India, written in Chaghatáy Turkish; now reproduced in Facsimile from a Manuscript belonging to the late Sir Sálár Jang of Haydarábád, and edited with a Preface and Indexes by Annette S. Beveridge*, London, 1905 をマイクロフィルムでとりよせ、さっそく冒頭から一緒に読んでくださった。なおこの書物でも、正しいバーブル、『バーブル・ナーマ』ではなく、バーバル、『バーバル・ナーマ』と記されていることに気づかれるであろう。

当時、日本の東洋史学界でイスラーム教徒が残した写本を研究に利用しておられたのはイギリス留学の経歴を持つ北海道大学の本田実信先生（後、京大教授）ただおひとりという状況であった。およそ五〇年前の日本のイスラーム研究の水準はこの程度のものであった。このような状況の中で、羽田先生と私は『バーブル・ナーマ』の写本に挑戦した。しかし、筆写体のアラビア文字の解読をはじめ、ペルシア語的な要素を多く含むチャガタイ・テュルク語の文章は、当時の先生にも、そしてもちろん私にも、簡単に読めるものではなかった。そのため、この授業で私たちが読むことができたのは結局最初の数ページにしかすぎず、すぐに読む対象を他の読みやすい文献に変更せざるをえなかった。ただ、羽田先生が、一学生の要望に応え、得意でもない文献を一緒に読んでくださったことについては、教師としてのつまらぬ面子などにこだわらぬ、教育者のあるべき姿を示されたものとして、今もなお畏敬と感謝の思いを禁じえない。この授業のおかげで、私は『バーブル・ナーマ』研究への糸口をつかむことができたのである。この時私が考えたのは、『バーブル・ナーマ』を原文で読むには、すでに初歩を習得していたとはいえ、テュルク語、ペルシア語、アラビア語の知識をより一層確かなものにしなければならないということであった。そしてそれにはこれらの言語をより深く学ぶことのできる海外の大学への留学が必要と思われた。なお、『バーブル・ナーマ』には、チャガタイ・テュルク語の本文のほかに、ペルシア語の難解な勅令、アラビア語の『クルアーン（コーラン）』からの引用や祈禱文なども含まれている。

さいわい、私には、一九六九年、アメリカのハーヴァード大学大学院文理学研究科（GSAS）博士課程（中東史専攻）に留学する機会が訪れた。留学の実現には、京大梵語・梵文学の大地原豊先生から多大なご支援をいただいた。また、留学できたのは、当時、大阪大学文学部東洋史学講座で助手をしていた私を留学に出してくださった阪大東洋史の教授、山田信夫先生のご配慮の賜物でもあった。私は六九年から七二年までハーヴァード大学で大学院生として過ごしたが、この間に、私の指導教授であったテュルク学のO・プリツァク先生に碑文テュルク語、カラ・ハン朝テュルク語、テュルク語比較文法などを学び、Ş・テキン先生に古代ウイグル語、オスマン・トルコ語を、そしてイラン学のR・N・フライ先生からソグド語などの中期イラン語を、またM・モハンデッスィー先生から古典ペルシア語を学んだ。三年目にはプリツァク先生の個人研究室で、一対一で、約半年間、週二回、各回一時間、『バーブル・ナーマ』のハイダラーバード本をあらためて読んでいただいた。結局、四〇ページほどを一緒に読んでいただいたが、この時は、初めからかなりすらすらと読め、自分でも留学の成果が上がったと実感できた。そして、五カ月間あまりのセメスターが終わるころには自分ひとりでも十分に読めるという確信すら持てるようになっていた。

一九七二年、私は、私の留学中に京大文学部に新設され、羽田先生が教授に就任されたばかりの西南アジア史学講座の助教授に採用されるという幸運に恵まれ、三年間の留学を終えて帰国した。当時の京大文学部では「研究と教育の一致」が当然とされていたので、七四年以降、大学院の演習では、私自身が読解に取り組む『バーブル・ナーマ』のハイダラーバード本をテキストに使った。これは、八八年まで一三年間続いたが、学生諸君は文句もいわずに、難解な写本の読解によくぞ付き合ってくれたと、今は感謝の気持ちで一杯である。思うに、堀川徹、羽田正、井谷鋼造氏らをはじめとする当時の西南アジア史の学生諸君はいずれも優秀であった。

この演習授業のおかげもあって、一九八三年、私は『バーブル・ナーマ』に関する研究成果を初めて学界に発表できた。『京都大学文学部研究紀要』二二に発表した「『バーブル・ナーマ』の研究Ⅰ　フェルガーナ章日本語訳」がそれである。以後も、引き続き、八四年、八五年に、同じ『紀要』の二三、二四に『バーブル・ナーマ』の研究Ⅱ　カーブル章日本語訳」、「『バーブル・ナーマ』の研究Ⅲ　A・S・ベヴァリッジとハイダラーバード写本」を発表し、一般の読者に向けても、八五年から八六年にかけて、『季刊東西交渉』四―四、五―一、五―二に「『バーブル・ナーマ』の魅力㈠―㈢」を発表した。

一九八七年、私の『バーブル・ナーマ』研究に大きな転機が訪れた。当時、発達途上にあったパーソナル・コンピューターを『バーブル・ナーマ』の研究に利用できることになったのである。この年、東京外国語大学アジア・アフリカ言語文化研究所で永田雄三氏を代表者とする文部省科学研究費による共同研究「西アジア研究資料のデータベース化に関する基礎的研究」が開始され、私もその一員に加えられた。この共同研究で、私は新しく考案した「アラビア文字転写表」を用いて、『バーブル・ナーマ』ハイダラーバード本のチャガタイ・テュルク語テキスト（全部で三八二葉、七六三ページ）に見えるアラビア文字の一字一字を厳密にローマ字に転写して、NECのコンピューターPC-98に入力するという作業を開始した。作業にはワープロ・ソフトMIFESを用いた。ただし、当時、私はコンピューターには全く無知であったので、入力の仕方などについて新谷英治氏らの指導を受けた。また入力作業には、小野浩、久保一之、岩武昭男三氏の協力もいただき、結局、入力完了までに二年半ほどを要した。

この入力作業が完了に近づいていた一九八九年三月、私は文部省在外研究員としてインド、トルコ、仏、英、米に出張することができたが、この機会に、インドのハイダラーバードとニュー・デリー、トルコのイスタンブール、フランスのパリ、イギリスのロンドン、スコットランドのエディンバラで『バーブル・ナーマ』関係の写本調査を行ない、写真複製本でしか知らなかった『バーブル・ナーマ』ハイダラーバード本の原本を手に取って調査できたのをはじめ、『バーブル・ナーマ』のエディンバラ本、ロンドン本、ロンドン・ペルシア語訳本を調査し、それらのマイクロフィルムを入手することができた。また、この間、八九年七月から九〇年一月までは、昔、学生として過ごしたハーヴァード大学中東研究センター（CMES）に客員研究員として滞在したが、Ş・テキン先生からハーヴァード大学のペルシア語の教授であるW・M・サックストン氏が『バーブル・ナーマ』のテキスト刊行を準備中であると聞き、ご本人からその出版計画について直接話をうかがうこともできた。サックストン氏は親切にご自身の計画を説明してくれたが、後に氏の仕事をかなり手厳しく批判することになったのは、学問上の義務としてやむをえないこととはいえ、やはり残念なことであった。

一九九〇年一月に在外研究を終えて帰国後は、コンピューターに入力を完了したローマ字テキストとハイダラーバード本アラビア文字本文との校正を行ない、また、新たに入手したエディンバラ本など諸写本との校合の作業も進めた。このようにして、データベースとしてのローマ字による『バーブル・ナーマ』ハイダラーバード本テキストがほぼ完成したのである。

このデータベースの細かい改良をさらに進めていた一九九二年、共同研究の仲間でコンピューターにも詳しい林佳世子氏から、インターネットで入手した最新の変換ソフトを利用すれば、ローマ字転写テキストをアラビア文字に転換できるという耳寄りな情報を得た。しかも実際に、林氏が、見本的に私の『バーブル・ナーマ』データベースの数ページ分をアラビア文字に転換したものを送ってきてくれた。それを一瞥した瞬間、私の夢が、一挙に、限りなく大きく膨れ上がった。もしかすると、世界でこれまで誰も作ることができなかった『バーブル・ナーマ』のアラビア文字校訂本をこの私が作って、世界の学界に提供できるのではなかろうか。

しかし、当時、日本でアラビア文字ばかりの本を出せる出版社などどこにもなかった。ところが、一九九三年春のころ、京大での同僚で、親しい友人でもあった言語学（テュルク文献言語学専攻）の庄垣内《しょうがいと》正弘氏が私の研究室をたまたま訪れた時、氏は私の机の上に置いてあった、アラビア文字に転換された私のテキストを見ると、ただちに、これはすごい、すぐに出版すべきだといい、その日のうちに、氏が懇意にしていた、京都の老舗の印刷会社で学術出版をも多く手掛ける中西印刷株式会社の社長、中西亮氏に出版の可能性を打診してくれたのである。私も以前に、清朝時代の中国で作られた満洲語、蒙古語、チベット語、ウイグル語、漢語という五カ国語の対訳辞書『五体清文鑑《しんぶんかん》』に日本語の訳をつけて出版するという佐藤長《ひさし》先生らによる『五体清文鑑訳解』の仕事のお手伝いをしていたので、この『訳解』を出版する中西印刷の中西社長とはすでに面識があった。アジアの言語や文字に関心の深かった中西社長は、庄垣内氏から話を聞くと、すぐに困難な私の書物の出版を引き受けてくださった。私の夢が現実に近づいたのである。ただし、アラビア文字校訂本の出版にはかなり莫大な出版費用が予想された。それゆえ私は出版のために、文部省の研究成果公開促進費に応募することとし、応募書類も完成し、あとは出すばかりになっていた。ところが、九三年一一月、私は、突然、思いがけなく体調を崩して即入院、やがて病名が脳幹梗塞と判明した。大病であり、いつ退院できるかも不明であったが、生来、何事にも楽観的な私は、なおも回復の可能性を信じ、文部省には当時西南アジア史研究室の助手をしていた大江節子氏に研究成果公開促進費の応募書類を提出していただいた。さいわいにも、天は私を見はなさなかった。私は四カ月ほどのリハビリに明け暮れた入院生活を経て、九四年三月の末、後遺症もほとんど残らず無事退院して、自宅で少しずつ研究を再開できるようになったのである。

九四年七月、私の入院のため延び延びになっていたが、私が退院し、かなり落ち着いてきたので、林佳世子氏が東京から京都の私の自宅まで来てくださって、新しい変換ソフトを使って、私の『バーブル・ナーマ』ローマ字テキストを一挙にアラビア文字に転換してくださった。コンピューター Macintosh LC630 の画面上で、『バーブル・ナーマ』データベースの無数ともいうべき大量のローマ字が、一挙に、一瞬のうちにアラビア文字に変わったあの瞬間の感激は今もなお忘れることができない。こうして、コンピューターの画面上で、アラビア文字のみを使って、校訂本作成の作業を進めることが可能となったのである。作業には、アラビア文字を入力することの可能なワープロ・ソフト Solo Writer を使用した。ただ、作業を開始してみると、アラビア文字の入力ではエラーが続出し、ソフトがなお不安定なため、同じ文を苦労して三回入力してもそのうちの一回保存できればよいといった悲惨な状態が続き、文字どおり泣く思いであった。問題が発生するたびに、大江節子、稲葉穣両氏の助言をいただき、何とか作業を続けたが、ある日、Solo Writer の発売元の「たぶんダメかと思うが、一応試してみてはどうか」という助言を実行してみると、突然、ウソのようにエラーが出なくなり、悩み続けたエラーの問題を奇跡的に解決できた。以後は、他の写本のテキストとの校合とヴァリアント（異形）の脚注付けの作業を順調に進めた。ただし、ヴァリアントをどの程度明記するかなど、基本的な方針の決定までにはなお時間を要した。

この作業中に、堀川徹氏の好意で、入院中に出版を知ったサックストン氏のローマ字転写校訂本（*Zahiruddin Muhammad Babur Mirza, Bâburnâma, Chaghatay Turkish Text with Abdul-Rahim Khankhanan's Persian Translation, Turkish Transcription, Persian Edition and English Translation by*

W. M. Thackston, Jr., 3 vols., Cambridge, Mass., 1993）を初めて手にすることができた。ただ、自身のテキストと照合してみると、大変な力作ながら、不十分な、欠陥の多い仕事であることが判明し、自身の校訂本出版の意義をあらためて確信できた。ただし、念のため、サックストン本と自身のテキストとの異同を一字一句、網羅的に確認する作業をも行なったが、これには、谷口淳一、近藤真美、矢島洋一、星之内正毅、守川知子、土田昌幸の諸君の助力を得ることができた。また、出版のためのアラビア文字テキスト本文の最終校の校正には安藤志朗、久保一之両氏の協力を得た。

こうして、一九九五年二月、『バーブル・ナーマの研究Ⅰ　校訂本』（京都、松香堂《しょうか》）が文部省の研究成果公開促進費を得て刊行された。松香堂というのは中西印刷が持つ出版部の名称である。ほとんどすべてがアラビア文字の、六〇〇ページを超えるこの書物を日本で出版できたのは、中西印刷の中西英彦、倉元博司の両氏が、試行錯誤を重ねながら、コンピューターを利用した最新の印刷技術を駆使して出版に向け邁進してくださったおかげである。

この校訂本については、アメリカ、ロシア、ウズベキスタン、それに日本で好意的な書評が相次いで出されたが、ロシアのT・スルターノフ氏はその書評の中でこの出版を「センセーショナル」と評してくれた。ヨーロッパやロシアにおける『バーブル・ナーマ』研究の開始以来、およそ一五〇年間、一度も作られなかった『バーブル・ナーマ』のアラビア文字校訂本が研究の後進国である日本から出現したことに対する大きな驚きを、この言葉で率直に表明してくれたものと、私にはありがたく思われた。バーブルの故郷ウズベキスタンでも、この校訂本出版のことは『ウズベキスタンの文学と芸術』という新聞（ウズベキスタンには、人文科学系の学術雑誌は存在せず、このような新聞がその役割を果たしている）の第一面にはじまる、「日本人研究者の勇気：『バーブル・ナーマ』校訂本の日本版」と題する長文の書評を掲載し、私の出版について大々的に報じてくれた。このA・アブドゥガフーロフ、A・ウルンバーエフ両氏が連名で書かれた書評もきわめて好意的なもので、以後、私はウズベキスタンでバーブル研究者としてかなり名を知られるようになり、その後ウズベキスタンを訪れれば、バーブルの故郷、フェルガーナのアンディジャーンに本部があるバーブル国際基金の理事長Z・マシュラボフ氏をはじめとする多くの方々から、常に身に余る厚遇を受けるようになったのである。なお、このウズベク語の書評は、久保一之氏による邦訳が『西南アジア研究』四五（一九九六年）、六二―七三ページに掲載されているので参照いただきたい。ウズベキスタンでは、その後、この校訂本を全面的に利用して、新しいウズベク文字校訂本、さらにそれに基づく新しいウズベク語訳とロシア語訳が刊行されたことについては、第一巻に載せた解題の三四九―五〇ページに記してある。また、アメリカのR・ダンコフ氏は、サックストン本と私の校訂本・総索引を比較しつつ論評した書評の結論として、「チャガタイ・テュルク語テキストについていえば、間野は明らかにサックストンを凌駕した。間野は、今、そこから今後の『バーブル・ナーマ』研究が進むことのできる確固とした土台としての卓越した校訂本を、総索引とともに、（われわれに）提供した」と述べてくれた。

この校訂本は海外からの需要も多く、一〇年もせぬうちに完売したため、二〇〇六年には改訂第二版を刊行した。この第二版では、初版刊行の際には参照できなかったが、後述するように一九九八年に入手できたロシアの諸写本などを利用して本文に若干の改訂を加えたほか、次に述べる『総索引』に収められていた人名、地名などの索引をも加え、『バーブル・ナーマ』本文をより利用しやすい形に改めたものである。本書、すなわち東洋文庫版の訳文はこの改訂第二版に基づくものである。

一九九六年二月、校訂本に続き、『バーブル・ナーマの研究II 総索引』（松香堂）を刊行した。この書は校訂本にみえるチャガタイ・テュルク語のコンコーダンス（全単語索引）と人名、地名、民族名、術語などの分類索引から構成されている。コンコーダンスでは機械的に語を提示するのではなく、語と語の結びつき、語と接尾辞の結びつきなどにも注意を払って項目がたてられている。この総索引は、『バーブル・ナーマ』に見えるすべてのチャガタイ・テュルク語語彙を網羅し、まだ存在しないに等しいチャガタイ・テュルク語辞典作成のための素材としても利用されることを期待している。この書の作成にも林佳世子氏から全面的な援助をいただいた。

同年一〇月には、ウズベキスタンの首都タシュケントで開かれた、I・カリモフ大統領も出席した国家的行事ともいうべき国際学会「アミール・ティムールとその世界史上の役割」に出席し、私も自身の『バーブル・ナーマ』研究について報告したが、広い会場を埋め尽くした聴衆から予期せぬ大喝采を受け、学会でこんな拍手をするのかと驚いたことを思い出す。おそらく、これは党書記長の演説などに大拍手を送るソ連支配時代からの名残であろう。この時に、久保一之氏とともにバーブルの故郷フェルガーナ地方のアンディジャーンをも初めて訪れた。ここでも大歓迎を受けたが、バーブルがかつて踏んだ同じ大地を自らも踏むことができた喜びはひとしおであった。

一九九七年、論文「『バーブル・ナーマ』の「枝垂れ柳の條」について」を『東方学会創立五十周年記念東方学論集』に発表して、校訂本作成にあたっての校訂作業の手順を示したが、濱田正美氏が後にこの論文を、『バーブルとその時代』（後述）の好意的な書評の中で、私の校訂本の「品質証明書」であると評してくれたのは、私にとってはうれしい褒詞であった。

同じ九七年、イランに滞在した久保一之氏の尽力で、校訂本出版の際には利用できなかった、アクセスがきわめて困難な幻の写本とでもいうべき『バーブル・ナーマ』テヘラン本のコピーを入手できた。ただちに内容を精査して、論文「テヘラン・サルタナティー図書館所蔵の『バーブル著作集』について」を『東洋史研究』五七―一（一九九八年）に発表した。この論文では、テヘラン本をバーブル在世中に作られた貴重な写本だとするT・スルターノフ氏の仮説を完全な誤りとして批判するとともに、この写本の中に、学界では散逸してもはや見られないと考えられていた詩の韻律に関するバーブルの著作「五〇四のリズム（仮称）」を発見したことをも報告した。

なお、私の『バーブル・ナーマ』校訂本、総索引の出版に対しては、一九九八年二月、ウズベキスタンから第一回バーブル国際基金賞が与えられた。ただ、私が都合でウズベキスタンでの授賞式に出席できなかったため、翌年、ウズベキスタン共和国の首相一行が訪日された際に、東京の帝国ホテルでこの賞を受け取った。これは私にとって大きな栄誉であった。

続いて一九九八年三月に刊行したのが、本書、つまり東洋文庫版『バーブル・ナーマ』のもととなった『バーブル・ナーマの研究Ⅲ　訳注』（松香堂）である。校訂本に基づく日本語の訳注であり、詳しい解題のほか、三三〇〇件を超える脚注、地図、系図、三六ページにわたる文献目録などをも含んでいる。脚注には、テキスト上の問題点や翻訳にあたっての解釈上の問題点等も明示してあり、今後の研究課題を知るためにも利用価値があると考えている。なお、この書の出版にあたっては、訳稿のコンピューターへの入力について山口整、田邊（現濱本）真実、和田郁子三氏の協力を得た。また文献目録、索引の作成には矢島洋一、守川知子、真下裕之の各氏にご協力いただいた。インド史の専門家である真下氏には、原稿の段階で解題の閲読をもお願いした。この書は、高価で大部な研究書であるにもかかわらず、比較的短期日で完売し、凡例にも記したように今は絶版である。

同じ九八年には、庄垣内正弘、藤代節両氏とともにロシアのサンクト・ペテルブルクの東洋学研究所を訪れて写本調査を行ない、ロシアに所蔵される『バーブル・ナーマ』関係の諸写本をマイクロフィルムで取得できた。ロシアでは図らずも体調を崩したが、その際に、庄垣内、藤代の両氏から賜ったご厚情は忘れることができない。

二〇〇一年二月、『バーブル・ナーマの研究』シリーズ全四巻の最終巻として『バーブル・ナーマの研究Ⅳ 研究篇 バーブルとその時代』（松香堂）を刊行した。この書は、バーブル研究を中心に、十五、十六世紀の中央アジアの諸相を、歴史学的、文献学的に考察した私の研究論文や書評などを補訂して集めたものである。この書では、諸民族が入り乱れて活動した中央アジアのこの時代は、ティムール朝史、モグーリスターン・ハン国史、ムガル朝前史といった王朝史の枠組みではなく、「バーブルの時代」という、より大きな一つの時代史の枠組みの中で理解すべきことを提言した。この書の草稿のコンピューターへの入力については、近藤真美、矢島洋一、田邊真実三氏の協力を得た。この書には、後に、平成十六（二〇〇四）年度日本学士院賞が与えられた。これは私にとって、バーブル国際基金賞に続く、大きな栄誉であった。この受賞に当たっては、西田龍雄、原實の両先生をはじめとする日本学士院会員の皆様、さらに永田英正、夫馬進両氏などから多大のご尽力を賜った。

なお、以上の『バーブル・ナーマの研究』全四巻については、上記の諸氏の他にも、校正、原稿の入力、索引の作成等について、村田靖子、柴田知行、梅山岳人、松原あやか各氏の協力をも得た。また、四巻の各巻については、菅原睦、山内昌之、清水義範、川口琢司、近藤治、濱田正美、A・アブドゥガフーロフ、A・ウルンバーエフ、A・イブラギーモフ、R・ダンコフ、T・スルターノフの諸氏が、いずれも好意的な書評を書いてくださった。さらに井谷鋼造、川本正知などの諸氏は、海外出張の際に私の『バーブル・ナーマ』研究に役立ちそうな本を見つけると、いつも私のためにそれらを買い求め、私に提供してくれた。

二〇〇二年、私は三〇年間勤務した京都大学を定年により退職し、京都大学名誉教授となった。以後、さらに放送大学と龍谷大学で講義を担当し、現在も客員教授として週に一度、龍谷大学大宮学舎に出講している。京大退職後も、〇三年、パリ、ロンドンでバーブル関係の写本を再調査するなど、なおも写本研究を継続した。そしてその成果は、〇四年の「『バーブル・ナーマ』チャガタイ語・ペルシア語写本に関する覚書」『西南アジア研究』五九、そして〇六年の「『バーブル・ナーマ』サルタナティー図書館本の写本系統とその価値」『中央アジア古文献の言語学的・文献学的研究』（白井聡子・庄垣内正弘編、京都大学大学院文学研究科）などの論文として発表した。本書、東洋文庫版の第一巻に掲載した解題で『バーブル・ナーマ』の写本について特に詳しく記述したのは、写本研究が私の『バーブル・ナーマ』研究の大きな部分を占めてきたためである。

その後も私はバーブルおよび『バーブル・ナーマ』に関係するいくつかの論文を発表してき

たが、二〇一三年には、山川出版社が出版を開始した「世界史リブレット人シリーズ」の創刊時の一冊として『バーブル――ムガル帝国の創設者』を出版した。この書物は『バーブル・ナーマ』の記述に主に依拠して、バーブルを取り巻いた政治情勢、彼の折々の心境とその波乱に満ちた生涯、彼が文人として残した諸作品と彼の人間性、そして彼が背負った時代性を一般の読者向けに平易に記述したものである。バーブルに関する日本では初めてのこの入門書について、西村淳一氏は『イスラーム地域研究ジャーナル』（Vol. 6、二〇一四年）の好意的な新刊紹介の中で「彼（バーブル）に宛てたファンレターのようですらある」と評された。あるいは、バーブルに対する私の年来の熱い思いを語りすぎたかもしれないが、戦時におけるバーブルの反抗する敵に対する過酷な処置にも言及するなど、客観的な記述には私なりに配慮したつもりである。なお、最近、この書物を利用して、スカパーのシアター・テレビジョンの「ユーラシアを動かした人たち～人で読み解く世界史～」という番組で、宮脇淳子氏がバーブルについても四回にわたって取り上げられている。私としては、この書物の出版によって、日本におけるバーブルの知名度が少しでも高まればと願っている。

以上の記述によって、私の四〇年を越える『バーブル・ナーマ』研究が、研究の核心的な部分で何度もご援助をいただいた林佳世子氏（現、東京外国語大学教授）、また常に私を助けてくれた京大文学部西南アジア史研究室の関係者の皆様など、実に多くの方々のご援助とご協力を得て、はじめて継続できたものであることをご理解いただけたと思う。今この機会にあらためてこれらの方々に心から御礼を申し上げたい。また、最後に、私事にわたるが、やはりこの機会に、常に私を研究に没頭できる自由な環境におくよう配慮してくれた妻、嘉津子にも感謝したい。

なお、いうまでもないことながら、私はバーブルと『バーブル・ナーマ』の研究のみに専念してきたわけではない。京大東洋史で教えを受けた恩師のおひとり佐藤長先生を通じて学んだ羽田亨先生の「歴史家は通史の執筆を目指すべきだ」という遺訓を守り、私は常に中央アジア史全般についての幅広い知識を習得するよう心掛けてきたつもりである。その一つの成果として、私は、一九七七年に『バーブル・ナーマ』などを利用して、『中央アジアの歴史――草原とオアシスの世界』（講談社現代新書）という中央アジアの通史を出版した。この小著は、中央アジア史は『バーブル・ナーマ』などの現地語史料の記述を中心に据えて研究・構築すべきこと、また中央アジアを「シルクロードの世界」というよりも「草原とオアシスの世界」、つまり「北の遊牧民と南の定住農耕民の世界」として理解すべきことを主張したものである。ただ、この主張が当時の日本の中央アジア史学界の常識・通説とは異なっていたために、小著は学界に「シルクロード論争」と呼ばれるささやかな論争を引き起こした。論争は、結局、明確な決着を見なかった。しかし、三七年以上も前に出版したこの小著で述べた中央アジア史の研究方法、そして中央アジア史の大勢に関する私の基本的な考えは今も変わっていない。私の中央アジア史全般についての現在の考えについては、近年に執筆した「「シルクロード史観」再考――森安孝夫氏の批判に関連して」『史林』九一―二（二〇〇八年）を参照いただければさいわいである。

冒頭で記したように、私はすでに若くはない。しかし今後も、健康が許す限り、バーブルと『バーブル・ナーマ』、そして中央アジア史全般についての研究を地道に続け、研究成果を少しずつでも社会に還元できればと考えている。

この文章でお名前を挙げた方々のうち、羽田明、佐藤長、本田実信、大地原豊、山田信夫、西田龍雄、中西亮、庄垣内正弘、安藤志朗、岩武昭男、O・プリツァク、Ş・テキン、R・N・フライ、M・モハンデッスィー、A・アブドゥガフーロフ、A・ウルンバーエフ、A・イブラギーモフの皆様はもはやこの世におられない。

今、幽明界を異にするこれらの方々からかつて受けることのできたご厚情に思いをはせつつ、懐かしい皆様のご霊前に、この『バーブル・ナーマ――ムガル帝国創設者の回想録』全三巻を捧げたい。

ユースフ・アリー・キョケルダシュ（ムザッファル・ミールザーの臣下） ②170, 191, 193
ユースフ・アリー・ブカーウル ②268 →ユースフ・アリー（同一人物か）
ユースフ・アリー・リカーブダール ②266, 309 →ユースフ・アリー（同一人物か）
ユースフ・ダルガ ①271-73
ユースフ・バディーイー ②164
ユーヌス・アリー ＝カマールッ・ディーン・ユーヌス・アリー
ユーヌス・ハン ①27-28, 32, 36-38, 39-40, 50, 61, 77, 223, ②215
ヨルチュク ①152

ラ行

ラーイ・チャンドラパーン・チョウハーン ③186
ラーオ（イェ）・サルワーニー ③138, 203, 313
ラージャ・サングデーウ ③116
ラージャ・ビカムチャンド ③116
ラージャ・ビカムデーウ ③116
ラージャ・マーン・スィング ③223
ラージャ・ループ・ナラヤン ③116
ラーナー ＝ラーナー・サンガー
ラーナー・サンガー ②133, ③65, 68-69, 127, 129, 132, 138, 140, 151, 154-55, 161, 171-72, 191, 196-97, 208, 214, 216-17, 230-31, 258, 290
ラービア・スルターン・ベギム ①60, ②132 ＝カラ・キョズ・ベギム
ラーホーリー船頭（第一人者） ③281
ラーム卿 ②48
ラーワル・ウーダイ・スィング・バーガリー ③173, 186
ラシード・スルターン ①43
ラジャブ・スルターン ①78
ラタンスィーン ③231
ラティーフ・スルターン・アーガーチャ ②128, 136
ラティーフ・ベギム ①62
ラヒームダード ③141-42, 154, 223, 227-28, 230, 232, 320-22
ラフマト ③44
ラマカーン ②48
ラマク ②48
ラマザーン・ルーリー ②287-89
ランガル・ハーン・ニヤーズィー ②276, 278, 284, 289-90, 293, 323-25, 338
リーニシュ ③237, 240
ルーフ・ダム ②284, 287-89, 317
ルカイヤ・スルターン・ベギム ①36
ルスタム・テュルクメン ②240, 270, ③138, 180, 182
ルスタム・ハーン ③167
ルトフィー・ベグ ③284

ワ行

ワファーイー ①63 ＝アフマド・ハージー・ベグ
ワリー（ホスロー・シャーの弟） ①82, 89-90, 95, 101, 110, 144-45, 194, ②21, 26, 30, 96
ワリー・クズル ③25, 51, 57, 218, 260
ワリー・ジャーン・ベグ ③129
ワリー・ハーズィン（ハザーナチ） ①271, ②172, 240, 260-61, 292, ③32-33, 41, 49-50, 55, 120, 178
ワリー・ハーズィン・カラ・コズィ ＝ワリー・ハーズィン
ワリー・パルスチ ③254
ワリー・ベグ（スルターン・フサイン・ミールザーのアミール） ②141, 148

ムハンマド・フサイン・キュレゲン・ドゥグラト
ムハンマド・フサイン・ミールザー（スルターン・フサイン・ミールザーの子）　①146, ②128, 136
ムハンマド・フサイン・ミールザー・ドゥグラト　＝ムハンマド・フサイン・キュレゲン・ドゥグラト　＝フマーユーン
ムハンマド・フマーユーン・バハードゥル　③178, 181
ムハンマド・ブルンドゥク・バルラース　①90, ②97, 137-38, 142-44, 169-70, 176-77, 179-80, 196, 225-29
ムハンマド・ブルンドゥク・ベグ　＝ムハンマド・ブルンドゥク・バルラース
ムハンマド・ベグ　②239　＝ムハンマド・ブルンドゥク・バルラース
ムハンマド・マースーム・ミールザー　②130
ムハンマド・マズィード・タルハン　①55, 66, 98, 182-85, 187, 193, 208, 211, 215
ムハンマド・マズィード・ベグ　＝ムハンマド・マズィード・タルハン
ムハンマド・マズハブ　＝ムッラー・ムハンマド・マズハブ
ムハンマド・マフドゥーミー　②95
ムハンマド・ミール・ユースフ　②159, 232
ムハンマド・ミスキーン（ハーフィズ・ダウラダイの子）　①113
ムハンマド・ムーミン・ミールザー　①108, 111, ②135
ムハンマド・ムキーム　②233
ムハンマド・ムフスィン　②128　＝ケペク・ミールザー・ムハンマド・ムフスィン
ムハンマド・ユースフ　①187
ムハンマド・ワリー・ベグ　①90, 110, 146, ②148
ムヒッブ・アリー　＝カマールッ・ディーン・ムヒッブ・アリー
ムヒッブ・アリー・コルチ　＝カマールッ・ディーン・ムヒッブ・アリー
ムヒッブ・アリー・ハリーファ　＝カマールッ・ディーン・ムヒッブ・アリー
ムヒッブ・スルターン　①78
ムフスィン（酌人）　③286
ムフスィン・ダウラダイ　③206
ムラード・コルチ・カジャル　③294, 320
ムラード・ベグ・バユンドゥル　②152, 243
ムルシド・イラーキー　③290
メンリク・キョケルダシュ　②220
モグール・ベグ　②146, ③284

ヤ行

ヤークーブ（アイユーブの子）　①91, ②23
ヤークーブ・ベグ　②146, 152, 161
ヤードガール・スルターン・ベギム　①36
ヤードガール・タガーイー　③237
ヤードガール・ナースィル　③254
ヤードガール・ムハンマド・ナースィル・ミルザー　＝ヤードガール・ムハンマド・ミールザー
ヤードガール・ムハンマド・ミールザー　①201, ②124, 132, 149-50
ヤーラク・タガーイー　①141, 175, ②112, 206, 239, 245
ヤーラク・ベグ　＝ヤーラク・タガーイー
ヤール・アリー・ビラール　①141, 166, ②18, ③153
ヤール・フサイン（ダルヤー・ハーンの子）　②75, 80, 106
ヤッカ・ホージャ　③214, 302, 305
ヤフヤー・ヌーハーニー　②329, ③307, 315
ヤンギ・ベグ・キョケルダシュ　③16
ユースフ（アイユーブの子）　②20, 30, 94, 113
ユースフ・アリー　②284, 287-89, 333
→アリー・ユースフ（同一人物か）

ムバーラク・ハーン・ジルワーニー ③316
ムハンマディー =シャムスッ・ディーン・ムハンマディー・キョケルタシュ
ムハンマディー・キョケルタシュ（キョケルダシュ） =シャムスッ・ディーン・ムハンマディー・キョケルタシュ
ムハンマディー・ミールザー（ジャハーン・シャーの子） ①79
ムハンマド（預言者） ③162, 170
ムハンマド・アミーン・ハーン ②168
ムハンマド・アリー =シャムスッ・ディーン・ムハンマド・アリー・ジャング・ジャング
ムハンマド・アリー（歩兵） ②254
ムハンマド・アリー・ジャング・ジャング =シャムスッ・ディーン・ムハンマド・アリー・ジャング・ジャング
ムハンマド・アリー・ハイダル・リカーブダール ②334, ③138, 288
ムハンマド・アリー・バフシー ②122
ムハンマド・アリー・ムバッシル・ベグ ①141, 171, 243, 248, 260, ②111
ムハンマド・アンディジャーニー ②207-08
ムハンマド・カースィム・アルラート ②132
ムハンマド・カースィム・ナビーラ ①113
ムハンマド・カースィム・バルラース ②332
ムハンマド・カースィム・ミールザー ②131
ムハンマド・クリー・カウチン ①98, 215
ムハンマド・コルチ ②95, 220, 249
ムハンマド・サーリフ ①101, 181, ②164-65, ③18
ムハンマド・サイイド・ウルース ②150
ムハンマド・ザイトゥーン ③118, 127-28, 142, 154
ムハンマド・ザマーン・ミールザー ②129, 137, 151, 284, 310, ③117, 221, 251, 262, 286, 288-89, 292, 297, 299, 301, 307, 313
ムハンマド・シャー ③208
ムハンマド・シャイバーニー・ハン ①23, 34, 82, ②98, 114 =シャイバーニー・ハン =シャイバク・ハン
ムハンマド・シャリーフ・ムナッジム ②306, ③158, 189
ムハンマド・スルターン ③302
ムハンマド・スルターン・ミールザー（スルターン・フサイン・ミールザーの長女の子） ②131, 152, 303, ③32, 45, 49-50, 55, 124, 128, 130, 134, 151, 156, 179, 182, 197, 205, 275, 303, 305, 313
ムハンマド・スルターン・ミールザー（ティムールの子ジャハーンギールの子） ①120, 129
ムハンマド・ドゥグラト =ムハンマド・フサイン・キュレゲン・ドゥグラト
ムハンマド・ドースト（アリー・ドースト・タガーイーの子） ①85, 141, 162, 179, 188, 255-56
ムハンマド・バーキル・ベグ ①55, 72, 104, 141, 269
ムハンマド・バフシー ②245, 314, ③49, 51, 282, 318
ムハンマド・ハリール・アフタベギ =シャムスッ・ディーン・ムハンマド・ハリール・アフタベギ
ムハンマド・ハン ①37
ムハンマド・ヒサーリー =ムハンマド・フサイン・キュレゲン・ドゥグラト
ムハンマド・ブー・サイード ②169
ムハンマド・フサイン =ムハンマド・フサイン・コルチ
ムハンマド・フサイン・キュレゲン・ドゥグラト ①40, 88, 90-92, 139, 149, 160, 183, 223-24, 229, 240, ②101, 207, 210, 213, 217-18
ムハンマド・フサイン・コルチ ②211, 325
ムハンマド・フサイン・ドゥグラト =

ムザッファル・フサイン・ミールザー　①96, ②127, 135, 169-70, 176
ムザッファル・ミールザー　①90, 108, 111, ②144, 169-70, 177-79, 181, 183, 186-87, 191-92, 207, 225-28, 230, 232
ムジャーヒド・ハーン・ムルターニー　③143
ムスタファー　＝ムスタファー・ルーミー　＝ムスタファー・ファルムリー
ムスタファー・トプチ　＝ムスタファー・ルーミー
ムスタファー・ファルムリー　③123
ムスタファー・ルーミー　③54, 157, 181, 215, 297, 299-300
ムッラー　＝マウラーナー・アブドゥッ・ラフマーン・ジャーミー
ムッラー・アーパーク（アーファーク）　③122, 125, 141, 156-57, 206, 214, 310
ムッラー・アブドゥ・ル・ガフール・ラーリー　②157-58
ムッラー・アブドゥ・ル・マリク・ディーワーナ　②328
ムッラー・アブドゥ・ル・マリク・ハースティー　②260
ムッラー・アブドゥッ・ラフマーン　②60
ムッラー・アフマド　③17
ムッラー・アリー・ハーン　②311, 339, ③18-19, 198, 278
ムッラー・ウスマーン　＝ムッラーザーダ・ムッラー・ウスマーン
ムッラー・カースィム　③266
ムッラー・キターブダール　②307
ムッラー・キャビール　②306
ムッラー・グラーム・ヤサーウル　③300, 307
ムッラーザーダ・ムッラー・ウスマーン　②59, 156
ムッラー・サルサーン　③149
ムッラー・シハーブ　＝シハーブッ・ディーン・アブドゥッラー・キターブダール
ムッラー・シャイフ・フサイン　②156
ムッラー・シャムス　③24
ムッラー・シャラフ　③114
ムッラー・スルターン・アリー・マシュハディー　②166, 232
ムッラー・ダーウード　③157
ムッラー・タガーイー　③265
ムッラー・テュルク・アリー　②260
ムッラー・ニーマト　③156
ムッラー・バーバー（イェ）・パシャーガリー　①198, 211, ②17, 106, 207, 252, 257, 331, ③152-53
ムッラー・ハイダル　①226-27
ムッラー・ハサン・サッラーフ　③121
ムッラー・ヒジュリー（詩人）　②228
ムッラー・ビナーイー　①101, 204-05, ②160-62, 169, 231, ③272
ムッラー・ファッルフ　③253-54
ムッラー・フサイン　③156
ムッラー・ベヘシュティー　③265
ムッラー・ホージャ　②132
ムッラー・ホージャカ　②305
ムッラー・マーダルザード　＝ムッラーザーダ・ムッラー・ウスマーン
ムッラー・マスウード・シールワーニー　②157
ムッラー・マフムード・ハリーファ　＝マウラーナー・マフムード・ファーラービー
ムッラー・ミーラク・ファラカティー　②252
ムッラー・ムハンマド・ターリブ・ムアンマーイー　②37
ムッラー・ムハンマド・トゥルキスターニー　②22
ムッラー・ムハンマド・バダフシー　②164
ムッラー・ムハンマド・パルガリー　③24
ムッラー・ムハンマド・マズハブ　③39, 259, 293-94
ムッラー・ムルシド　②283
ムッラー・ヤーラク　②338
ムッラー・ラフィー　③222
ムバーラク・シャー　①40, ②95, 173-74, 220, 249

ミール・アリー・ベグ　②279
ミール・アリー・ミーラーフール　①201, ②150
ミール・イブラーヒーム（カーヌーン奏者）　③221
ミール・ギースー　③188
ミール・ギヤース・タガーイー　①49, 55
ミールザー・アフマド・アリー・ファールスィー・バルラース　②142
ミールザーイェ・タブリーズィー　③265
ミールザー・クリー・キョケルダシュ　①55, 246, 258-59, 261-64, ②284, 287-89, 301, 312, 318
ミールザー・バディーゥッ・ザマーン　＝バディーゥッ・ザマーン・ミールザー
ミールザー・ハン　①40, 46, 183, 236, ②24, 27, 84, 207, 210-11, 213-15, 217-19, 235, 239, 245, 249-50, 309, 315, 328　＝ハン・ミールザー
ミールザー・ファッルフ　②150
ミールザー・ベグ・カイホスラヴィー　②230
ミールザー・ベグ・タガーイー　③265
ミールザー・ベグ・タルハン　③51
ミールザー・ベグ・ファランギー・バーズ　①91
ミールザー（イェ）・マルヴィー・カルルク　②294, 311
ミールザー・モグール　③123
ミール・サイイド・アリー・ハマダーニー　②49
ミール・サル・バラフナ　②152
ミール・シャー・カウチン　①107, 141, 162, 179, 209, 213, 242, ②239, 312, 316
ミール・シャー・ベグ　＝ミール・シャー・カウチン
ミール・ジャーン　②191, 245
ミール・ジャマールッ・ディーン・ムハッディス　②158
ミール・バドル　②181
ミール・ハマ　③152-53, 178
ミール・フサイン・ムアンマーイー　②164
ミール・フルド・ブカーウル　②289, 314, 319, ③262
ミール・ムハンマド（筏手）　②272, 317, 341, ③215, 220, 254, 305
ミール・ムハンマド（マフディー・ホージャの子）　②278
ミール・ムルターズ　②157
ミール・モグール　①86, 184-85
ミッリー・スールドゥク　③59
ミドニー・ラーオ　③69, 173, 208
ミフタル・ファッラーシュ　②88
ミフルジャーン　②266
ミフル・ニガール・ハニム　①39-40, 60-61, 224, ②101, 250
ミフル・バーニー・ハニム　＝ミフル・バーン・ハニム
ミフル・バーヌー・ベギム　①34
ミフル・バーン・ハニム　③253, 265
ミングリ・ビー・アーガーチャ　②129, 132, 136
ムアイヤド　③197
ムアトゥケン　①37
ムーイッズッ・ディーン　＝スルターン・シハーブッ・ディーン・ゴーリー
ムーイッズッ・ディーン・アブドゥ・ル・アズィーズ・ミーラーフール　③179, 182
ムーサー（ディラザークの首長）　②320-21
ムーサー・スルターン　③299
ムーサー・ホージャ　②257
ムーサー・マールーフ・ファルムリー　③317
ムーミン　①226-27
ムーミン・アテケ　②312-13, ③41, 134, 180, 182, 310
ムーミン・アリー・トゥワチ　③23, 192
ムキーム　①47, ②28, 32, 34, 74, 97, 104, 144, 228, 233, 235, 237, 242-45, 247, 252
ムザッファル・バルラース　②138
ムザッファル・フサイン・スルターン　③313

マヌーチフル・ミールザー　①44, 67, 77
マフディー　②329
マフディー・スルターン　①61, 90-92, 102-03, 160, 196, 209, ②98, 128, ③240
マフディー・ホージャ　③45, 49-50, 52, 55, 124, 128, 130, 134, 137, 140, 150, 155-56, 192, 196, 267, 317, 321
マフドゥーミー　＝ムハンマド・マフドゥーミー
マフドゥーム・アーラム　③292
マフドゥーム・スルターン・ベギム　①36, 78　＝カラ・キョズ・ベギム
マフムード（ムハンマド・マフドゥーミーの子）　②95
マフムード・キュンデリ・サンガク　①107
マフムード・スルターン（シャイバーニー・ハンの弟）　①209, ②98
マフムード・ハーン　＝マフムード・ハーン・ヌーハーニー・ガーズィープリー
マフムード・ハーン（ハーニ・ジャハーンの子）　③28, 31
マフムード・ハーン（サルワーニー）　③138
マフムード・ハーン（ローディー朝）　③173, 262, 279, 283
マフムード・ハーン・ヌーハーニー・ガーズィープリー　③123, 284, 298-99, 307, 313
マフムード・バルラース　①82-83, 90, 96
ママク・スルターン　①91-92
マリク・アリー・クトゥビー　②261
マリク・カースィム（バーバー・カシュカの兄弟）　③51, 125-26, 168, 180, 197, 216
マリク・カースィム　③205
マリク・クリー　②339
マリク・シャー・マンスール・ユースフ・ザイ　②263, 265, 268-69, 271, 306
マリク・シャルク　③314
マリク・スライマーン・シャー　②268
マリク・ダード・カラーニー　③59, 143, 179, 197, 313
マリク・ハスト・ジャンジューハ　②276, 290-91, 293
マリク・ブー・サイード・カマリー　②77, 80, 82
マリク・ブー・ハーン　②297
マリク・ムーサー　②297
マリク・ムハンマド・ミールザー　①67-68, 77
マルグーブ（奴隷）　③118
マンスール（テュルクメン）　②240
マンスール・ミールザー　②116
ミーラーンシャー・ミールザー　①29-30, 147-48, ②116-18
ミーラキー・ゴール・ディーワーン　②230
ミーラク　＝マジュドゥッ・ディーン・ムハンマド
ミーラク・アブドゥッ・ラヒーム　②149
ミーラク・ジャーン・イルディ　②198
ミーラク・テュルクメン　①38
ミーラク・ミール・ギヤース　③266
ミーラム　①252
ミーリーム・タルハン　①115
ミーリーム・ディーワーン　①162, 179, ②217
ミーリーム（ミーリム）・ナースィル　①157, 197, ②240, 245, 284, 289-90, 302
ミーリーム・ベグ　＝ミーリーム・ナースィル
ミーリーム（ミーリム）・ラーガリー　①141, 161, 163
ミーリ・ブズルグ・ディルミズィー　①76-77, 79
ミール（石工）　③266
ミール・アズー　②169
ミール・アターゥッラー・マシュハディー　②158
ミール・アリー・コルチ　③199
ミール・アリー・シール・ナヴァーイー　①20, 63, 108, 204, ②119, 138-40, 145, 148, 152, 154, 161-62, 166, 186, 193-95, 334, ③272　＝ファーニー

ブダール ①187, 244, 248, ②211, 240, 245, 258, 305-07, 311, 319, 322-23, 325
ホージャ・ムハンマド・ザカリヤー ①192
ホージャ・ムハンマド・ダルズィー ①53
ホージャ・ムルシド・イラーキー ③288
ホージャ・ヤークーブ ①272
ホージャ・ヤフヤー ①99-101, 151, 187, 190-92, 199, 272, ③265, 278
ホージャ・ユースフ ①20
ホージャ・ユーヌス ②59
ホーンダミール ③221, 314
ホシュ・ケルディ・チャルマ ②240
ホスロー =ホスロー・キョケルダシュ
ホスロー・ガーギーヤーニー ②78
ホスロー・キョケルダシュ =ジャラールッ・ディーン・ホスロー・キョケルタシュ
ホスロー・シャー ①47, 69, 76, 80-83, 89-90, 94-96, 100-01, 110, 115, 143, 145, 147-48, 167, 169-70, 193-95, 207, 211, ②17-24, 27-32, 34, 95-99, 144, 151, 197, 257
ホダーイダード・テュルクメン ①211
ホダーイ・バフシュ ②239, 257
ホダーイ・ベルディ =ホダーイ・ベルディ・ブカク
ホダーイ・ベルディ・ティムールタシュ =ホダーイ・ベルディ・トゥグチ・ティムールタシュ
ホダーイ・ベルディ・トゥグチ・ティムールタシュ ①30, 44, 173, 211
ホダーイ・ベルディ・トゥグチ・モグール ①141
ホダーイ・ベルディ・ブカク ①85, 160
ホダーイ・ベルディ・ベグ =ホダーイ・ベルディ・トゥグチ・ティムールタシュ
ホダー・バフシュ =ホダーイ・バフシュ

マ行

マースーマ（バーブルの娘） ③254
マースーマ・スルターン・ベギム ①61, ②196, 234, 247
マーニク・チャンド・チョウハーン ③186
マーヒム ②266, ③274, 278, 294, 318-19
マーフ・チュチュク ②252
マールーフ ②299 →マールーフ・ファルムリー
マールーフ・ファルムリー ③118, 129, 133, 215, 306
マーン・スィング ③223-28
マウラーナー =マウラーナー・アブドゥッ・ラフマーン・ジャーミー
マウラーナー・アブドゥッ・ラフマーン・ジャーミー ②118, 140, 147, 155, 157-59, 163, 195, ③238
マウラーナー・サアドゥッ・ディーン・タフタザーニー ②156
マウラーナー・シハーブ（謎々作家） ③221
マウラーナー・シャイフ・フサイン ②156
マウラーナー・マスナディー（詩人） ②255
マウラーナー・マフムード・ファーラービー ②308, 330-31, ③57, 266, 278
マウラーナー・ヤークーブ ②58
マカン ③127, 154
マクスード・スーチ =犀のマクスード
マグフール・ディーワーン ③159, 319
マジュドゥッ・ディーン・ムハンマド ②153-54
マズィード =マズィード・タガーイー
マズィード・タガーイー ①213, 248, ②302
マズィード・ベグ・アルグン ①80, 83, ②230
マスティー・チュフラ ②328, 340
マッルー・ハーン ③213-14
マヌーチフル・ハーン ②286-87, 290, ③205

ベグ・ヴァイス　③136
ベグ・テルベ　①140, 174, 254
ベグ・ミーラク・モグール　③42, 156
ベグ・ムハンマド・ターリークチ　③239
ベグ・ムハンマド・モグール　②291
ベッギネ（ヴァイス・ラーガリーの子）③239, 242
ホージャ・アサドゥッラー　①225
ホージャ・アター　②155
ホージャ・アフザル　②154
ホージャ・アブドゥッ・サマド　②36
ホージャ・アブドゥッ・シャヒード　③251-53, 278
ホージャ・アブドゥッラー・マルワーリード　②149, 167　＝バヤーニー
ホージャ・アブドゥ・ル・ハック　③263-65, 318
ホージャ・アフマド　②59
ホージャ・アフラール　＝ホージャ・ウバイドゥッラー
ホージャ・アブル・マカーリム　①98, 104, 140, 152, 198, 212, 235-36, 239
ホージャ・アリー　①209
ホージャ・アリー・バイ　①190
ホージャ・イスマーイール・ハルタング　①118
ホージャ・ウバイドゥッラー　①31, 58, 65, 68-69, 75, 100, 138, 149, 193, 198, 272, 274, ③238, 251
ホージャ・カーズィー　＝ホージャ・マウラーナー・カーズィー
ホージャカ・アブル・バラカ・ファラーキー　①205
ホージャカ・ホージャ　①98, 224
ホージャ・カマール　①23
ホージャ・カマールッ・ディーン・ドースト・ハーワンド　③176
ホージャ・カマールッ・ディーン・パフラワーン・バダフシー　③178
ホージャ・カマールッ・ディーン・フサイン　③177, 182
ホージャ・カラーン　①106, 171, ②62, 103, 262-64, 269, 323, 339-40, ③17, 37, 41, 45, 50, 55, 103, 120-21, 130, 247-48, 253, 265, 267-68, 278
ホージャ・カラーン・ベグ　＝ホージャ・カラーン
ホージャギー・アサド　＝ニザームッ・ディーン・ホージャギー・アサド・ハーンダール
ホージャギー・アサド・ハーンダール　＝ニザームッ・ディーン・ホージャギー・アサド・ハーンダール
ホージャキ・ムッラーイェ・サドル　①106
ホージャ・クトゥブッ・ディーン　③57
ホージャ・チシュティー　③251
ホージャ・ドースト・ハーワンド　②254, 284, 289, ③150, 236
ホージャ・ナスィール・トゥーシー　①122
ホージャ・バーキー　①192
ホージャ・ハーフィズ　②35
ホージャ・ハーンド・サイード　②317
ホージャ・ピール・アフマド・ハーフィー　②153
ホージャ・ヒズリー　②318
ホージャ・ヒズル　②36
ホージャ・ヒズル・ヌーハーニー　②85
ホージャ・フサイニー　①262, 264
ホージャ・フサイン　①53, 183, 208, 219, ③32
ホージャ・フサイン（財務官）③17
ホージャ・フサイン・ベグ　①44, 46
ホージャ・ホスロー　③95
ホージャ・マウラーナー（イェ）・カーズィー　①52-53, 56, 72, 86, 107, 132, 135-39, 159, 179, 184, ②190
ホージャ・マフムード・アリー・アテケ　③182
ホージャ・ミーリ・ミーラーン　①258, ②270-71, 290, ③33-34, 51, 121
ホージャ・ミール・スルターン　③254
ホージャ・ムニール・オシー　①104
ホージャ・ムハンマド・アミーン　②77, 254, 333
ホージャ・ムハンマド・アリー・キター

ビナーイー　＝ムッラー・ビナーイー
ビハール・ハーン　②46, ③118, 191
ビバン　③30, 40, 42, 46, 125-26, 197, 215, 276, 306, 309, 312-13, 317
ビフザード　＝ウスタード・ビフザード
ビフブード・ベグ　②147
ヒラーリー　②165-66
ピリー・ベグ・テュルクメン　②242
ヒンダル　②266-67, 283, 319, ③117, 254, 265, 268
ヒンディー（モグール）　②85
ヒンディー　③51
ヒンドゥー・ベグ・カウチン　＝ジャラールッ・ディーン・ヒンドゥー・ベグ・カウチン
ファーズィル・キョケルダシュ　②90
ファーズィル・タルハン　①199
ファーティマ・スルターン（スルターン・フサイン・ミールザーの娘）　②132
ファーティマ・スルターン・アーガー　①33, 44
ファーニー　②140　＝ミール・アリー・シール・ナヴァーイー
ファールーク　③136
ファキール・アリー　②256
ファズリー　②94
ファッルフ・アルグン　②104
ファッルフザード・ベグ　②244, 246
ファッルフ・フサイン・ミールザー　②130
ファトゥフ・ハーン・サルワーニー　③134, 137-38, 276
ファフル・ジャハーン・ベギム　③203, 221, 234
ファフル・ン・ニサー　①203
ファリードゥーン（コブズ奏者）　③236
ファリードゥーン・フサイン・ミールザー　②129, 136
ファリード・ハーン（ナスィール・ハーンの子）　③284
フィールーザ・ベギム　②116
フィールーズ・シャー　＝スルターン・フィールーズ・シャー（ハルジー朝）
フィールーズ・シャー・ベグ　②143
フィールーズ・ハーン・サーラングハーニー　③123, 128
フィールーズ・ハーン・メーワーティー　③59
ブージュカ　③32, 55, 134, 151, 153
ブー・ハーン　②320-21
ブーパト・ラーオ　③186
プーラーン　②251-52
プーラーン・スルターン　②134
フサイニー　②122　＝スルターン・フサイン・ミールザー
フサイン　②312-13, 315
フサイン・アカー　③178
フサイン・アリー・トゥファイリー・ジャラーイル　②149, 160
フサイン・イグレク　②285
フサイン・ウーディー　②140, 168
フサイン・ガイニー　②113
フサイン・ハーン・ヌーハーニー　③118, 128, 167, 196-97, 299
フサイン・ハサン　②312
フッラム・シャー　①34
プトレマイオス　①122
フブ・ニガール・ハニム　①40, 223, ②218
フマーユーン　①48, ②255, 266, 293, 300, 331, 337, ③17, 21, 35, 41-44, 50, 55, 58-59, 117, 123-25, 130, 133-34, 137-38, 149-52, 156-57, 191-94, 198, 202, 236-37, 239, 241-44, 262, 265, 268-69, 319
フマーユーン・ミールザー　＝フマーユーン
フラグ・ハン　①122
プラド・スルターン　②310, ③240, 253, 265
フルフル・アニケ　②332
ブルンドゥク・イブン・ジャハーンシャー　②137
ベギ・スルターン・アーガーチャ　②136
ベギム・スルターン　②133
ベグ　＝ミール・アリー・シール・ナヴァーイー

ハディージャ・ベギム　②127, 135, 169, 183-86, 230-31
バドケ・ベギム　②119
パドマーワティー　③230
バドルッ・ディーン　②149, ③206
ハニケ・ハン　①42
バハードゥル・シャー　＝バハードゥル・ハーン
バハードゥル・ハーン　③135
バハードゥル・ハーン・サルワーニー　③317
バハール・ミールザー　②235
パヒー　②77-78
ハビーバ・スルターン・ベギム　①61, ②196, 234
バフジャト・ハーン　③207, 209
バフルール（アイユーブの子）　①95, ②20, 30, 94, 113
バフルール（第一人者）　③254
ハミード・ハーン・サーラングハーニー　③142
ハミード・ハーン・ハーサハイル　③41-42
ハムザ　①261, ②307, 321
ハムザ・スルターン　①36, 62, 90-92, 102, 160, 196, 209, ②98-99, 128, ③240
ハムザ・ハーン　②342
ハムザ・ビー・マンギト　②28
バヤーニー　②150　＝ホージャ・アブドゥッラー・マルワーリード
バヤーン・シャイフ　③239-42, 247
バヤン・クリー　①132, 233, 261
ハラーヒル　②293, ③260
バラク・スルターン　③240
バラク・ハン　①37
ハリーファ　＝ニザームッ・ディーン・アリー・ハリーファ
ハリール（タンバルの弟）　①165-66, 179, 185, 206, 211
ハリール（ターバン巻きの小姓）　①154
ハリール・ディーワーナ　①156
バルスィング・デーオ　③173
パルバト　②293, 295
バルヒー（メロン作り）　③318
バルラース・チェクニ　②319
ハルワチ・タルハン　②243
ハン・クリー（バヤン・クリーの子）　①132, 197, 233, 261-64, ②240
ハンザーダ・ハニム　②232
ハンザーダ・ベギム（バーブルの姉）　①34, 220
ハンザーダ・ベギム（ミーリ・ブズルグの孫）　①62, 77-79, 96, ②18, 130, ③235
ハン・ミールザー　①40, 42, 77, 168, 183-84, ②131　＝ミールザー・ハン
バンダ・アリー・ベグ　①155, 209, 261, 265, 268-70
ビーフーブ・スルターン　③205, 219, 275, 299, 313
ビーリーム・デーオ・マリーハース　③38
ピール・アフマド　①183, 208
ピール・ヴァイス　①141, 179
ピール・クリー・シースターニー　＝ニザームッ・ディーン・ピール・クリー・シースターニー
ピール・ムハンマド・イルチ・ブガ　①81
ピール・ムハンマド・ミールザー　②235
ビクラマージート（ヒンドゥー）　③58, 116, 225-27, 230-31, 235
ビケ・スルターン・ベギム（サンジャル・ミールザーイェ・マルヴィーの娘）　②134
ビケ・ベギム（スルターン・フサイン・ミールザーの娘）　②131
ビケ・ベギム（バーブル・ミールザーの妹）　②132
ビケ・ベギム（スルターン・マフムード・ミールザーの娘）　①77
ヒアームッ・ディーン・アリー・ハリーファ　③218, 319
ビシュケ・ミールザー（イテルチ部）　②329-30
ヒズル・ホージャ・ハン　①37
ビチュケ・ハリーファ　①220

バイスングルの子） ①46, ②131-32, 137, 142, 149, 186-87
ハーミド ③154
ハームースィー ③235
バーヤズィード ＝シャイフ・バーヤズィード
パーヤンダ・スルターン・ベギム ①77, 96, ②130-32, 135, 183-84, 196, 230
パーヤンダ・ムハンマド・カプラン ②312-13
ハールヴィー（歩兵） ②296
ハールダール ①209
バールマル・イードリー ③173
バイスングル・ミールザー ①64, 76-77, 81-84, 87, 90, 97, 99-100, 103-05, 114-15, 131, 143-45, 147-48, 167-70, 195, ②126 ＝アーディリー
ハイダル ①211
ハイダル・アラムダール ②281, 337
ハイダル・アリー・バジャウリー ②50
ハイダル・キョケルダシュ（キョケルタシュ） ①59, 84, 169
ハイダル・クリー ①156, ③45, 272
ハイダル・タク ②32
ハイダル・ベグ ①84, 86
ハイダル・ミールザー（スルターン・フサイン・ミールザーの子） ①77, 96, ②126, 130
ハイダル・ミールザー（『ターリーヒ・ラシーディー』の著者） ①40, ③206
ハイダル・リカーブダール ①141
ハイティム・ハーン ③45-46
ハイバト・ハーン・カルグ・アンダーズ ③168
バイラム・スルターン ②132
ハザール・アスビー ①81
ハサン（マカンの子） ③127-28
ハサン・アリー ＝チャガタイ
ハサン・アリー・ジャラーイル ②149, 181 ＝トゥファイリー
ハサン・アリー・スワーディー ③260, 321
ハサン・イグレク ②340
ハサン・シャイフ・ティムール ②133, 142
ハサン・シャルバトチ ①98
ハサン・チェレビ ③253-54, 263, 266, 273
ハサン・ディクチェ ①155
バサント・ラーオ ③304
ハサン・ナビーラ ①105, 113, 183, ②328
ハサン・ノヤン ＝ハサン・ヤークーブ・ベグ
ハサン・ハーン ＝ハサン・ハーン・メーワーティー
ハサン・ハーン（ラシュカル・ワズィール） ③308
ハサン・ハーン・ダルヤー・ハーニー ③309
ハサン・ハーン・バーリーワール ③168
ハサン・ハーン・メーワーティー ③118, 151, 153, 173, 186, 190-91, 195
ハサン・ハリーファ ③310
ハサン・バルラース ②27
ハサン・ベグ ＝ハサン・ヤークーブ・ベグ
ハサン・ヤークーブ・ベグ ①47, 53, 55-56, 71-73, ②142
パシャ・ベギム ①76, 79, 168
ハスティーチ・トゥンキタール ③141
ハスト ＝マリク・ハスト・ジャンジューハ
バダフシー ＝ムッラー・ムハンマド・バダフシー
ハックダード ②336
ハック・ナザル ①227
ハック・ナザル・チャパー ②181
バディーゥッ・ザマーン・ミールザー ①90, 94-97, 108-11, 146-47, 195, 206, ②20, 37, 96-97, 125-27, 134, 142, 144, 151, 167, 169-70, 176, 178-83, 186, 191-95, 197-98, 225-28, 230
バディーゥ・ル・ジャマール・ベギム ③235
ハディージャ・スルターン・ベギム ③203, 221, 234

バーキー・シガーウル　③39, 153, 206, 219-20, 316-17
バーキー・タシュケンディー　③218, 310, 312, 315-16
バーキー・タルハン　①64, 66, 182, 186, 195, 203, 207
バーキー・チャガーニーヤーニー　＝バーキー・ベグ・チャガーニーヤーニー
バーキー・チャガーニーヤーン　＝バーキー・ベグ・チャガーニーヤーニー
バーキー・ヒーズ　①258, ②301
バーキー・ベグ　＝バーキー・ベグ・チャガーニーヤーニー　＝バーキー・タシュケンディー
バーキー・ベグ・チャガーニーヤーニー　①78, 90, 110, 147, ②17-20, 22-23, 29, 31-33, 77-78, 84, 91, 101, 103-07, 279
バーキー・ミング・ベギ　＝バーキー・シガーウル
ハージー　①107
ハージー・ガーズィー・マンギト　①155
ハージー・サイフッ・ディーン・ベグ　②141
ハージー・ハーン　③28-29, 31
ハージー・ピール・ブカーウル　①96
ハージー・ムハンマド（第一人者）　③254
ハーティー・ガッカル　②286-87, 290-93, 295, 302, 311, ③24
ハーティフィー　②163　＝アブドゥッラー・マスナヴィー・グーイー
ハーティム・コル・ベギ　②111, 240
ハーニ・ジャハーン　③140
バーバー・アーガーチャ　②131, 133, 136
バーバー・アリー・イシク・アーガー　②148
バーバーイェ・パルガリー　①273-74
バーバーイェ・カーブリー　①30, ②279
バーバー・オグル　②84, 240
バーバー・カシュカ・モグール　②314-15, ③180
バーバー・クリー・ベグ　①48, 112, 141, ③127
バーバー・サイラーミー　①265, 267, 269-70
バーバー・シールザード　①242, 258, ②211, 240
バーバー・ジャーン（馬管理官）　②320
バーバー・ジャーン（コブズ奏者）　②285, 287-89
バーバー・シャイフ　②240, 303, ③152-53, 288
バーバージャク・スルターン　①238
バーバー・スルターン　②216, ③216, 302-03
バーバー・タヴァッキュル　①248
バーバー・チュフラ　②256, ③55, 134, 205, 219, 301
バーバー・ドースト（酌人）　②293, ③158, 161
バーバー・ハン　①60
バーバー・ヤサーウル　②261, 296
ハーフィズ　＝ハーフィズ・タシュケンディー　＝ホージャ・ハーフィズ
ハーフィズ・ジュバイル・キャーティブ　②310
ハーフィズ・タシュケンディー　③254
ハーフィズ・ハージー　②191
ハーフィズ・ベグ　＝ハーフィズ・ムハンマド・ベグ・ダウラダイ
ハーフィズ・ベグ・ダウラダイ　＝ハーフィズ・ムハンマド・ベグ・ダウラダイ
ハーフィズ・ミーラク　②254
ハーフィズ・ムハンマド・ベグ・ダウラダイ　①33, 45, 164, 183, 222
バーブー・ハーン・ビースート　②286
バーブリー　①180-81
バーブル　＝ザヒールッ・ディーン・ムハンマド・バーブル
バーブル皇帝　＝ザヒールッ・ディーン・ムハンマド・バーブル
バーブル・バハードゥル　＝ザヒールッ・ディーン・ムハンマド・バーブル
バーブル・ミールザー（シャールフの子

ドースト・ムハンマド・バーバー・カシュカ　③218
ドースト・ムフルダール　＝ドースト・ベグ
ドースト・ヤスィンハイル　③278, 281
トカ・ヒンドゥー　③121
トカ・ベグ（タガーイー・ベグの子）①161, 163
トフタ・ブガ・スルターン　②216, ③218, 251, 280, 302-05, 308-09, 313
トルミシュ・ウズベク　③299, 309

ナ行

ナースィル・ベグ　①157, 245, 248
ナースィル・ミールザー　①33-36, 40, 55, 254, 265, ②32, 34, 60, 63, 74, 76, 94-98, 114, 132, 173-74, 220-21, 223, 240, 245-49, 252-54
ナーハル・ハーン　③151, 191, 195
ナヴァーイー　＝ミール・アリー・シール・ナヴァーイー
ナウルーズ　②261
ナザル・アリー・テュルク　②290
ナザル・バハードゥル　①144, ②151
ナジュミ・サーニー　②128
ナスィール・ハーン・ヌーハーニー　③118, 129, 133, 150
ナル・サング・デーオ　③261
ナルパト・ハーラ　③173
ニーマト・アルグン　①59
ニザームッ・ディーン・アブドゥッ・シュクール　③178
ニザームッ・ディーン・アフマド・ユースフ・オグラクチ　①150, ②111, 207, 211-12, 261, ③158, 178, 181
ニザームッ・ディーン・アリー・ハリーファ　①88, 139, 179, ②207, 256-57, 261, 282, 299, 307, 319, 330, ③51, 55, 131, 156, 166, 169, 182, 209, 251, 261, 294, 308, 312, 320-21
ニザームッ・ディーン・アリー・ハリーファダード　③176
ニザームッ・ディーン・ジャーン・ムハンマド・ベグ・アテケ　③179
ニザームッ・ディーン・スルターン・ムハンマド・バフシー　③148, 180, 236, 249, 267, 279
ニザームッ・ディーン・ダルヴィーシュ・ムハンマド・サールバーン　②309, 316-18, 322, 324, ③48, 51, 155, 161, 177, 304, 314
ニザームッ・ディーン・タルディー・ベグ　③51, 138-39, 177, 196, 198, 206, 219
ニザームッ・ディーン・ドースト・イシク・アーガー　③140, 177, 181, 192, 195, 304
ニザームッ・ディーン・ピール・クリー・シースターニー　③50, 129, 178
ニザームッ・ディーン・ホージャギー・アサド・ハーンダール　③143, 149, 178, 181, 198
ニザーム・ハーン・バヤーニー　③118, 126, 139-40, 179, 309
ニザーム・ル・ムルク　②154
ヌーフ（預言者）②48
ヌーマーン（小姓）①248
ヌーマーン　②284
ヌールッラー・タンブーラチ　②102
ヌール・ベグ　②300, 333, ③16, 278, 321-22
ヌスラト・シャー　③66-67, 263, 308
ノヤン　＝ノヤン・キョケルダシュ
ノヤン・キョケルダシュ　①197, 213, 225-28
ノヤン・ベグ　②142

ハ行

バーイカラー・ミールザー（ウマル・シャイフの子）②116
バーイカラー・ミールザー（スルターン・フサイン・ミールザーの兄）②116-18, 131-32
バーキー　＝バーキー・タルハン　＝バーキー・ベグ・チャガーニーヤーニー　＝バーキー・タシュケンディー

タルディー・ベグ　＝タルディー・ベグ・ハークサール　＝ニザームッ・ディーン・タルディー・ベグ
タルディー・ベグ・クチュ・ベグ　＝ニザームッ・ディーン・タルディー・ベグ
タルディー・ベグ・ハークサール　②331-32, ③18, 45, 195, 198
タルディー・ムハンマド　③288, 293
タルディー・ムハンマド・キプチャク　②285, 307
タルハン・ベギム　①61
ダルマンカト　③140
ダルム・デーオ　③173
ダルヤー・ハーン　②75, 80, 279, ③118, 307
タング・アトミシュ・スルターン　③251, 299
タンバル　＝スルターン・アフマド・タンバル
チーン・スーフィー　②99, 115-16
チーン・ティムール・スルターン　②216, ③45, 51, 124, 143, 176, 181, 191, 206, 218-19, 260-62, 307, 320
チクマク・ベグ　③250
チャークー・バルラース　②137
チャガタイ（テュルクメン）　③321
チャガタイ・ハン　①27, 37
チャハール・シャンバ　①111
チャプク　③266
チャルマ（イブラーヒーム・ジャーニーの子）　＝チャルマ・タグチ
チャルマ　③241
チャルマ・タグチ　②240, 257
チャルマ・モグール　②239
チョーハ・スルターン　③257
チョリ・ベギム　②131, 134
ティーザク　②32
ディーワ　③235
ディーワ・ヒンドゥー　②278, 305
ディーワーナ（織工）　①113
ティムール・ウスマーン　②152
ティムール・スルターン　①43, 61-62, 192, 209, ②129, 232-33
ティムール・ベグ　①30, 37, 65, 99, 116, 119, 127-29, 224, ②21-22, 71, 115-16, 122, 132, 151, 248, 255, 278, ③64, 114
ディラーワル・ハーン　③28-29, 31, 36-37, 42, 178
ディルダール・アーガーチャ　②266-67
ディルパト・ラーオ　③186
デーブ・スルターン　③257
テュレク・キョケルダシュ　②213, 319, ③262
テングリ・クリー　②284, 287-89, 317, 329
テングリ・クリー・ビシュギ・モグール　③51
テングリ・ベルディ　②200, 239, 243, 260, 308, 311, 321, ③152-53
テングリ・ベルディ・サマーンチ　①145, ②151
ドゥア・ハン　①37
ドゥードゥー　③292, 294
トゥーファーン・アルグン　②237
トゥールーン・ホージャ（モグール）　①104, 134
トゥグルク・ティムール・ハン　①37
トゥファイリー　②149, 169　＝ハサン・アリー・ジャラーイル
ドゥングルスィー　③186
トゥン・スルターン　①44
ドースト　③57　→ドースト・サリプリー　→ドースト・ヤスィンハイル
ドースト・アングー・シャイフ　②197
ドースト・イシク・アーガー　＝ニザームッ・ディーン・ドースト・イシク・アーガー
ドースト・ケルディ　②240
ドースト・サリプリー　②211
ドースト・ナースィル・ベグ　①197, 242, 246-48, 258, 261, ②211, 240, 245, 282, 301
ドースト・ベグ　①157, 245, 264, ②260-62, 287-89, 291-92, 299-302
ドースト歩兵（指揮官）　②224
ドースト・ムハンマド・バーキル　②328

105, 233, 257, 260
スルターン・ムハンマド・カルプク ①244-49
スルターン・ムハンマド・サイファル ①105
スルターン・ムハンマド・スルターン ①142, 174
スルターン・ムハンマド・ダウラダイ ①72, 187, ②173-74, 240, 308, 321-22, ③41, 50, 128, 167, 196-97, 260, 307
スルターン・ムハンマド・ハニケ ①142, 175, 232, 236
スルターン・ムハンマド・バフシー ＝ニザームッ・ディーン・スルターン・ムハンマド・バフシー
スルターン・ムハンマド・ミールザー ①29
スルターン・ムハンマド・ミールザー（バーイカラー・ミールザーの子） ②118
スルターン・ムラード・ミールザー（ラービア・スルターン・ベギムの子） ②132
スンブル ②246
セヴュンチェク・ハン ②302
セヴュンドゥク・テュルクメン ②203, 240, 257
セビュク・ティギン ②59, 62
ソフラーブ・ミールザー ②128
ソユルガトミシュ・ミールザー ②279

タ行

ターウース・ハーン・ユーフス・ザイ ②268
ダーウード・ハーン ③45-46
タージ・ハーン・サーラングハーニー ③279, 282-83, 313-14
タージュッ・ディーン・マフムード ②247, 334
タータール ＝タータール・ガッカル
タータール・ガッカル ②286-87, 291-93
タータール・ハーン・サーラングハーニー ③118, 140-42
タータール・ハーン・ハーニ・ジャハーン ③197
タータール・ハーン・ユースフ・ハイル ②280, ③34
ターヒル・ダウラダイ ①222
ターヒル・テブリー ③55, 157, 283
ターヒル・ベグ ①183
ターヒル・ムハンマド ①115
大ハン（バーブルのおじ） ＝スルターン・マフムード・ハン
ダウラト・カダム・カラーウル ②172, 399
ダウラト・カダム・テュルク ③123
ダウラト・スルターン・ハニム ①43, 223, 236, 320
ダウラト・ハーン（タータール・ハーン・ユースフ・ハイルの子） ②278, 280, 283, 286, ③23, 25, 28, 33, 36
タガーイー・シャー・バフシー ②245
タガーイー・ベグ ①179
タハムタン・ベグ ②151
タフマースプ ＝シャーフザーダ・タフマースプ
ダマチ・ヒンディー ②240
ダルヴィーシュ ③202, 216
ダルヴィーシュ・アリー（歩兵） ②283
ダルヴィーシュ・アリー・キターブダール ②148
ダルヴィーシュ・アリー・サイイド ②240
ダルヴィーシュ・アリー・ベグ ②145
ダルヴィーシュ・ガーウ ①53
ダルヴィーシュ・ベグ ①65
ダルヴィーシュ・ムハンマド ＝ニザームッ・ディーン・ダルヴィーシュ・ムハンマド・サールバーン
ダルヴィーシュ・ムハンマド・タルハン ①55, 57, 64-66, 97, 99-100, 124, 126
ダルヴィーシュ・ムハンマド・ファズリー ②315
タルスーン・ムハンマド・スルターン ③262
タルディーカ ③38, 180, 191, 275, 309

スルターン・ジャラールッ・ディーン ③275-76, 290
スルターン・ジャラールッ・ディーン・シャルキー ③299, 309
スルターン・ジュナイド・バルラース ①84, 169, ②146-47, ③35, 45, 49, 51, 55, 128, 150, 248, 258, 297-99, 310
スルターン・スィカンダル（イスカンダル）（ローディー朝） ②280, 283, ③57, 65, 115, 173, 200, 208, 235, 262, 279
スルターン・ティーラーヒー ②323
スルターン・ナースィルッ・ディーン ③208, 214
スルターン・ニガール・ハニム ①42, 77, 79, 223, 236, ②215
スルターン・ニジャード・ベギム ②133
スルターン・バーヤズィード ②323-24
スルターン・パシャーイー ②200
スルターン・バフト・ベギム ③235
スルターン・バフルール（ローディー朝） ③57, 65, 177
スルターン・ハリール・スルターン ③205
スルターン・ハリール・ミールザー ①170
スルターン・フィールーズ・シャー（トゥグルク朝） ③63, 72
スルターン・フィールーズ・シャー（ハルジー朝） ③64-66
スルターン・フサイン・アルグン ①67, 183, 208
スルターン・フサイン・カラクリー ①67
スルターン・フサイン・シャルキー ③64
スルターン・フサイン・ドゥグラト ①90-91, 229, 240
スルターン・フサイン・ミールザー（ティムール・ベグの孫） ②116
スルターン・フサイン・ミールザー ①63, 75-76, 78, 81, 89-92, 95-96, 100, 108-11, 144-48, 195, 201, 206, 217, ②20-22, 96-97, 114-18, 122, 125-27, 130, 133-38, 141-45, 149-50, 152-53, 155-57, 160, 166, 169-70, 173-74, 176, 183, 193, 230, 303, ③158 ＝フサイニー
スルターン・フサイン・ミールザー（スルターン・マフムード・ミールザーの子） ①77, 168
スルターン・フマーユーン・ハン ＝フマーユーン
スルターン・マスウード（ガズニー朝） ②61
スルターン・マスウード・カーブリー ②279, ③235
スルターン・マスウード・ミールザー ①60, 71, 76, 79, 82-83, 89-91, 100-01, 110, 115, 143-44, 146-48, 168, 194, ②126, 132-33, 187
スルターン・マフムード ＝マフムード・ハーン（ローディー朝）
スルターン・マフムード（マールワ） ③65, 208, 231, 276, 289, 292, 306
スルターン・マフムード（スルターン・ジャラールッ・ディーンの子） ③278
スルターン・マフムード・ガーズィー ①75, ②59, 61, ③61
スルターン・マフムード・ダウラダイ ①72, 187
スルターン・マフムード・ハン ①20, 23, 28-29, 42, 46-47, 49, 52, 55-56, 59-60, 82, 84-86, 133, 141, 155, 169, 208, 217, 223-24, 234, 236-39, 247-49, 274-75, ②214 ＝大ハン
スルターン・マフムード・ミールザー ①29, 42-43, 48, 60, 64, 67-68, 71, 73, 75-77, 79-83, 90-91, 96, 131, 168-69, ②18, 20, 27, 124, 130
スルターン・マリク・カーシュガリー ①45, 62-63
スルターン・ムザッファル・グジャラーティー ③65, 135
スルターン・ムハンマド ＝ビハール・ハーン
スルターン・ムハンマド・アルグン ①161
スルターン・ムハンマド・ヴァイス ①

152, 303
スルターン ②199
スルターン・アブー・サイード・ミールザー ①29-30, 38-39, 42, 44-45, 49-50, 57, 61-63, 67, 73, 75, 77, 79-82, 96, 131, ②122, 127, 130, 134-35, 137, 139, 142-43, 149-50, 156, 183, 187, 195, 279
スルターン・アフマド（モグール） ②210
スルターン・アフマド（クチュ・ベグの父） ①90
スルターン・アフマド・カーズィー ①52
スルターン・アフマド・カラウル ①170-71
スルターン・アフマド・タンバル ①85, 105, 131-32, 134, 140, 153-55, 157-58, 160-62, 165-66, 170, 173-80, 184-86, 188, 206, 211, 217-18, 225, 229-30, 233, 240-41, 244-49, 251, 253-55, 270, 273, 275, ②98, 165, 301
スルターン・アフマド・ハン ①37, 42, 52, 193, 235-40, 248-50, 254, 274-75, ②100, ③218 ＝アラチャ・ハン ＝小ハン
スルターン・アフマド・ベグ ①185, 266, 271
スルターン・アフマド・ミールザー ①28-29, 33, 39, 45, 48, 52-55, 57, 60-62, 64, 66-67, 69, 71, 73, 76, 86, 124, 131, 180, 203, ②20, 101, 118, 142, 146, 195-96, 247
スルターン・アフマド・ミールザーイェ・ドゥグラト ①240
スルターン・アラーウッ・ディーン（ヌスラト・シャーの父） ③66-67
スルターン・アラーウッ・ディーン・アーラム・ハーン（ローディー朝） ③27-31, 38-39, 42, 154, 167, 177, 179
スルターン・アリー・アルグン ②228
スルターン・アリー・チュフラ ②91, 239, 257
スルターン・アリー・テュルク ③200
スルターン・アリー・マシュハディー ＝ムッラー・スルターン・アリー・マシュハディー
スルターン・アリー・ミールザー ①48, 61, 64, 66, 76, 78, 87, 97-101, 103-04, 126, 131-32, 148, 150, 168-69, 182-84, 189-192
スルターン・アリー・ミールザー（カームラーンの母方のおじ） ②319, ③237
スルターン・アルグン ①61-62
スルターン・イスカンダル ＝スルターン・スィカンダル
スルターン・イスカンダル・ミールザー（バーイカラー・ミールザーの子） ②118
スルターン・イブラーヒーム ②42, 61, 283, ③27, 29-31, 34, 39-41, 44-46, 52, 55, 58-60, 62-63, 65, 118, 120, 123-24, 127, 132, 135, 143, 149, 208, 235
スルターン・イリク・マーズィー ①52, 138
スルターン・ヴァイス ③247, 262
スルターン・ヴァイス・スワーディー ②264-65
スルターン・ヴァイス・ミールザー ＝ハン・ミールザー
スルターン・ヴァイス・ミールザー（バーイカラー・ミールザーの子） ②118
スルターン・ギヤースッ・ディーン・ゴーリー ③61
スルターン・ギヤースッ・ディーン・バルバン ③57
スルターン・クリー ①112, 141
スルターン・クリー・チュナク ①160, ②33, 87, 111, 234
スルターン・クルンチャク ②173, 176, 181
スルターン・サイード・ハン ①41, 43, 238, ②216, 325, 329, ③16, 205
スルターン・サンジャル・バルラース ②207, 214
スルターン・シハーブッ・ディーン・ゴーリー ②59, ③61, 63
スルターン・シャムスッ・ディーン・イレトミシュ ③228-29

186-87, 191, 197, 235, 256
ジャハーン・シャー・イブン・チャークー・バルラース　②137
ジャハーン・シャー・ミールザー・バーラーニー（黒羊朝）　①38, 79
シャフスワール　①162
シャフバーズ・カランダル　②271
シャフバーズ・カルルク　①251-52
シャフラク・ベグ　③278
シャフル・バーヌー・ベギム　①36, ②134-36
シャムスッ・ディーン・ムハンマディー・キョケルタシュ　①34, ②284, 289, 324, ③32, 35, 51-52, 55, 124, 129, 178, 181, 188, 260, 307
シャムスッ・ディーン・ムハンマド　③266, 273
シャムスッ・ディーン・ムハンマド・アリー・ジャング・ジャング　②240, 261, 287-89, 293, 295, 311, 325, 334, ③32, 35, 37, 42, 49-51, 128, 156-57, 179, 182, 189, 205, 218, 260, 288, 293
シャムスッ・ディーン・ムハンマド・ハリール・アフタベギ　③138, 181
ジャラール・タシュケンディー　③316
ジャラールッ・ディーン・クトゥルク・カダム・カラウル　②32-33, 40, 87, 240, 300, 312, 341, ③32, 35, 46, 49, 51, 55, 129, 179, 182
ジャラールッ・ディーン・シャー・フサイン・ヤールキー・モグール・ガーンチー　③51, 129, 179, 182
ジャラールッ・ディーン・シャー・マンスール・バルラース　③42, 51-52, 55, 129, 151, 155, 157, 176, 181
ジャラールッ・ディーン・ヒンドゥー・ベグ・カウチン　①183, ②265, 285, 289-90, 295, 305, 312, 324, ③41, 50, 125-26, 178, 181, 319
ジャラールッ・ディーン・ホスロー・キョケルタシュ　①197, 248, ②234, 240, 271, 284, 312, 315, ③25, 41, 49, 51, 178, 180, 191, 268
ジャラールッ・ディーン・マフムード・ナーイー　②191
ジャラール・ハーン（アーラム・ハーンの子）　③30, 179
ジャラール・ハーン（ビハール・ハーン・ビハーリーの子）　③284, 292, 294, 307
ジャラール・ハーン・ジグハト　③30, 58
ジャング・ジャング　＝シャムスッ・ディーン・ムハンマド・アリー・ジャング・ジャング
ジューキー・ミールザー　①44
小月　②192
小ハン（バーブルのおじ）　＝スルターン・アフマド・ハン
ジョチ　①43
ジンギーズ（チンギズ）・ハン　①27, 37, 43, 128, 232, ②180
スィカンダル・シャー　③135
スィクトゥー　②278, 305
ズー・ン・ヌーン・アルグン　①90, 111, 145-46, ②20, 96-97, 104, 125-26, 143-45, 153, 170, 176, 179-80, 192, 196, 198, 225-29, 245　＝アッラーの獅子
ズー・ン・ヌーン・ベグ　＝ズー・ン・ヌーン・アルグン
ズバイダ・アーガーチャ　②133
スハイリー　②147, 160
ズバイル・ミールザー　＝ズバイル・ラーギー
ズバイル・ラーギー　②96, 173-74, 220, 249
ズフラ・ベギ・アーガー　①76, 80, 189
スライマーン　①260　→スライマーン・アカー
スライマーン・アカー　③143, 178, 198
スライマーン・シャー　③176
スライマーン・シャイフザーダ　③29
スライマーン・テュルクメン　＝スライマーン・アカー
スライマーン・ファルムリー　③58
スライマーン・ミールザー　③51
スルターニム　＝スルターン・ムハンマド・ハニケ
スルターニム・ベギム　①61, ②131, 134,

65-67, 90, 103, 114-15, 142, 155, 186, 188-93, 196, 199, ②95, 98-99, 115-16, 129, 145, 164, 168, 173, 176-77, 216 ＝シャイバク・ハン ＝ムハンマド・シャイバーニー・ハン
シャイバク（歩兵） ②283
シャイバク・ハン ①199-204, 206-07, 209, 212-14, 216-17, 219-20, 226, 228-29, 235, 248, 254, ②22, 30, 129, 182, 198, 218, 225, 229-33, 248, 252-54 ＝シャイバーニー・ハン
シャイヒー・ナーイー ②140, 167-68, ③255
シャイヒム・スハイリー ②147, 160
シャイヒム・ベグ ＝シャイヒム・スハイリー
シャイヒム・ミーリ・シカール ②297
シャイフ・アブー・サイード・タルハン ②245
シャイフ・アブー・サイード・ハーン・ダルミヤーン ②147
シャイフ・アブー・マンスール ①118
シャイフ・アブドゥッラー・イシク・アーガー ①55, 141
シャイフ・アブドゥッラー・バルラース ①82, 97, 101, 143-44
シャイフ・アブル・ファトゥフ ③251
シャイフ・アブル・ワジュド ③18
シャイフ・アリー ③51, 260
シャイフ・アリー・タガーイー ①110, ②170
シャイフ・アリー・バハードゥル ①48
シャイフ・ヴァイス ①141
シャイフ・グーラン ③122, 125-26, 141, 179, 189, 202, 206, 208, 295, 302, 318, 322
シャイフ・サーディー ②170
シャイフ・ザイン・ハーフィー ③18, 57, 131, 161, 169, 177, 188, 289, 314
シャイフ・シハーブッ・ディーン・アラブ ③251
シャイフ・ジャマーリー ③159, 251, 294, 307
シャイフ・ジャマール・アルグン ①59
シャイフ・ジャマール・バーリン ③51
シャイフ・ジャマール・ファルムリー ③31
シャイフ・シャラフッ・ディーン・ムニーリー ③295
シャイフ・シャリーフ・カラバーギー ③319
シャイフ・ズー・ン・ヌーン ①88
シャイフ・ダルヴィーシュ・キョケルダシュ ①197, ②107, 111-12
シャイフ・ニザーム・アウリヤー ③55
シャイフ・ヌールッ・ディーン・ベグ ①37
シャイフ・バーヤズィード（タンバルの弟） ①251-56, 258-59, 261, 271
シャイフ・バーヤズィード（ムスタファーの弟） ③123, 129, 150, 200, 204-05, 215, 219, 276, 306, 309, 312-13, 316
シャイフ・プーラン ②231
シャイフ・ブルハーヌッ・ディーン・クルチュ ①52, 138
シャイフ・マズィード・ベグ ①46, 48
シャイフ・マスラハト ①23, 198
シャイフ・ムハンマド・アブドゥッラー・ブカーウル ②230
シャイフ・ムハンマド・ガウス ③141, 322
シャイフ・ムハンマド・シャイフ・バッカーリー ③197
シャイフ・ムハンマド・ムサルマーン ②63-64
シャイフ・ヤフヤー ③295
ジャハーンギール・テュルクメン ②96, 220, 249
ジャハーンギール・バルラース ②137, 142
ジャハーンギール・ミールザー（ティムール・ベグの子） ①30, 128-29
ジャハーンギール・ミールザー（バーブルの弟） ①33, 55-56, 71, 78, 120, 133-34, 154, 157-59, 170, 172, 178-79, 184, 206, 219, 225, 255-60, 265, ②19-20, 23-24, 32-34, 74-75, 82, 84, 86, 88, 90-93, 102-04, 112-15, 172-73, 175, 179,

39
シャー・カースィム　③236
シャー・ガリーブ・ミールザー　②127, 135　＝ガリービー
シャー・クリー　③262, 273
シャー・クリー・ギッジャキー　②168
シャー・シュジャー・アルグン　①111, 145, ②143, 240-42, 309
シャー・スーフィー　①215
シャー・スルターン・ベギム　①56, 172
シャー・スルターン・ムハンマド　①41, 82
シャーディー・ハーナンダ　②168
シャーディー・ハーン　②82
シャーディー・バッチャ　②191
シャード・ベギム　②130
シャードマーン　③286
ジャーナク　②192
シャー・ナザル　②240, 257
ジャーニー・ベグ・スルターン　①36, 60, 209, ③240
ジャーニー・ベグ・ダウラダイ　①62-63
ジャーニケ・キョケルダシュ　①211
シャー・バーバー（すき掘り工）③266
シャー・ハサン（シャー・シュジャー・アルグンの子）②252, 261, 281, 289, 299-300, 307-09, 318, 322, 324, 327, ③199, 254
シャーヒー・タムガチ　②332, ③250
シャーヒム（ナースィルの子）①262-63
シャーヒム・ヌール・ベグ　③27, 210
ジャーファル・ホージャ　③192, 196, 214, 313
シャーフザーダ（シャーフザーダ・タフマースブと別人）②332
シャーフザーダ（ムンギール）③308
シャーフザーダ・タフマースブ　③143, 198, 237, 240-41, 257, 268
シャー・フサイン　②311
シャー・フサイン・カーミー　②165
シャー・フサイン・チュフラ　①110
シャー・フサイン・バフシー　③316
シャー・フサイン・ヤールキー・モグール・ガーンチー　＝ジャラールッ・ディーン・シャー・フサイン・ヤールキー・モグール・ガーンチー
シャー・ベギム　①40-42, 60, 142, 223-24, 234, 236-38, ②101, 214-15, 249-50
シャー・ベグ・アルグン　①146-47, ②90, 126, 130, 176, 198, 228, 233, 235-37, 240-46, 248, 299, 311
シャー・マズィード・キョケルタシュ　②310
シャー・マフムード・オグラクチ　②91, 211, 240, 245
シャー・マフムード・パルワーナチ　＝シャー・マフムード・オグラクチ
シャー・マンスール・バフシー　②225, 231
シャー・マンスール・バルラース　＝ジャラールッ・ディーン・シャー・マンスール・バルラース
シャー・マンスール・ユースフ・ザイ　＝マリク・シャー・マンスール・ユースフ・ザイ
ジャーミー　＝マウラーナー・アブドゥッ・ラフマーン・ジャーミー
シャー・ミール・フサイン　②321, 339-40, ③32, 39, 46, 49, 51, 150
シャー・ムザッファル　②141, 167
シャー・ムハンマド・ディーワーナ　②129, ③312
シャー・ムハンマド・マールーフ　③306, 310
シャー・ムハンマド・ムフルダール　②289, ③320
シャールフ・ミールザー　①30, 38, 129-30, ②116, 143, 153, 279
ジャーン・アリー　①190-92
ジャーン・ナスィール　②319
ジャーン・ハサン・バーリン　①142, 240, 251
ジャーン・ベグ　③32, 39, 49, 51, 313
ジャーン・ワファー・ミールザー　①196, 199
シャイバーニー・ハン　①36, 39-40, 43,

サイイド・カーミル　①148
サイイド・スルターン・アリー・ハーブビーン　②114
サイイド先生　②100
サイイド・ダーウード・ギャルムスィーリー　③254
サイイド・ダクニー・シーラーズィー（甲冑職人）　③237, 251
サイイド・トゥーファーン　③25
サイイド・ハサン・オグラクチ　②150
サイイド・バドル　①76, ②146
サイイド・バラカ　②132
サイイド・フサイン・アクバル　①115, ②84, 91, 239
サイイド・マシュハディー　③320
サイイド・マフディー・ホージャ　③179
サイイド・マフムード　①168
サイイド・ミールザー（アンドゥホードのサイイドの一族）　②133
サイイド・ミールザー・アーパーク　②133
サイイド・ムハンマド・ミールザー・ドゥグラト　①41, 142, 208
サイイド・ユースフ・ベグ・オグラクチ　①65, 112, 150, 187, ②30-31, 93, 150
サイイド・ユースフ・マジャミー　①177
サイイド・ラーチーン　③25
サイイド・ラフィー　③140, 251
サイイド・ルーミー　③251
ザイナブ・スルターン・ベギム　①78, ③235
犀のマクスード　②240, 245, ③78
サイフィー・ブハーリー　②162
サイフッ・ディーン・アフマド　②276
サイフ・ハーン（ダルヤー・ハーンの子）　③30
サッラーフ　＝カンバル・アリー・サッラーフ
サトルヴィー・キーチー　③173
ザヒールッ・ディーン・ムハンマド・バーブル　①33, 202, 274, ③122, 162, 169
サマド　①162
サラーフッ・ディーン　③173, 186, 213, 233
サリグバシュ・ミールザー・イテルチ　①240, 251
サロパー　②291-92
サンガー　＝ラーナー・サンガー
サンガル・カルルク　②294
サンガル・ハーン・ジャンジューハ　②280, 290, 334, ③154
サンジャル・ミールザーイェ・マルヴィー　②127
シーリーム・タガーイー　①52, 141, 150, 212, 215, ②17, 27, 31, 84-85, 210, 225, 239, 245, 249, 302
シーリーム・チュフラ　②99
シーリーム・ベグ　＝シーリーム・タガーイー
シール・アフガン　③138
シール・アフマド　③272
シール・アリー　②104
シール・アリー・オグラン（ヴァイス・ハンの父）　①37
シール・アリー・チュフラ　①194, ②103
シール・クリー・カラーウル・モグール　②210-11, 237, 240, 257
シールケ・アルグン　②28-29, 32
シール・ハージー・ベグ　①39
シール・ハーニー・タルカラーニー　②341
シール・ベグ　②240
シェール・ハーン・スール　③28, 276, 284
使徒猊下　①116, ③60
シハーブッ・ディーン・アブドゥッラー・キタープダール　②244, 265, 304, 330-31, 333, ③46, 51-52, 129, 177, 181, 195, 251, 271, 306-07, 310, 314, 319
シハーブッ・ディーン・ホスロー　③321-22
シャー・イスカンダル　③152, 292
シャー・イスマーイール　①34, 128, 151, 156, 216, 242
シャー・イマード・シーラーズィー　③

クズル　②299
クチュ・アフマド　③51-52, 177, 196, 219
クチュ・アルグン　②247
クチュ・ハイダル・カースィム　①170-71, 177, 185-86, 194, 209, 213, 215, ②256
クチュ・ベグ　②266, 282, 291, 320　→クチュ・アフマド　→クチュ・ハイダル・カースィム
クトゥブ・サルワーニー　③202
クトゥブ・ハーン　③118, 128, 167, 192, 196
クトゥルク・カダム　＝ジャラールッ・ディーン・クトゥルク・カダム・カラーウル
クトゥルク・ニガール・ハニム　①33, 36, 40, 78, ②100
クトゥルク・ホージャ・キョケルダシュ　①215-16, ②304, 317-18
クトゥルク・ムハンマド　②320
クトゥルク・ムハンマド・バルラース　①273-74
クナーク　＝カマールッ・ディーン・クナーク
グラーム・アリー　③308
グラーム・シャーディー　②168, 191
クリー・バーバー　①95, ②240
クリー・ベグ　①95　→クリー・ベグ・アルグン
クリー・ベグ・アルグン　②244, 329
クリケ・カーシュガリー　①156
クル・アフマド・アルク　②88
クルナザル・タガーイー　①213, 216
クルナザル・ミールザー　＝クルナザル・タガーイー
クル・バーヤズィード・ブカーウル　②32, 88, 240, 245
クルバーン・チャルヒー　②278, ③244, 255, 299, 309
クル・ムハンマド　＝クル・ムハンマド・ウーディー
クル・ムハンマド・ウーディー　②140, 167
クル・ムハンマド・バグダーディー　①67
ケティン・カラ・スルターン　③152, 240, 273
ケペ　②87, 203, 315
ケペク・クリー・バーバー　②111, 240
ケペク・ビー　＝キョペク・ビー
ケペク・ミールザー　＝ケペク・ミールザー・ムハンマド・ムフスィン
ケペク・ミールザー・ムハンマド・ムフスィン　②125, 128, 136, 176, 232-33

サ行

サーキー　②254
サーディク（第一人者）　③274-75, 278, 320
サードルク・サード　②124
ザーヒド・ホージャ　③167, 313
サーリハ・スルターン・ベギム　①60, 71
サーリフ・ムハンマド　①183
サイイディー・カラ・ベグ　①141, 154-55, 161, 171, 207, 262-64
サイイディー・ベグ・タガーイー　①167, 179
サイイディム・アリー・ダルバーン　①95, ②29-30, 197-98
サイイド・アタ　②132
サイイド・アフザル（サイイド・スルターン・アリー・ハーブビーンの子）②114, 172-74
サイイド・アブドゥッラー・ミールザー　②132
サイイド・アリー　①156, ②312, ③260
サイイド・アリー・ハーン　②280, 286
サイイド・オグラクチ　＝サイイド・ハサン・オグラクチ
サイイド・カースィム・イシク・アーガー・ジャラーイル　①85, 141, 186, 209, 252, 258, ②28, 84, 210, 240, 274, 282, 312, 328, 334, ③271
サイイド・カースィム・ブルブリー　②336

カタク・ベギム ①60-61
カッタ・ベグ ①165, ③36, 41-42, 46, 125, 151, 154-55, 260
カマール・シャルバトチ ②240
カマールッ・ディーン・クナーク ③273
カマールッ・ディーン・フサイン・ガーズルガヒー ①217, ②152
カマールッ・ディーン・ムヒッブ・アリー ①95, 111, ②17, 197, 207, 240, 257, 282, 322, ③42, 49, 51-52, 156-57, 177, 218
カマールッ・ディーン・ユーヌス・アリー ②289, 303, 307, ③46, 51-52, 55, 122-23, 131, 149, 151, 176, 181, 221, 251, 288-89, 302, 314
カマール・ハーン ③179
カラ・アフマド・ユルトチ ②208
カラール ③274-75
カラ・キョズ・ベギム ＝マフドゥーム・スルターン・ベギム ＝ラービア・スルターン・ベギム
カラ・キョズ・ベギム（ウマル・シャイフ・ミールザーの妻妾） ①44
カラ・キョズ・ベギム（ムハンマド・カースィム・アルラートの娘） ②132
カラク ③219
カラチャ ②292, ③219, 260, 274, 286
カラ・バルラース ①183, 208, 215-16
カラ・ブルト ②104
カランダル（歩兵） ③126
ガリービー ②127 ＝シャー・ガリーブ・ミールザー
カリームダード ②256
カリームダード・ホダーイダード・テュルクメン ①197, 211, 247, ②301
カリフ・マームーン ①122
カル・カシュク ①113
カルプク ＝スルターン・ムハンマド・カルプク
カルム・スィング ③186
カルム・チャンド ③191
カルルガチ・バフシ ①156
カワーム・オルド・シャー ③158
ガングー ③186
カンバル・アリー（カースィム・ベグの子） ①261, ②200, 210, 239, 243
カンバル・アリー（ケペク・ビーの子） ③240
カンバル・アリー・アルグン ③320
カンバル・アリー・サッラーフ・モグール ①50, 162, 164, 166, 170-71, 173-74, 177-78, 185-86, 194, 196, 207, 209, 211, 220, 229, 240, 242, 245-46, 249, 251, 255-57, 264, ③18, 23
カンバル・アリー・ベグ（ヒサールのハーキム） ①75-76
カンバル・アリー・モグール ＝カンバル・アリー・サッラーフ・モグール
カンバル・ビー・マルヴィー ①193, ②95, 99
カンバル・ベグ ②283
キスマタイ・ミールザー ③55, 134, 153, 155, 157-58
キスマティー ＝キスマタイ・ミールザー
キチキネ・トゥンカタール ③24-25
キチク・アリー ①260, ③167, 189
キチク・バーキー・ディーワーナ ②103-04
キチク・ベギム（スルターン・フサイン・ミールザーの娘） ②132
キチク・ベグ ①171
キチク・ホージャ ③312-13
キチク・ミールザー ②118
ギヤース（道化） ②307
ギヤースッ・ディーン・コルチ ③248, 258-60
キュチュム・ハン ③241, 253-54, 258, 263
キョペク・ビー ①193, ②116, ③240
キワーム・ベグ ③181
クーキー ③205
クーキー・バーバー・カシュカ ③218, 299, 304, 306, 310
グーリー・バルラース ①188, ②239, 243
グジュール・ハーン ③260

ウバイド・ハン　①40, ③134, 237, 240-41, 258
ウマル・シャイフ（ティムール・ベグの子）　②116
ウマル・シャイフ・ミールザー　①21, 24, 27-30, 33, 44, 46-47, 49-53, 56, 59-60, 78, 86-87, 134
ウミード　＝ウミード・アーガーチャ
ウミード・アーガーチャ　①33, 44
ウルース・アリー・サイイド　②240
ウルース・アルグン　②150
ウルグ・ベグ・ミールザー（シャールフの子）　①37-38, 58, 65, 119, 121-22, 129-30, 212
ウルグ・ベグ・ミールザー（スルターン・アブー・サイードの子）　①147, ②20, 35, 55, 100, 102, 107, 125, 130, 137, 157, 210
ウルス・アーガー　①44
エギュ・サーリム　②257
エギュ・ティムール・ベグ　①65
エケ・ベギム　②118
エルザン　①38
大月　②192
オルダ・ブガ・タルハン　①57, 64

カ行

ガーギーヤーニー　②106
カーシュガリー　＝アバー・バクル・ドゥグラト・カーシュガリー
カーズィー・イフティヤール　②159, 232
カーズィー・グラーム　①156
カーズィー・ジーヤ　＝カーズィー・ジーヤー
カーズィー・ジーヤー　③123-24, 128, 150, 261, 297-98, 313
ガーズィー・ハーン　②279, ③23, 25, 27-28, 31-33, 34-36, 38
カースィム・アジャブ　①141, 158, 174-75, 179
カースィム・アリー・タリヤーキー　②284, 287-89
カースィム・カウチン・ベグ　①47-48, 53, 57, 72, 87, 105, 139, 141, 153-55, 161, 171, 179, 186, 196, 204, 208, 211-12, 214, 216, 220, 225, 229, 257, 261, ②84, 111, 113-14, 175, 178-79, 192, 199-200, 206, 224, 239, 242-43, 247, 249, 251, 256, 300, 307, 310, 319, 328
カースィム・キョケルダシュ　①197, ②100, 240, 252
カースィム・サンバリー　③118, 125-26, 154
カースィム・スルターン・ウズベク　②133-34, 179
カースィム・ダウラダイ　①104-05
カースィム・ハティケ・アルグン　①252
カースィム・ハン　①43
カースィム・フサイン・スルターン　②133, 179, ③158, 178, 181, 197, 205, 275, 299, 313
カースィム・ベグ　＝カースィム・カウチン・ベグ
カースィム・ホージャ　③305, 313
カースィム・ミーラーフール　①141, ③155
カーディル・ベルディ　①269-70
カーヒル（馬の口とり）　①257
カービル　②329
カームラーン　②300, 319, 331, ③36, 117, 149, 198, 236-37, 241-45, 247-48, 265, 268-69
カイトマス・テュルクメン　②88
カイヤーム・オルド・シャー　②338
ガウハル・シャード・ベギム（シャールフの妃）　②187, 195
ガウハル・シャード・ベギム（スルターン・アブー・サイード・ミールザーの娘）　③235
カシュカ・マフムード　①206, 232
ガダーイー　＝ガダーイー・タガーイー
ガダーイー・タガーイー　②265, 284, 287-89, 307, 312, 324, 328
ガターイー・ビラール　②234
ガターイー・ムハンマド　②328

マズィード・カウチン
アリー・ユースフ　③202, 306, 319 → ユースフ・アリー
アル・アマーン　③239, 242-44
イシュクッラー　②237
イスカンダル　＝イスカンダル・フィールクース　＝スルターン・イスカンダル（スィカンダル）
イスカンダル・バフルール　＝スルターン・イスカンダル
イスカンダル・フィールクース　①41
イスカンダル・ミールザー　②133
イスハーク・アタ　①236
イスマーイール　③241　＝チャルマ
イスマーイール・ジルワーニー　③29-30, 40, 308, 311
イスマーイール・ハーン　③33, 36
イスマーイール・ミーター（ミター）　③263, 292-94, 308
イスリーム・バルラース　②146
イスン・トゥア　①37
イセン・クリー・スルターン　②131, 303
イセン・ダウラト・ベギム　①36, 39, 49, 72, 136, 226, 248, ②100
イセン・ティムール・スルターン　②216, ③280, 302-04, 308-09, 313
イセン・ブガ・ハン　①37-39
イブラーヒーム（小姓）　②308
イブラーヒーム・アタ　①236
イブラーヒーム・サールー　＝イブラーヒーム・サールーイェ・ミンリグ・ベグ
イブラーヒーム・サールーイェ・ミンリグ・ベグ　①84-86, 105, 141, 150, 154-55, 161-63, 171, 179, 187, 208, 211
イブラーヒーム・ジャーニー　①208, 211, 241
イブラーヒーム・スルターン・ミールザー　①38, 130
イブラーヒーム・ダウラダイ　②143
イブラーヒーム・タルハン　①91, 194, 196, 199, 206, 208, 211
イブラーヒーム・チャガターイ　②151
イブラーヒーム・チャプク・タガーイー　①252, 255-56, 258-61, ②239
イブラーヒーム・フサイン・ミールザー　①90, 110, 145, ②130-31
イブラーヒーム・ベグ　＝イブラーヒーム・チャプク・タガーイー
イブラーヒーム・ベグチク　①45, 106, 132
イブン・フサイン・ミールザー　②129, 131, 164, 176, 178-79, 183, 234
イマードゥッ・ディーン・マスウード　②175
イマードゥ・ル・ムルク　③135
イマーム・ムハンマド　②333
イルヤース・ハーン　③189
ヴァイス・アテケ　②35
ヴァイス・シャイフ　①219
ヴァイス・ハン　①37
ヴァイス・ベグ　＝ヴァイス・ラーガリー・ベグ
ヴァイス・ラーガリー・ベグ　①49, 55, 104-05, 141, 150, 153-55, 161, 171, 176, 179, 219, ③239
ヴィクラマーディトヤ王　①123
ウーディー（第一人者）　③315, 320
ウガン・ベルディ・モグール　②270, 287, ③301-02
ウスタード・クル・ムハンマド　②140
ウスタード・シャー・ムハンマド（石工）　②254, ③200, 222, 266
ウスタード・スルターン・ムハンマド　③270
ウスタード・ハサン・アリー　③270
ウスタード・ビフザード　②140, 166, 232
ウスタード・ムハンマド・アミーン・ジェベチ　③271
ウスタード・ムハンマド・サル・ビナー　②160
ウスマーン（信徒たちの長）　①116
ウズン・ハサン　①53, 57, 72, 132-36, 153-58, 183, 219, 252
ウズン・ハサン（白羊朝）　①79
ウバイド・スルターン　②129, 232-33

ル
アフマド・カースィム・コフブル　①199, 227, 233, 252, ②28, 207, 214, 218, 302, ③130
アフマド・クシュチ　①268
アフマド・シャー　③208, 214
アフマド・タルハン　①199, 206
アフマド・チャーシュニーギール　③144
アフマド・テヴェッキュル・バルラース　②141
アフマド・ハージー・ベグ　①45, 62-63, 83, 98-100, ②139　＝ワファーイー
アフマド・ハン（ハージー・タルハンのハン）　②118-19
アフマド・ベグ　①142, 174-75, 183, 217-18, ②308
アフマド・ムシュターク　①76
アフマド・ヤサーウル　②208
アフマド・ユースフ・ベグ（サイイド・ユースフの子）　＝ニザームッ・ディーン・アフマド・ユースフ・オグラクチ
アブル・カースィム　②287
アブル・カースィム・コフブル（クーフボル）　①106-07, 194, 196, 199, 208, 211
アブル・カースィム・ジャラーイル　③84
アブル・ハーシム・スルターン・アリー　②325
アブル・ハサン・コルチ　②211, 239-40, 312-13
アブル・ハサン・コルベギ　＝アブル・ハサン・コルチ
アブル・ファトゥフ　③308
アブル・ファトゥフ・テュルクメン　②151, ③142-43, 233
アブル・ムハンマド・ニーザバーズ　③51, 197, 205, 214
アブル・ムフスィン・ミールザー　①91, 109, 203, ②125, 128, 136, 176-79, 182-83, 232-34
アマーン　③242-44
アミール・ウマル・ベグ　②151, 230
アミール・ティムール　＝ティムール・ベグ
アミール・ハムザ　②152
アミーン・ミールザー　③265
アミーン・ムハンマド・タルハン・アルグン　②292, 328-29
アラーウッ・ディーン・ジャハーンスーズ・ゴーリー　②62
アラーウル・ハーン・スール　③284
アラーウル・ハーン・ヌーハーニー　③308, 311
アラチャ・ハン　＝スルターン・アフマド・ハン
アラマ　③242
アリー（ブルンドゥクの子）　②137
アリー・アスガル・ミールザー　②279
アリー・サイイド・サムカ　②257
アリー・サイイド・モグール　②239
アリー・シースターニー　②296
アリー・シール・ベグ・ナヴァーイー　＝ミール・アリー・シール・ベグ・ナヴァーイー
アリー・ジャラーイル　②149
アリー・シュクル・ベグ　①79
アリー・ダルヴィーシュ・ベグ　①50, 55, 141, 161, 177
アリー・ドースト・タガーイー　①49, 57, 72, 135-38, 141, 152-54, 161-62, 171, 178-79, 185-88
アリー・ドースト・ベグ　＝アリー・ドースト・タガーイー
アリー・ハーン（アミール・ウマルの子）　②230
アリー・ハーン（ダウラト・ハーンの子）　②278, 280, ③33, 35-36, 188
アリー・ハーン・シャイフザーダ・ファルムリー　③122-23, 179, 197, 309
アリー・ハーン・バユンドゥル　②151
アリー・ハーン・ファルムリー　＝アリー・ハーン・シャイフザーダ・ファルムリー
アリー・マズィード・カウチン　①46, 141
アリー・マズィード・ベグ　＝アリー・

アディク・スルターン　①43
アテケ・バフシ　①250
アバー・バクル・カーシュガリー　＝アバー・バクル・ドゥグラト・カーシュガリー
アバー・バクル・ドゥグラト・カーシュガリー　①40, 56, 77
アバー・バクル・ミールザー　①42, 82-83, ②124-25
アヒー　②164, 203
アブー・サイード・スルターン　③240, 253, 258, 265
アブー・トゥラーブ・ミールザー　②128, 136
アブー・ハニーファ　①118, ③82
アブー・ムスリム・キョケルダシュ　②309, 311
アブー・ユースフ・アルグン　①189
アブドゥッ・シャクール　②23
アブドゥッラー　②231　→アブドゥッラー・ミールザー　→ホージャ・マウラーナー・カーズィー　→シハーブッ・ディーン・アブドゥラー・キターブダール
アブドゥッラー・キターブダール　＝シハーブッ・ディーン・アブドゥッラー・キターブダール
アブドゥッラー・スルターン（プーラーン・スルターンの子）　②134
アブドゥッラー・マスナヴィー・グーイー　②163　＝ハーティフィー
アブドゥッラー・ミールザー　①38, 130
アブドゥッ・ラッザーク・ミールザー　②28, 84, 179, 235, 239, 245-46, 249, 254, 257
アブドゥッ・ラティーフ　③153
アブドゥッ・ラティーフ・スルターン　①36
アブドゥッ・ラティーフ・バフシ　①89
アブドゥッ・ラティーフ・ミールザー　①129-30
アブドゥッ・ラヒーム・シガーウル（シカーウル）　②277, ③149, 191, 195
アブドゥ・ル・アズィーズ・ミーラーフール　②314, ③35, 41-42, 49, 51-52, 128, 156, 158, 188, 260, 284-87, 319-20
アブドゥ・ル・アズィーズ・ミールザー　①37, 39
アブドゥ・ル・アリー・タルハン　①64-66
アブドゥ・ル・ガッファール・トゥワチ　③260-61
アブドゥ・ル・カリーム・アシュリト　①67, 103
アブドゥ・ル・クドゥース（ドゥグラト家のアミール）　①60
アブドゥ・ル・クドゥース（サイイディー・カラの子）　①165, 262, 264
アブドゥ・ル・クドゥース・ベグ（スルタン・マフムード・ミールザーの臣下）　①71
アブドゥ・ル・バーキー・ミールザー　②151-52, 242
アブドゥ・ル・ハーリク・フィールーズ・シャー　②143
アブドゥ・ル・ハーリク・ベグ　＝アブドゥ・ル・ハーリク・フィールーズ・シャー
アブドゥ・ル・マリク・コルチ　③189, 196
アブドゥ・ル・マリク・ハースティー　＝ムッラー・アブドゥ・ル・マリク・ハースティー
アブドゥ・ル・ミナーン　①226
アブドゥ・ル・ムルーク・コルチ　③16, 266
アブドゥ・ル・ムルーク・マスティー　②278
アブドゥ・ル・ワッハーブ・シカーウル（シガーウル）　①45, 86, 184, ②231, ③305
アフマディー・パルワーナチ　②271, 287, 289, ③32, 35, 46, 51-52, 120, 143
アフマド・アフシャール　③236
アフマド・アリー・タルハン　②244
アフマド・イルチ・ブガ　②239
アフマド・カースィム　②18, 22, 31, 96, 99　→アフマド・カースィム・コフブ

人名索引

見出し項目直後の（　）内には、その項目に関する補足説明を記した。矢印 → はその項目を参照すべきことを示す。人名索引に使用されている等号 = は、それに続く人物が項目に掲げられた人物と同一人物であることを示す。

ア行

アーイシャ・スルターン　②133
アーイシャ・スルターン・ベギム　①61, 180, 203
アーガー・スルターン　①36, 44
アーガー・ベギム　②132
アーサフィー　②160
アーザム・フマーユーン・サルワーニー　③58, 137
アーシク・ブカーウル　③206, 260
アーシク・ムハンマド・アルグン　②230-31
アーディリー　①168　=バイスングル・ミールザー
アーディル・スルターン・イブン・マフディー・スルターン　②130, ③32, 45, 49-50, 55, 128, 179, 182, 260
アーパーク・ハーン　②279　=ガーズィー・ハーン
アーパーク・ベギム　②133, 135-36
アーファーク・ベギム　②183-84
アーフリー　②166
アーラーイシュ・ハーン　③39, 177, 208, 290, 302
アーラム・ハーン　=スルターン・アラーウッ・ディーン・アーラム・ハーン　=アーラム・ハーン・タハンガリー　=アーラム・ハーン・カールピー
アーラム・ハーン（ジャラール・ハーン・ジグハトの子）　=アーラム・ハーン・カールピー
アーラム・ハーン・カールピー　③118, 150, 206, 313, 315
アーラム・ハーン・タハンガリー　③139-40
アイユーブ（ヤークーブの子）　=アイユーブ・ベグチク
アイユーブ・ベグ　=アイユーブ・ベグチク
アイユーブ・ベグチク　①81, 142, 206, 233, 240, 243, 251, ②19, 94, 113, 239
アウリヤー・ハーン・アストラーニー　③308
アク・ブガ・ベグ　①44
アク・ベギム　=サーリハ・スルターン・ベギム
アク・ベギム（スルターン・アブー・サイード・ミールザーの娘）　②127, 135, ③235
アク・ベギム（スルターン・フサイン・ミールザーの娘）　②131
アク・ベギム（スルターン・マフムード・ミールザーの娘）　①77
アサス　②287, 289, 324, 333, 340, ③160
アサド（マリク・ハスト）　②276
アサド・ベグ（テュルクメン）　②151
アスィールッ・ディーン・アフスィーカティー　①24
アスーク（ヒンドゥー人）　③230
アスカリー　③117, 221, 248, 251, 256, 260, 276, 299, 301-06, 313
アタ・ミーラーフール　②333
アッラー・ヴェレン・テュルクメン　②240
アッラーの獅子　②144, 153, 229　=ズー・ン・ヌーン・アルグン
アッラー・ベルディ　②84

間野英二《まのえいじ》

1939年生まれ。京都大学大学院博士課程単位取得退学。文学博士。京都大学名誉教授。専攻、中央アジア史。現在、龍谷大学客員教授。著書に、『中央アジアの歴史』(講談社現代新書)、『バーブル・ナーマの研究』全4巻(松香堂)、『バーブル――ムガル帝国の創設者』(山川出版社)など。

バーブル・ナーマ 3
――ムガル帝国創設者の回想録（全3巻）　東洋文庫857

2015年1月23日　初版第1刷発行

訳注者　間野英二
発行者　西田裕一
印刷　創栄図書印刷株式会社
製本　大口製本印刷株式会社

発行所　電話編集 03-3230-6579　〒101-0051
営業 03-3230-6572　東京都千代田区神田神保町3-29
振替 00180-0-29639　株式会社 平凡社
平凡社ホームページ http://www.heibonsha.co.jp/

ISBN 978-4-582-80857-5
NDC 分類番号225.04　全書判（17.5cm）　総ページ436

《東洋文庫の関連書》

1 楼蘭〈流砂に埋もれた王都〉　A・ヘルマン著　松田寿男訳
7 15 28 ミリンダ王の問い 全三巻〈インドとギリシアの対決〉　中村元　早島鏡正訳
12 薔薇園《グリスターン》〈イラン中世の教養物語〉　サアディー著　蒲生礼一訳
19 東方旅行記　J・マンデヴィル著　大場正史訳
110 128 189 235 298 365 モンゴル帝国史 全六巻　ドーソン著　佐口透訳注
150 王書《シャー・ナーメ》〈ペルシア英雄叙事詩〉　フィルドゥスィー著　黒柳恒男訳
158 183 東方見聞録 全二巻　マルコ・ポーロ述　愛宕松男訳注
163 209 294 モンゴル秘史 全三巻〈チンギス・カン物語〉　村上正二訳注
194 法顕伝・宋雲行紀　長沢和俊訳注
197 223 228 騎馬民族史 全三巻〈正史北狄伝〉　田村実造　羽田明 他訳注
310 ホスローとシーリーン　ニザーミー著　岡田恵美子訳
358 トルキスタンの再会　エリノア・ラティモア著　原もと子訳

445 異《い》域録《いきろく》〈清朝使節のロシア旅行報告〉　トゥリシェン著　今西春秋訳注　羽田明編訳
508 東洋における素朴主義の民族と文明主義の社会　宮崎市定著　礪波護解説
545 西域文明史概論・西域文化史　羽田亨著
566 ゲセル・ハーン物語〈モンゴル英雄叙事詩1〉　若松寛訳
591 ジャンガル〈モンゴル英雄叙事詩2〉　若松寛訳
601 614 630 659 675 691 704 705 大旅行記 全八巻　イブン・バットゥータ著　イブン・ジュザイイ編　家島彦一訳注
653 655 657 大唐西域記 全三巻　玄奘著　水谷真成訳注
694 717 740 マナス 少年篇／青年篇／壮年篇〈キルギス英雄叙事詩〉　若松寛訳
720 デデ・コルクトの書〈アナトリアの英雄物語集〉　菅原睦　太田かおり訳
805 806 トルキスタン文化史 全二巻　V・V・バルトリド著　小松久男監訳